Rätekommunismus

Felix Klopotek

Rätekommunismus

Geschichte – Theorie

Reihe
theorie.org

Schmetterling Verlag

Bibliografische Informationen der Deutschen Nationalbibliothek
Die Deutsche Nationalbibliothek verzeichnet diese Publikation in der Deutschen Nationalbibliografie; detaillierte bibliografische Daten sind im Internet über http://dnb.d-nb.de abrufbar.

Schmetterling Verlag GmbH
Libanonstr. 72A
70184 Stuttgart
www.schmetterling-verlag.de
Der Schmetterling Verlag ist Mitglied von aLiVe,
der assoziation Linker Verlage.
ISBN 3-89657-674-7
1. Auflage 2021
Printed in the Czech Republic

Satz und Reproduktionen: Schmetterling Verlag
Druck: EuroPB, Príbram

Inhalt

1 Vorerinnerung

Dieses Buch ist lange überfällig. Der Verlag kündigt es seit Herbst 2016 an. Es taucht bereits in Bibliographien auf, der Autor wurde zu einigen Lesungen eingeladen. Weil er dort ohne Buch erschien, entstand hier und da sogar das Gerücht, die erste Auflage wäre vergriffen, die zweite gerade im Druck.

So ist es nicht. Das Buch ist tatsächlich erst 2021 fertig geworden.

Neben dem üblichen privaten Schlamassel gibt es dafür auch inhaltliche Gründe. Es liegt, wie es so schön heißt, an der Sache selbst. Denn der Rätekommunismus scheint ein abgeschlossenes Forschungsgebiet zu sein, die Theorie- und Organisationsgeschichte umfasst weniger Jahre als die erste Hälfte des 20. Jahrhunderts. Mit den älteren Studien von Hans Manfred Bock und den neueren von Philippe Bourrinet liegen sehr ausführliche, gründlich gearbeitete Monographien vor.[1] Als Nachschlagewerke und als Chronologie für die eigene Lektüre sind sie unentbehrlich. Auch kürzere Einführungen, wie die des Freiburger Aktivisten Jens Benicke[2] von 2019 erfüllen ihren Zweck. Aber vor allem ist die von Marcel van der Linden, Amsterdamer Historiker der weltweiten Arbeiterbewegungen, zu erwähnen («On Council Communism», 2005), die knapp und präzise und dabei sehr ergiebig ist. Mittlerweile sind fast alle Schlüsseltexte des Rätekommunismus online zu finden und dort von weiteren Kommentaren, biographischen Hinweise und Leseanleitungen begleitet.[3] Wie sich durch dieses so überreiche wie vorbildlich

1 Siehe etwa von Bock «Syndikalismus und Linkskommunismus von 1918 bis 1923. Ein Beitrag zur Sozial- und Ideengeschichte der frühen Weimarer Republik» (Bock 1993) und von Bourrinet «The Dutch and German Communist Left (1900-68). ‹Neither Lenin nor Trotsky nor Stalin!›, ‹All workers must think for themselves!›» (Bourrinet 2017). Weitere Hinweise finden sich in der Bibliographie dieses Bandes.

2 «Alle Macht dem Prinzip! Über Theorie und Perspektive des Rätekommunismus» (Benicke 2019)

3 Zu spät für diese Ausgabe fiel dem Autor Charles Reeves «Der wilde Sozialismus» (2019) in die Hände. Der französisch-portugiesische Militante gehört zur letzten Generation von Radikalen und Rätekommunisten, die noch direkten Kontakt zu Begründern wie Paul Mattick pflegen konnten. «Der wilde Sozialismus», die Summe seiner Jahre im antiautoritär-kommunistischen Milieu, wirft einen Blick auf die Klassenkämp-

strukturierte Material bewegen, ohne schwache Wiederholungen oder Redundanzen zu produzieren?

Den Schlüssel für dieses Problem fand der Autor schließlich in einer spezifischen Enttäuschung: Der Rätekommunismus fasziniert bis heute und zieht immer wieder junge Linke an, die von ihren Gruppen und Grüppchen und den dort vorherrschenden Intrigen, Hierarchien und Verknöcherungen loskommen und das Prinzip der Emanzipation in der Selbsttätigkeit der arbeitenden Massen selbst entdecken wollen. Er zieht Linke mit ausgeprägtem theoretischen Interesse an, die ein tiefes Misstrauen gegen die so zählebige leninistisch-sozialdemokratische Staats- und Polizeiphilosophie haben und denen die Melancholie der Kritischen Theorie zu wenig bietet.

Die Faszination des Rätekommunismus und seiner Protagonisten stellt sich meist spontan ein. In Anlehnung an den Schriftsteller Franz Jung (1888–1963) – eine Zeitlang selbst als rätekommunistischer Abenteurer unterwegs, aber immer zu ungebunden und zu unruhig, um sich dauerhaft einer Sache zu verpflichten – könnte man sie auch «Anarchomarxisten»[4] nennen. Das war sympathisierend ironisch gemeint, trifft aber ziemlich genau die Sehnsüchte, die bis heute auf den Rätekommunismus projiziert werden: die Verbindung des Antiautoritarismus und der notorisch herrschaftsfeindlichen Spottlust der Anarchisten mit dem wissenschaftlichen Grundzug des Marxismus – Rätekommunismus ist Marxismus ohne Partei und ohne ZK.

Aber diese Projektionen führen zu Enttäuschungen: Denn viele Texte des Rätekommunismus präsentieren sich auf den ersten Blick als hölzern, flach, mechanistisch. Man vermisst viele Themen, die uns heute umtreiben und die vor fünfzig Jahren auch schon virulent waren – man findet nichts über Feminismus und Rassismus, wenig über Antisemitismus. Stattdessen fällt

---

fe seit der französischen Revolution von 1789 durch die rätekommunistische Brille.

4 «Ich habe hier auf [Paul] Matticks Veranlassung eine Reihe Leute aufgesucht, Individual Marxisten, Anarcho Marxisten, Anarchisten und die hier ziemlich weit verbreiteten De Leon Leute. Die meisten sind sehr nette Leute, keinesfalls sektiererhaft verbohrt, international belesen, meist in ausreichenden jobs und fahren auf eigenen Wagen im Lande herum, meist mit Frauen, die aus der Greenwich Village Atmosphäre kommen», so Jung 1954 in einem Brief an die mit ihm gut befreundete einstige Kommunistenführerin Ruth Fischer, Jung residierte damals in San Francisco. (Jung 1996, S. 463)

die Fixierung auf die europäischen und nordamerikanischen Industriearbeiter auf. Schließlich: Verknöcherungen, Spaltungsirrsinn und rabulistische Diskussionen um Außenstehenden kaum noch zu vermittelnde theoretische Probleme hat es auch in rätekommunistischen Zirkeln gegeben. In heutigen linksradikalen, «autonomistischen», operaistischen oder linkskommunistischen Kreisen gilt der Rätekommunismus als Übergangs- oder Durchgangsphänomen – historisch verdienstvoll, nicht mehr, nicht weniger.

Dieses Buch vertritt eine andere These, genauer gesagt zwei: Der Rätekommunismus ist als Lehre von den Widerständen zu verstehen, die sich den Arbeiterinnen und Arbeitern bei ihrer Selbstbefreiung in den Weg stellen und gegen die sie sich auflehnen müssen, um ihre Bedürfnisse, ihr soziales Miteinander durchsetzen zu können. Weil angesichts eines totalitären Kapitalismus alle Organisationsformen gerade auch der Arbeiterbewegung sich als kapital-konform erwiesen haben, bleibt nur die Selbstorganisierung in Räten. Es ist schiere Notwehr. Damit, und das wäre die zweite These, ist der Rätekommunismus nicht länger als eine weitere linksradikale Strömung in der Arbeiterbewegung zu verstehen, sondern als grundsätzliche Kritik auch an diesen – aus Sicht der Arbeiterinnen und Arbeiter selbst. Die Räte sind die positive Aufhebung des Linksradikalismus. Darin liegt die Aktualität des Rätekommunismus, die über alle historischen Brüche hinweg sich erhalten hat.

Diesen Thesen folgen die einzelnen Kapitel. Sie machen den Vorschlag, nüchterner und mit dem Bewusstsein der großen historischen – und lebensweltlichen – Distanz in die rätekommunistische Theorie einzusteigen, um so aber bessere, brauchbarere Schlüsse für die eigene politische, oder besser: soziale, Praxis zu gewinnen.

Zunächst geht es um das Verhältnis des Rätekommunismus zu unseren heutigen Erfahrungen und Vorstellungen (zweites Kapitel), dann werden zur Orientierung Eckdaten und chronologische Anhaltspunkte geliefert (drittes Kapitel).

Die Kapitel vier bis vierzehn folgen der Chronologie. Sie beginnen mit der kurzen Epoche der Massenstreiks vor dem Ersten Weltkrieg und schließen mit den Nachkriegsjahren des Zweiten Weltkriegs, in denen alle Versuche rätekommunistischer Organisierung scheitern und die Diskussionen versiegen. Hier wird keine Organisations- oder gar Sozialgeschichte des

Rätekommunismus erzählt. Auch Vollständigkeit wird nicht angestrebt. Einige Theoretiker und Aktivisten – Anton Pannekoek, Paul Mattick, Willy Huhn, auch Karl Korsch und Heinz Langerhans (die noch nicht mal «echte» Rätekommunisten waren!) – erhalten mehr Platz als etwa Otto Rühle, Herman Gorter oder die Gründungsriege der KAPD, jener paradoxen Erscheinung einer postleninistischen Anti-Partei. Es geht darum, Exemplarisches vorzuführen, Knotenpunkte und Verdichtungen, um darüber die Lektüre der Texte selbst zu erleichtern. Dazu gehört Übersichtlichkeit: Der Textkorpus, der hier diskutiert wird, ist vergleichsweise schmal. Vorrang haben längere Zitate, um die Protagonisten dieser verdrängten Strömung selber zu Wort kommen zu lassen. Wer die aufgeschlüsselten Texte durchgenommen hat, wird keine Probleme haben, alle weiteren aus der rätekommunistischen Tradition sich zu erschließen.

Ein Hinweis zur Schreibweise: Überwiegend ist von Rätekommunisten die Rede. Das heutige linke Publikum erwartet die Schreibweise Rätekommunist*innen. Auf dieses Wortungetüm wurde weitgehend verzichtet – aus pragmatischen Gründen. Aber nicht nur: Es war in ihren Verlautbarungen, Manifestationen und in ihrer Themensetzung eine männliche Bewegung. Die Texte, die hier besprochen werden, stammen alle von Männern. Immerhin hat die biographische Forschung etwa von Philippe Bourrinet zutage gefördert, dass in den Gruppen auch viele Frauen mitgearbeitet haben. Das ändert aber nichts daran, dass der Rätekommunismus blind war für alle feministischen Aspekte der Arbeiterinnenselbstbefreiung. Auch das kurzzeitig große Interesse an rätekommunistischen Texten und Biographien in den Jahren nach 1968 führte nicht dazu, diese Theorie mit dem materialistischen Feminismus in Beziehung zu setzen. Das zeigt sich exemplarisch an dem Spätwerk von Christel Neusüß (1937–1988), auf das im vierten Kapitel eingegangen wird. Mit «Die Kopfgeburten der Arbeiterbewegung oder die Genossin Luxemburg bringt alles durcheinander» (1985) hatte Neusüß eine radikale Kritik an der bürokratisch-patriarchalischen Arbeiterbewegung geschrieben, deren theoretische Verfehlungen schon im Marxismus selbst zu suchen sind. Man könnte ihre Kritik getrost rätekommunistisch nennen, was Neusüß vermutlich vehement bestritten hätte: Sie siedelte ihren Materialismus – aus Enttäuschung konsequent – außerhalb jedes Marxismus an. Wenn man so will, demonstriert sie die Geschichtlichkeit und damit auch Vergänglichkeit des Rätekommunismus: 1985 war es schlicht zu spät für einen Dialog zwischen Feminismus und Rätekommunismus.

In Neusüß' Buchtitel ist ein anderer Pol genannt: Rosa Luxemburg (1871–1919). Sie war gewiss keine Rätekommunistin avant la lettre, aber sie steht für eine antiautoritäre, auf Spontaneität setzende Organisationskritik, die zu den Grundlagen des Rätekommunismus gehört. Neben Luxemburg ist noch eine weitere Genossin zu erwähnen, die für diesen Nonkonformismus innerhalb der männlich dominierten Arbeiterbewegung steht: die holländische Schriftstellerin Henriette Roland-Holst (1869–1952). Von ihnen handelt das vierte Kapitel – das Potential eines Dialogs zwischen «Anarchomarxistinnen» und Feministen ist eben doch nicht ausgeschöpft.

Felix Klopotek, im Februar 2021

2 Selbstbefreiung und Autonomie: Zur Aktualität der rätekommunistischen Erfahrung

«Die Befreiung der Arbeiterklasse muß das Werk der Arbeiterklasse selbst sein. Wir können also nicht zusammengehn mit Leuten, die es offen aussprechen, daß die Arbeiter zu ungebildet sind, sich selbst zu befreien, und erst von oben herab befreit werden müssen, durch philanthropische Groß- und Kleinbürger.»
Marx und Engels (1879)[5]

Anfang 2012 blickte die Welt auf ein Jahr der Aufstände und Proteste zurück: auf den arabischen Frühling, die Welle der Platzbesetzungen in Spanien und Frankreich und die dann weltweite Occupy-Bewegung. Obwohl sich dieser Protestzyklus bis zu den Streiks anlässlich der Fußball-WM in Brasilien fortsetzte, konnte man früh schon ein Muster der Proteste identifizieren. In dem seinerzeit viel beachteten Text «The Lessons of 2011»[6] formulierte im Juni 2012 der brasilianische Aktivist und Theoretiker Rodrigo Nunes «Three Theses on Organisation»: «It is Possible to Have a Mass Movement Without Mass Organisations»; «Organisation Has Not Disappeared, But Changed»; «The Primary Organisational Form of 2011 was Not the Assembly». Eine Massenbewegung setzt nicht unbedingt eine Massenorganisation voraus (im Gegenteil). Allerdings verschwinden Organisationen nicht einfach, sie nehmen eine andere Rolle ein: Sie sind Katalysatoren, «Postboten», Vermittler und Kundschafter, nicht länger aber das Hirn der Bewegung. Das Entscheidende an der weltweiten 2011er-Bewegung, ihre herausragende Gemeinsamkeit bei aller Heterogenität, sind nicht etwa die massenhaften öffentlichen Versammlungen und Platzbesetzungen, sondern dass es möglich war, innerhalb dieser Bewegung(en) autonom und non-hierarchisch zu handeln, ohne den Kontakt zur Gesamtbewegung resp. zu anderen Gruppen zu verlieren,

5 Dies., im «Zirkularbrief» an führende deutsche Sozialdemokraten, in MEW 19, S. 165.

6 metamute.org/editorial/articles/lessons-2011-three-theses-organisation

er stellte sich über dieses autonome Handeln überhaupt erst her. Nunes spricht akademisch steif, aber inhaltlich durchaus korrekt von «distributed leadership».[7]

Nunes wollte einige Mythen über die 2011er-Bewegungen entzaubern: dass ihnen zum letztgültigen Erfolg eine schlagkräftige (Massen-)Organisation gefehlt und sie ihren Erfolg den neuen Social Media, sprich Facebook und Twitter, zu verdanken gehabt hätten und dass ihr herausragendes Merkmal die «Assembly» gewesen wäre. Ihre Erfolge und ihr vorläufiges Scheitern sind aber nicht technologisch, formalistisch oder abstrakt-politisch zu erklären. Sie lassen sich erst dann aufschlüsseln, wenn wir grundsätzlich über das Verhältnis von Spontaneität und Organisation nachdenken, über Repräsentation und autonomes Handeln. Nunes wusste, dass er strenggenommen wenig Neues erzählte. Er schlug den Bogen von «2011» zu «1968». Bereits damals wurden viele der Aktionsformen und Handlungstheorien entworfen, die über 40 Jahre später heiß diskutiert und praktiziert wurden. So naheliegend ... aber auch so willkürlich! Denn die Elemente von Selbstorganisation und Ablehnung von Repräsentation sind tief eingeschrieben in die Protest- und Revolutionsgeschichte der kapitalistischen Welt (und ihrer kolonialen Peripherie): Nunes hätte den Bogen ebenso gut zur Pariser Kommune 1871 oder zur ersten russischen Revolution von 1905 schlagen können; zur anarchistischen Revolution im spanischen Bürgerkrieg (1936) oder zum «Aufstand der Armen» (Piven/Cloward) in den USA während der krisengeschüttelten 1930er-Jahre; zu den Räten und Bürgerversammlungen der ungarischen (antistalinistischen) Revolution von 1956, zu den Mieterstreiks in Mailand oder Turin im «heißen Herbst» 1969 oder zum verzweifelten Streik der nordenglischen Minenarbeiter 1984. Und schon im europäischen Revolutionsjahr 1848 findet sich ein frühproletarisch-linksradikaler Diskurs, der die bürgerlichen Träume von freien Republiken weit hinter sich ließ.

Wenn also «1968» nicht der Fixpunkt ist, von dem aus sich «2011», oder auch aktuell das Jahr «2019» mit seinen spontaneistischen, letztlich unkontrollierbaren Massenbewegungen

7 «We could call it distributed leadership: the possibility, even for previously ‹uncharted› individuals and groups, to temporarily take on the role of moving things forward by virtue of coming up with courses of action that provide provisional focal points for activity.», a.a.O.

in Chile, im Irak oder Libanon (und Hongkong?), erklären ließe – wo läge er dann?

Natürlich nirgendwo. Es existiert kein Urbild der Autonomie und des Widerstandes, das Vorbild oder Vorläufer aller weiteren Aufstände wäre. Jede dieser Aufstandsbewegungen und Massenstreiks, dieser Selbstermächtigungen auf Plätzen und in Räten ist, philosophisch gesprochen, eine Kritik an einem Geschichtsbild und einer Gesellschaftsbetrachtung, die solche Urbilder, Gründungsmythen, nötig hat und zwanghaft alle Ereignisse, alle abweichenden, widerborstigen Tendenzen und Bewegungen darauf verpflichtet. Ein solches Urbild zu akzeptieren oder stillschweigend von ihm auszugehen – das wäre die proletarische Form von TINA, «there is no alternative»: jede Form proletarischer Theoriebildung liefe demgemäß unweigerlich auf Marx und Engels zu; jede Form proletarischer Bewegung mündete irgendwann im Schoß der Partei oder der Gewerkschaft; jede Form proletarischer Selbstermächtigung schlüge sich letztlich in parlamentarischer Demokratie (die sozialdemokratische Variante) oder einem Neoabsolutismus (Stalinismus) nieder.

In der Reflektion, der Aufarbeitung von Bewegungen und Revolten, kann es also nur darum gehen, einen theoretischen Rahmen zu finden, der ihnen angemessen ist, der das, was Nunes und mit ihm zig andere in ihren «lessons of 2011» herausgefunden haben, verstehen und vorsichtig einzuordnen hilft, um Schlüsse für unser weiteres Handeln daraus zu ziehen. Der Rahmen, der hier vorgestellt wird, ist der des Rätekommunismus. Der Schritt von «2011»/«2019» zu dieser Bewegung, die ihre glorreiche Zeit 90 Jahre zuvor hatte und die unter dem Druck der Verhältnisse immer mehr zerbröselte, bis sie als Bewegung spätestens in den frühen 1950er-Jahren aufhörte zu existieren; dieser Schritt scheint riesig, und er ist es auch. Das Buch will begründen, warum es sich dennoch lohnt, diesen Schritt zu wagen.

Offensichtlich gibt es Anhaltspunkte, die eine Wiedervorlage rechtfertigen. In den letzten Jahren sind Fragen nach dem Rätekommunismus lauter geworden (und «das Internet» hat sie erhört und fast alle kanonischen Texte des Rätekommunismus online gestellt). Der Rätekommunismus vereinigt – theoretisch wie historisch – Sehnsüchte gegenwärtiger linker Debatten, daher seine anhaltende, unterschwellige Faszination. Er verbindet eine Außenseiterposition – die radikale Ablehnung aller bis dahin überlieferten linken Politikkonzepte – mit einer Absage an die Avantgarde. Er geht von der Spontaneität der proletarischen Massen aus, setzt sie aber nicht absolut, sondern leitet sie aus dem Gang der kapitalistischen Entwicklung ab. Sie entspringt keinem «positiven Menschenbild» und wird nicht anthropologistisch verklärt, sondern ist gesellschaftlich vermittelt. Der Rätekommunismus verknüpft objektivistische (Theorie der krisenhaften Dynamik des Kapitalismus) wie subjektivistische Elemente («Die Befreiung der Arbeiterklasse muß das Werk der Arbeiterklasse selbst sein.»[8]) der Marxschen Theorie zu einem einheitlichen Ausdruck. Als Theorie ist er aus einem Guss und vermag es, seinen Abstand zur Praxis angemessen zu bestimmen: Es soll vermieden werden, den Zugang zur Praxis durch Projektionen der Intellektuellen zu verstellen. Damit unterscheidet sich der Rätekommunismus wesentlich von linken und linksradikalen Zeitgeistangeboten, die partikularistisch bestimmte – jeweils aktuelle – Momente der kapitalistischen Entwicklung absolut setzen und sich, ob offen ausgesprochen oder stillschweigend vorausgesetzt, als intellektuelle Bewegungen verstehen.

Hier soll nicht marktschreierisch eine bestimmte Strömung angepriesen werden, es ist auch gar nicht nötig: Seit über zehn Jahren wird in Deutschland in linksradikalen Zirkeln wieder rätekommunistische Theorie diskutiert.[9] Aha-Erlebnis für viele Radikale und Aktivistinnen hierzulande war der kurze Sommer der Anti-Hartz-Proteste 2004: Die waren zu Beginn und bis zu ihrem frühen Höhepunkt selbstorganisiert und spontan. Und was für eine Koinzidenz: Der deutsch-amerikanische Rätekommunist Paul Mattick (1904–1981) war zu Beginn der 1930er-Jahre einer der Protagonisten der Chicagoer Arbeitslosenbewegung!

Die Gruppen, die nach 2004 an diesen Erfahrungen des unreglementierten Massenprotestes der Proletarisierten fest-

---

8 Schon damals (1879!) ging es gegen die sozialdemokratische Veredelung der Proletarier zu mündigen Staatsbürgern.

9 Dafür stehen zum Beispiel die Berliner «Freundinnen der klassenlosen Gesellschaft» und ihr bundesweites Netzwerk (kosmoprolet.org). Aber nicht nur in Deutschland: In der US-amerikanischen, der französischen, der türkischen oder spanischen Debatte sind rätekommunistische Stimmen viel präsenter! Man kann den rätekommunistischen Einfluss in den Postings und theoretischen Debattenbeiträgen auf der internationalen Seite libcom.org en détail nachvollziehen.

hielten und Klassenpolitik zum Ausgangspunkt ihrer Aktionen machten, waren und sind in der Minderheit, reflektierten diesen Zustand aber nicht auf eine Organisationsdebatte verengend in den üblichen Kategorien wie: «mangelndes Engagement», «Sektierertum», «Praxisfeindlichkeit» etc., sondern im gesamten gesellschaftlichen Zusammenhang. Es ging nach jenem Sommer nicht um die Frage, ob und in welcher Intensität man sich parteipolitisch engagieren sollte, obwohl die Spaltung der SPD und das Entstehen einer gesamtdeutschen linkssozialistischen Partei das mittelbare Resultat jener Anti-Hartz- und Anti-Agenda-2010-Proteste waren und für Linke plötzlich ein verlockendes «Politikangebot» bestand. Vielmehr ging es um die Analyse der Parteiform selbst. Inwiefern ist diese bürgerlich determiniert? Welche Rolle im Gefüge einer kapitalistischen Gesellschaft spielt eine zwar anti-kapitalistische (sozialistische), aber auf Reformen, Bündnisse und Koalitionen zielende Partei? Die Konsequenz, sich nach kurzen, mitunter rauschhaften Protest- und Widerstandszyklen in Theoriezirkeln und «Sekten» wiederzufinden, entsprang keinem genuinen Mangel dieser Gruppen, sie war Resultat eines objektiven Prozesses.

Das zweite einschneidende Erlebnis war die große Krise, die die gesamte westliche Welt ab 2008 erschütterte, zwar vordergründig eine «Finanzkrise», aber die Stärke der marxistischen Theorie zeigte sich darin, Phänomene wie Banken- und Versicherungen-Crashs als Ausdruck tieferliegender Stockungen in der Kapitalstruktur zu diagnostizieren. Nicht nur das Finanzwesen erwies sich als auf tönernen Füßen errichtet, das ganze Weltsystem war fundamental bedroht – durch seine eigenen Widersprüche. Diese würden in ihrer krisenhaften Zuspitzung, so die Analyse der radikalen Gruppen, eine Erschütterung der sozialpartnerschaftlichen Befriedungstechniken in der westlichen Welt bewirken und die Voraussetzung einer neuen Protestwelle bilden. Der arabische Frühling, der in Tunesien und Ägypten wesentlich von Arbeiterprotesten getragen wurde, die Welle der Platzbesetzungen und «Occupy», schließlich der türkische Gezi-Park-Aufstand (2013) schienen den Erwartungen angesichts der Krise von 2008 und 2009 Recht zu geben – und auch nicht, denn die Occupy-Bewegung war weder eine proletarische noch ging ihre Kritik so weit, proletarische Forderungen aufzunehmen. Auch der proletarische Impuls im arabischen Frühling war schon bald nicht mehr sichtbar.

Über den Charakter der Protestwelle der Jahre 2011 bis 2014 und ihren direkten oder indirekten Zusammenhang mit der Krise zuvor und den Revolten unserer Zeit (Chile!) kann und muss man streiten. Wichtig in unserem Zusammenhang ist, dass in den linken Auseinandersetzungen um die Kämpfe zwischen 2004 und 2011die drei fundamentalen Prinzipien des Rätekommunismus zusammenkommen:

- Die Zuversicht in die Spontaneität der proletarischen Massen;
- die Gewissheit, dass man als proletarische Militante lange Zeit in Theoriezirkeln und Sekten überwintern muss;
- und als vermittelndes Element die katastrophische Krisentheorie, der zufolge der Kapitalismus in seinen großen Krisen regelrecht gezwungen ist, den Übergang der kommunistischen Bewegung von der Sekte zur Massenbewegung selber zu schaffen. Dieser Punkt ist ohne Zweifel der umstrittenste.

Daraus leiten sich zwei weitere Elemente ab: Erstens, die Identifizierung von Marxscher Kapitaltheorie und kommunistischer Revolutionstheorie, denn die Analyse der Widersprüche des Kapitalismus zeigt die Bruchstellen der Integrationsmöglichkeiten des Systems an und damit das Entstehen einer potentiell revolutionären Bewegung. Zweitens, die Aufdeckung des konterrevolutionären Charakters der Arbeiterparteien und Gewerkschaften. Je mehr sich dieser Charakter real historisch wie auch in der Analyse zeigt, desto mehr wird er zum Dreh- und Angelpunkt rätekommunistischer Theorie: Sie wird zur Theorie der Widerstände, die die Proletarier*innen im Prozess ihrer Selbstbefreiung überwinden müssen und als deren Konsequenz allein «die Räte», die Selbstorganisation, positiv bestehen können.

Die Attraktivität, die der Rätekommunismus, der von Rosa Luxemburg über Anton Pannekoek bis Paul Mattick in den ersten fünfzig Jahren des 20. Jahrhunderts gereift war, für heutige Radikale wiedergewonnen hat, ist offensichtlich.[10] Er war die Bewegung einer intellektuellen Selbstkritik und einer antiakademischen Marx-Orthodoxie, die in ihrem Kern strikt häretisch ist, kurzum: die avantgardistische Anti-Avantgarde. Nicht

10 Bereits in den westeuropäischen und US-amerikanischen Sponti-Kreisen hatte es zu Beginn der 1970er-Jahre einen regelrechten Boom an Wieder- und Neuveröffentlichungen gegeben. Angesichts des einsetzenden Booms an mao-stalinistischen K-Gruppen blieb er folgenlos.

die Quadratur des Kreises, aber nah dran. Eine Bewegung im strengen Wortsinne wird er nie wieder werden, aber das strebten seine Protagonisten auch schon in den 1930er-Jahren nicht mehr an. Schon damals ging es darum, in realen Bewegungen zu wirken, sie zu radikalisieren und sie gegen sozialdemokratisch-bolschewistische Verballhornungen zu verteidigen. In diesem Sinne kann er heute noch gebraucht werden.

Man kann fast wahllos in die digitalen Archive der gegenwärtigen Revolten stromern, um dort den rätekommunistischen Blick zu schärfen resp. auf Dokumente zu stoßen, die sich diesem Blick verdanken. Die rätekommunistisch inspirierte Gruppe Eiszeit aus Zürich[11] hat im Herbst 2019 Dokumente aus der chilenischen Aufstandsbewegung übersetzt, die aufschlussreich sind. So heißt es beispielsweise in einem anonym zirkulierenden, am 26. Oktober 2019, acht Tage nach Ausbruch der Revolte, veröffentlichten Text: «Die Bewegung errichtet im Rahmen der Revolte nach und nach in verschiedenen Gebieten eigene Strukturen des Kampfes. Dazu gehören selbstorganisierte Versammlungen von Nachbar*innen in verschiedenen Stadtvierteln und Gegenden. Es wird eine antikapitalistische Perspektive von unten aufgebaut, um dem prekarisierten Leben etwas entgegenzusetzen. Wir halten diese Strukturen der proletarischen Assoziation für wichtige Organe, um eine Gemeinschaft des Kampfes zu bilden. Sie drücken die Notwendigkeit der Selbsttätigkeit der Proletarier*innen aus, die darum gewillt sind, autonom und unabhängig von äußeren Kräften zu agieren.»[12] Ganz klar, hier wird die Räteperspektive vertreten, die Räte – und nicht der Aufbau von Massenorganisationen oder Verhandlungsdruck auf die Regierung – stehen im Vordergrund. Gleichzeitig räumt die proletarische Assoziation, von der dieser Text stammt, die Defizite der Bewegung ein: massenhafte patriotische Bekundungen auf den Demonstrationen, große Teile der gewerkschaftlich organisierten Arbeiterschaft nehmen nicht teil, Versuche der etablierten Linksparteien, mäßigenden Einfluss zu nehmen, kurzum: «Die Revolte führte uns vor Augen, dass die revolutionären Minderheiten desorganisiert und

---

11 Ebenfalls über kosmoprolet.org zu erreichen.

12 non.copyriot.com/vorlaeufige-notizen-zur-anarchischen-massenrevolte-die-die-chilenische-region-erschuettert/
Kritisch sei anmerkt, dass wir nichts über den tatsächlichen Einfluss der Gruppen, die Zirkulare wie diesen veröffentlichen, sagen können.

fragmentiert sind.» Mehr noch: «Trotz der qualitativen Sprünge, die die flächendeckende Verbreitung der Bewegung mit sich brachte, ist es ihr nicht gelungen, den sozialen Konflikt als eine Klassenfrage zu verstehen. Dies ist eine enorme Schwäche der Bewegung, der man entgegentreten muss. Die verstärkte Identifikation mit der ‹Mittelklasse›, die von einigen Sektoren des Proletariats während den Massendemonstrationen promoviert wurde, muss entschlossen kritisiert werden. Denn solch eine Identifikation wird, neben den Massenmedien, hauptsächlich von Parteien getragen, die die herrschende Ordnung aufrechterhalten wollen.»[13] Das Rauschhafte der massenhaften Proteste darf nicht darüber hinwegtäuschen, dass dieser Rausch noch lange nicht identisch ist mit einer proletarischen Perspektive. Die Stärke der proletarischen Strömung bestünde darin, ihre Bedürfnisse, ihre gesellschaftlichen Ordnungsvorstellungen gegen den allgemeinen Patriotismus und das eifersüchtige kleinbürgerliche Besitzstandsdenken durchsetzen. Die rätekommunistische Tradition stellt, wie wir in der Auseinandersetzung mit Bolschewismus, Sozialdemokratie und Faschismus sehen werden, genug theoretische Analysen und historisch reflektierte Erfahrungen bereit, diesen Kampf für die Autonomie der Klasse zu führen.

Der rätekommunistische Blick ermöglicht uns, Rätestrukturen in den Aufständen unserer Zeit zu erkennen – wie aktuell in Chile: «Die territorialen Vollversammlungen prägen das Bild des sozialen Aufstands in Chile. Sie wurden landesweit von der Bevölkerung ausgerufen, um die unmittelbaren Bedürfnisse des Kampfes zu stillen und die Ausbreitung des sozialen Konflikts zu fördern. In den Vollversammlungen wird über das aktuelle Vorgehen wie auch über die Grenzen und Forderungen der Bewegung gesprochen. Oft haben sie einen starken anti-institutionellen und anti-parteilichen Charakter. Die Vollversammlungen spiegeln – in noch embryonaler Weise – das tatsächliche Bedürfnis des Proletariats wider, sich mit klassenrepräsentativen Machtorganen auszustatten, die seine Bedürfnisse bis zum letzten Atemzug verteidigen und durchsetzen.»[14] Und gleichzei-

---

13 Ebd.

14 non.copyriot.com/territoriale-vollversammlungen-autonome-strukturen-des-kampfes/
Ebenfalls von Eiszeit übersetzt (22.11.2019), das Original (9.11.2019) ist der Seite hacialavida.noblogs.org entnommen. Auch hier gilt das zu-

tig ihre Beschränkung zu begreifen: «Es ist jedoch notwendig und enorm wichtig, dass sich die Versammlungen auf die Arbeitsplätze ausdehnen, vor allem auf die strategisch zentralen Produktionssektoren. Zudem sollten sie die radikale Infragestellung der kapitalistischen Lebensweise bis zu den letzten Konsequenzen vorantreiben. Dies, damit sich eine Produktionsform durchsetzen kann, die nicht auf unendliche Kapitalakkumulation, sondern auf die Befriedigung menschlicher Bedürfnisse fokussiert ist.»[15]

Räte allein stellen noch kein emanzipatorisches Organ dar, keine Verwirklichung der Autonomie, sie sind eine notwendige, keine hinreichende Voraussetzung, auch das kann man vom Rätekommunismus lernen. Schon die bevorzugte Rede, die 2011 mit Occupy aufkam, von «Assemblies» zu sprechen, also die Wahl des Begriffs für ein diffuses, fluides, konturschwaches soziales Ereignis – was kann nicht alles eine Versammlung sein?! – sollte skeptisch machen. Räte, von der Pariser Kommune über die russischen Revolutionen bis zu den kolonialen Befreiungskämpfen der 1950er- und 1960er-Jahre, in denen sie eine gewichtige Rolle spielten, waren ihrem Anspruch nach sich ihrer kämpferischen Rolle bewusste Organe der Gegenmacht, im besten Fall mit dem Ziel, die (Staats-)Macht der alten herrschenden Klasse zu zerschlagen. Ihrem Anspruch nach: Denn die sozialdemokratisch dominierte deutsche Rätebewegung im Herbst/Winter 1918 endete in einer Farce: Sie entmächtigte sich selbst und arbeitete auf ihre Integration ins parlamentarische System hin. Eine konsequente Aufarbeitung der europäischen Räterevolutionen in den Jahren nach 1917 fand nur an den Rändern der Arbeiter*innenbewegung statt: im rätekommunistischen Milieu. Die staatstragende Rolle der Sozialdemokratie in der deutschen Rätebewegung – bis an die Grenze zum Faschismus – und die terroristische Politik der Bolschewiki in der russischen wurden im Zusammenhang mit der Herausbildung des Monopolkapitalismus diskutiert, der Sinn der Räte einzig als Instrument der Selbstbefreiung der Arbeiterinnen und Arbeiter erkannt.

Ist der Rätekommunismus so etwas wie Eigenblutdoping für hoffnungsvolle Aufstandsbewegungen? Sicher – aber nur

---

vor Gesagte: Wir wissen wenig bis gar nichts über die Reichweite dieser Gruppe.

15 Ebd.

wenn wir vorher über seine theorieimmanenten Schwächen gesprochen haben, die sichtbar sind, gerade weil der Rätekommunismus «wie aus einem Guss» ist: Welchen Status nimmt er für unsere Diskussionen ein? Bleibt er bloß ein Modell, eine Art Vorbild für eine revolutionäre Haltung? Allein dafür bräuchte es keine rätekommunistische Theorie. Genauer gefragt: Taugt sein krisentheoretisch fundierter Katastrophismus zur Beschreibung gegenwärtiger gesellschaftlicher Vorgänge? Zur proletarischen Subjektivität gehört nicht nur die Schönheit der Selbstermächtigung: Die «Innenseite» des Faschismus, sei's der «autoritäre Charakter», sei's das antisemitisch angetriebene Mitmachen großer Teile des Proletariats in Deutschland, haben die Theoretiker des Rätekommunismus nicht ins Zentrum ihrer Analysen gestellt.

Eine Einführung in Theorie und Geschichte des Rätekommunismus hat beides zu leisten: Die Theorie in ihrer Geschichte als einheitlich darzustellen und in dieser Darstellung ihren Zeitkern herauszuarbeiten. Es wird hier kein opportunistisches Angebot gemacht: Rätekommunismus für die Occupy-Aktivistin; Rätekommunismus für den gestressten Leser; Rätekommunismus in fünf Minuten. Wer gerade nicht auf der Straße ist, muss sich die Zeit für die Aneignung der Theorie schon nehmen. In der heutigen Zeit, in den heutigen Debatten ist der Rätekommunismus ein Fremdkörper. Er ist monolithisch, störrisch, klobig, unhandlich und in der Sprache einer oft hochtrabenden Hoffnung geschrieben, die uns fremd ist. Er richtet sich nicht an uns. Umso besser. Seine Radikalität, mit der er die Deformationen der Arbeiter*innenbewegung der Analyse unterzog, bleibt unabgegolten. Dieses Nicht-Erfüllte zu bestimmen und damit auch einen etwas anderen Blick auf den November 1918 zu werfen, ist Ziel dieser Rekonstruktion. Über die Distanz zu dieser Bewegung und ihrer Theorie wird uns unsere Rolle in den Kämpfen dieser Zeit klarer.

3 Zur Übersicht: Daten, Gruppen, zentrale Thesen

«A rebirth of the labour movement is conceivable only as a rebellion of the masses against ‹their› organisations.»
Paul Mattick, 1939[16]

Marx jubelte angesichts der Pariser Kommune, des revolutionären Pariser Stadtrats, durch den sich die Pariser vom 18. März 1871 an zwei Monate lang selbst regierten. Sie sei «die endlich entdeckte politische Form, unter der die ökonomische Befreiung der Arbeit sich vollziehen konnte».[17]

Denn: «Die Kommune war eine Revolution gegen den Staat selbst, gegen diese übernatürliche Fehlgeburt der Gesellschaft; sie war eine Wiederbelebung durch das Volk und des eigenen gesellschaftlichen Lebens. Sie war nicht eine Revolution, um die Staatsmacht von einer Fraktion der herrschenden Klassen an die andere zu übertragen, sondern eine Revolution, um diese abscheuliche Maschine der Klassenherrschaft selbst zu zerbrechen. ... Die Kommune war die entschiedene Negation jener Staatsmacht und darum der Beginn der sozialen Revolution des 19. Jahrhunderts. Was daher immer ihr Geschick in Paris *ist*, sie wird *ihren Weg um die Welt* machen.»[18] Aus dem Arbeitsprinzip der Kommune machte er eine Aufforderung an die Arbeiterbewegung seiner Zeit: «Die Kommune sollte nicht eine parlamentarische, sondern eine arbeitende Körperschaft sein, vollziehend und gesetzgebend zu gleicher Zeit.»[19] Das war im Kern das kommunistische Programm, die Kritik der politischen Arbeitsteilung, der Repräsentation, des Systems der Trennungen.

Marx´ Analyse der Pariser Kommune war zugleich Überhöhung wie Unterschätzung. Er überhöhte sie als Prinzip kommunistischer Gesellschaftsgestaltung. Denn das war die Kommune, deren Protagonisten viel weniger radikal waren, als sie in

16 Ders., «Council Communism», in Mattick 1978b, S. 76.
17 Karl Marx, «Bürgerkrieg in Frankreich», MEW Bd. 17, S. 342.
18 Ebd., S. 541.
19 Ebd., S. 339.

der Marxschen Betrachtung erscheinen, noch nicht. Er unterschätzte zugleich, was die greifbare Möglichkeit der Selbstregierung als Idee bei den Pariser Arbeiterinnen und Handwerkern an Träumen, Visionen, Utopien und Hoffnungen auf Befreiung auslöste. Wenn Marx schreibt, «Die Kommune war eine Revolution gegen den Staat selbst», kettet er die Pariser Revolution doch noch an den Staat – eben als Anti-Staat. Sie war – in Embryonalform – aber vor allem eine Revolution der Gesellschaft um ihrer selbst willen. In Marx' Betrachtung steht die Kommune eher noch im Kontext der 1848er-Revolution, als es tatsächlich darum ging, die Staatsmacht gegen den Adel und die Könige zu erringen und den restaurativ-absolutistischen Staat zu zerschlagen. Dennoch ist bei ihm das Gespür vorhanden, mit der Kommune würde ein neuer Zyklus beginnen, «der Beginn der sozialen Revolution des 19. Jahrhunderts». Den «Weg um die Welt», auf den Marx hoffte, machte die Kommune jedoch nicht. Die europäische Arbeiterklasse versagte ihr die Solidarität, ihre Lehren gingen nicht in die Programme der sozialistischen Arbeiterparteien ein. Der Faden riss. Die Form des Rates aber blieb. Sie sollte wieder aufgegriffen werden in Umbruchszeiten, die einen vergleichbaren Schub an sozialer Phantasie freisetzten. Aber das dauerte.

Erst dreißig Jahre nach dem fatalen Streit zwischen Marx und Bakunin, der exemplarisch für den unwiderruflichen Bruch zwischen «marxistischer» und «anarchistischer» Arbeiterbewegung steht, entwickelte sich eine neue Form radikalen Denkens an den Rändern der Arbeiterbewegung. Sie entstand nicht aus einer theoretischen Debatte, sondern aus praktischen Erfahrungen. Diese Erfahrungen wurden in den neuartigen Organisationsformen der Arbeiterklasse während der ersten russischen Revolution von 1905 und in einer Reihe von großen Streiks, den Massenstreiks, in ganz Europa gemacht. Die Arbeiterinnen und Arbeiter schaffen sich in dieser Bewegung eigene von Partei und Gewerkschaften unabhängige politische Organe, die über die bürgerliche Demokratie hinausweisen: die Arbeiterräte. In ihnen fallen die Überwindung kapitalistischer Ausbeutung und die Ablehnung bürgerlich-parlamentarischer Politik zusammen. Die sich in der Trennung von Partei und Gewerkschaft widerspiegelnde Arbeitsteilung von politischer Einflussnahme und ökonomischem Kampf ist faktisch aufgehoben, der gelehrte oder auch nur habituelle Streit zwischen Anarchisten und Marxisten erweist sich im Hinblick auf diese neuen Kämpfe als gegenstandslos. Und noch etwas ist entscheidend: Die Räte waren schlagartig ein internationales Phänomen, ließen sich im rückständigen Russland genauso beobachten wie in den hochindustrialisierten kapitalistischen Ländern West- und Mitteleuropas.

Die Theoretiker*innen, die sich positiv auf Räte und Massenstreiks bezogen und diese Erfahrungen für den weiteren Gang der Arbeiterbewegung fruchtbar machen wollten, bewegten sich auf dem äußersten linken Flügel ihrer sozialistischen oder sozialdemokratischen Parteien. Mit ihrem Schluss, dass die Rolle der Partei eine dienende ist, sie kann einen Radikalisierungsprozess innerhalb der Arbeiterbewegung begleiten und beschleunigen, aber nicht (mehr) anstoßen, stießen sie auf den vehementen Widerstand ihres Partei-Establishments. Wer sind diese Theoretiker? In Deutschland Rosa Luxemburg (1871–1919), der Dresdener Pädagoge Otto Rühle (1874–1943) und die Gruppe der Bremer Linken, in Holland zählen Anton Pannekoek (1873–1960), Herman Gorter (1864–1927) und Henriette Roland-Holst (1869–1952) dazu. Unmittelbar nach 1905 ist – man mag es kaum glauben – Leo Trotzki ein feuriger Vertreter der Räte-Idee und ein linker Kritiker Lenins. Trotzki wird jedoch in der Herausbildung des eigentlichen rätekommunistischen Paradigmas keine Rolle spielen. Zumindest keine positive: Der Berliner Rätekommunist Willy Huhn nennt Trotzki in einer 1952 erarbeiteten Artikelfolge den «Noske Russlands», er bezieht sich dabei auf Trotzkis Pläne zur Militarisierung der Arbeit und seine Rolle bei der Niederschlagung der Kronstädter Kommune von 1921.[20] Folglich wird man von der *Deutsch-Holländischen Linken* sprechen. Man kann dies als erste Etappe des Rätekommunismus bezeichnen: Die Linke ist noch in den konventionellen Parteien engagiert, grenzt sich dort auch pflichtgemäß und «altmarxistisch» von Anarchisten und Syndikalisten ab und hofft, durch innerparteiliche Kursänderungen die Parteien wieder (?) zu reinen Klassenkampforganisationen zu reformieren.

Keiner der ersten Theoretiker stammt aus der Arbeiterklasse, es sind Parteilehrer, Akademiker und Journalisten: Sie sind sich dieses Widerspruches – die Theorie von der Selbstbefreiung der Arbeiterklasse wird von bürgerlichen Intellektuellen formuliert – bewusst und leiten daraus die Unreife der Zeit ab, im weiteren Verlauf der Massenstreik-Bewegung höbe sich die privile-

20 Vgl. «Trotzkis Bonapartismus», in Huhn 2017, S. 381.

gierte Stellung des Intellektuellen auf – so ihre Wette auf die Zukunft.

Sie verloren diese Wette, zunächst. Denn die nächste einschneidende historische Erfahrung, die sie machen mussten, ist die, in der Rolle einer kleinen, radikalen Minderheit zu verharren: 1914 bricht der Erste Weltkrieg aus, internationalistische Lippenbekenntnisse gehen nahtlos in nationalen Taumel über. Die Linksradikalen der Vorkriegszeit sind nicht nur in ihren Parteien, sondern in der gesamten Arbeiterbewegung isoliert. Sie reagieren darauf mit einem Programm der Konfrontation, das spätestens ab 1916 zum offenen Bruch mit der Sozialdemokratie führt, aber auch zur Annäherung an die Avantgarde-Militanz Lenins, gepaart mit der Hinnahme des Faktischen. Zwar wird die Befreiung der Arbeiterklasse nur das Werk der Arbeiter selbst sein, aber diese Befreiung ist an objektive Bedingungen geknüpft, die keine noch so wagemutige Klassenaktion wird überschreiten können. Die radikale Minderheit akzeptiert ihren Status und sieht ihre Aufgabe darin, in Zeiten des Krieges und des Klassenverrats der arrivierten Sozialdemokratie das Programm der Selbstbefreiung hochzuhalten. Hier beginnt die zweite, «legendäre» Etappe des Rätekommunismus: Trennung und Abspaltung von den großen Organisationen, rückhaltlose Bejahung von direkten Aktionen aus der Arbeiterklasse heraus, die man fünf, zehn Jahre zuvor selbst noch als «syndikalistisch» abgetan hätte – Sabotage, wilde Streiks, scheinbar unkoordinierte Aktionen des Widerstandes.

Dass die russische Revolution (1917), die Streiks und Soldatenaufstände gegen den Krieg in Deutschland und Österreich-Ungarn (1918), schließlich die große Streikwelle in Italien (1919/20) mit Arbeiter- (und Soldaten-)Räten einhergehen, bestätigt die Linksradikalen, die sich mittlerweile in kommunistischen, noch mit Lenins Bolschewisten verbündeten Organisationen und Parteien zusammengeschlossen haben. «Alle Macht den Räten» lautete doch auch Lenins Parole, und seine deutsch-holländischen Bündnisgenossen sind sich sicher: Die kommunistische Bewegung wird eine rätekommunistische sein! Der Ausdruck Rätekommunismus fällt mutmaßlich das erste Mal im Januar 1921 – in einem Essay der Publizisten Franz Pfemfert (1879–1954)[21], Herausgeber der expressionistischen Literatur-

21 Vgl. Frits Kool, in Kool 1970, S. 575.

zeitschrift «Die Aktion», die sich in diesen Jahren zum Organ der rätekommunistischen Bewegung aufschwingt.

In der kommunistischen Bewegung traten die Rätekommunisten aus ihrem Minderheitenstatus heraus: Nach der Ermordung Rosa Luxemburgs und Karl Liebknechts (15.1.1919) und dem frühen, krankheitsbedingten Tod des Bremer Linksradikalen Johann Knief (6.4.1919) ist Anton Pannekoek der maßgebliche Theoretiker der Strömung und agiert in Westeuropa eine Zeitlang auf gleicher Augenhöhe wie die Bolschewisten. Das Bündnis mit ihnen zerbricht aber schon wenige Monate später, als sich in Deutschland die moskautreuen Kommunisten zur parlamentarischen Arbeit und zum Aufbau einer «richtigen» Partei aus Berufsrevolutionären entschließen. Aus der Massenstreikbewegung soll schließlich eine Massenpartei werden, an die der revolutionäre Schwung delegiert wird. Die strikten Positionen der aufständischen Teile der Klasse werden aufgegeben, die Parteiführung spekuliert auf eine Fusion mit der linken Sozialdemokratie (USPD). Die Bolschewiki wiederum wollen mittels einer konventionellen Partei Einfluss auf die deutsche Außenpolitik nehmen. All das trifft auf den vehementen Widerstand der Linken. Bereits auf dem zweiten Parteitag der KPD vom 20. bis zum 23. Oktober 1919 kommt es zur Spaltung. Der antiparlamentarische, aktivistische, spontaneistische Flügel konstituiert sich wenig später zu einer Anti-Partei, die ihrem Selbstverständnis nach in der Revolution aufgehen soll: die KAPD, Kommunistische Arbeiter-Partei Deutschlands (gegründet am 3. April 1920). Diese Partei hat in vielen Großstädten und Industrieregionen – in Berlin, Hamburg, dem sächsischen Industriedreieck, Essen – den militanten Teil der Arbeiterklasse hinter sich und ist den moskautreuen Kommunisten mindestens ebenbürtig. Aber die Unruhe unter den Radikalen ist damit noch nicht besänftigt: Nicht wenige der späteren Rätekommunisten stellen die Anti-Partei unter Bolschewismus- und Elitarismus-Verdacht. «Die soziale Revolution ist keine Parteisache» lautet 1920 der berühmt gewordene Schlachtruf Otto Rühles. Seine Organisationsvorstellungen gehen noch weiter: Für ihn soll es nur noch die AAU – Allgemeine Arbeiterunion(en) – geben, eine rein ökonomisch-industrielle Organisationsformen, von denen aus die Arbeiter unmittelbar die Übernahme und Selbstverwaltung der Industrie in Angriff nehmen. Jedes davon abgesonderte – etwa in eine Parteiform gegossenes – politisches Handeln lehnt er ab.

Höhepunkt und Untergang der rätekommunistischen Bewegung als Massenbewegung sind die «mitteldeutschen», vogtländischen März-Kämpfe von 1921. Die verschiedenen Aufstandsformen – einerseits Massenstreik in den Leunawerken und Betriebsbesetzung, andererseits die Aushebung proletarischer Guerilla-Truppen durch Max Hölz (1889–1933) und Karl Plättner (1893–1945) – greifen nicht. Zu viele Arbeiter hofften darauf, dass die Rote Armee Trotzkis ihren Marsch auf Warschau hätte nutzen können, um auch auf Berlin zu marschieren. Die eigenen Kräfte werden nicht stark genug eingeschätzt, die mitteldeutschen Kämpfe erfahren außerhalb ihrer Regionen vergleichsweise wenig Solidarität, die Repressionen sind blutig, der frühfaschistische Freikorps-Terror wütet. Der Messianismus der KAPD ist erschöpft, ihre Strategie nicht eindeutig, ihre Taktik zerfasert. Das Ende der zweiten Etappe des Rätekommunismus zeichnet sich ab.

Ein einschneidendes Ereignis – untrügliches Zeichen des Niedergangs – ist die erste Spaltung der KAPD im März 1922. Die «Berliner Richtung» setzt an unmittelbaren Klassenkämpfen an und hält an der Überzeugung fest, dass sich aus den Klassenkämpfen das Prinzip proletarischer Befreiung herausschälen wird. Die «Essener Richtung» spricht sich gegen jeden reformistischen Kampf aus, damit auch gegen den Lohnkampf per se. Der Kapitalismus befinde sich in seiner «Todeskrise», jeder Teilkampf wirke lebensverlängernd. In der Berliner und Essener Richtung der KAPD fallen das subjektive und objektive Moment der proletarischen Emanzipation auseinander. Isoliert hervorgehoben und verabsolutiert werden sie zu Fetischkategorien.

Als nach 1923 die insurrektionalistische Streikbewegung in Deutschland endgültig abgeebbt ist, ist die KAPD – und auch die AAU – zerfallen in Richtungen und Fraktionen, ein Teilungsprozess, der sich fraktal fortsetzt. Die Rätebewegung entwickelt sich wieder zurück zur Utopie.

Damit endet die Geschichte des Rätekommunismus als Bewegung. Die dritte Etappe beginnt: sein langes Nachleben als Theorie der Arbeiterselbstbefreiung – als unfreiwillige Platzhalterin einer radikalen Bewegung. Aber, und das ist bezeichnend, nicht sofort. Erst in den 1930er-Jahren, also über zehn Jahre nach den Märzkämpfen, etwa fünf Jahre nach dem Ausbruch der Weltwirtschaftskrise, und kurz nach dem Triumph des Nationalsozialismus, setzt die Reflektion der Theorie und die Ausarbeitung eines neuen revolutionären Programms ein. Auch hier sind es äußere Faktoren, die zum Anlass genommen werden, die theoretischen Sachverhalte zu diskutieren. Eine immanente Entwicklung von Gedanken und Argumentationsketten lehnen die Rätekommunisten ab.

Ort dieser Reflektion sind die holländische – aber in deutscher Sprache erscheinende – Zeitschrift «Rätekorrespondenz» und die amerikanische, vom deutschen Auswanderer Paul Mattick (1904–1981) redigierte, «International Council Correspondence». Die Namensgleichheit ist kein Zufall, sondern zeigt den internationalen Zusammenhang an. Einige der Protagonisten kennt man noch «von früher», wie etwa Anton Pannekoek, den Berliner Karl Schröder (1884–1950) oder den KPD-Dissidenten Karl Korsch (1886–1961), Otto Rühle, in die Isolation des mexikanischen Exils getrieben, kann sich erst Ende der 1930er-Jahre in die Debatten einschalten. Vermehrt sind die Stimmen von Arbeitern zu hören: Jan Appel (1890–1985), Henk Canne Meijer (1890–1962), Alfred Weiland (1906–1978) und – bald schon zum produktivsten Theoretiker aufsteigend – Paul Mattick. Organisatorischer Kern ist die (holländische) GIK – die «Gruppe Internationale Kommunisten».

Die theoretisierenden Beiträge verdichten sich zu zwei neuralgischen Debatten. 1929 ist Henryk Grossmanns «Das Akkumulations- und Zusammenbruchsgesetz des kapitalistischen Systems» erschienen. Paul Mattick erkennt instinktiv den Wert dieser akademischen Schrift, die für ihn zur krisentheoretischen Fundierung der rätekommunistischen Revolutionsperspektive schlechthin wird. Bis an sein Lebensende wird er daran festhalten, dass Kapitaltheorie und Revolutionstheorie identisch sind: Die korrekte Beschreibung des Kapitalismus schließt bereits alle Momente seines Untergangs und der möglichen proletarischen Revolution ein. Diesen zentralen Gedanken gewinnt er aus Grossmanns Buch. Die Grundlagen der Revolution sind objektiv zu bestimmen – hinter diesem dürren Satz verbirgt sich eine Attacke gegen Reformismus und Moralismus, aber auch gegen den Insurrektionalismus, wie er einst von vielen KAPD-Aktivisten geteilt wurde. Mattick schreibt für die amerikanischen Syndikalisten, die Wobblies, eigentlich Industrial Workers of the World, eine programmatische Zusammenfassung, die unter dem Titel «Die Todeskrise des Kapitalismus» (1933) zirkuliert. Das provoziert die Antwort Anton Pannekoeks «Die Zusammenbruchstheorie des Kapitalismus», in der Pannekoek darauf beharrt, dass eine objektive Grundlage subjektiv realisiert – erkannt und umgesetzt – werden muss. Im Vertrauen auf den objektiven Gang der Dinge sieht er letztlich ein Hemmnis der proletarischen Klassenaktion. In einer Replik auf Pannekoek verwahrt sich Mattick gegen den Vorwurf des Ökonomismus. Beide verfehlen sich aber – weil sie sich eigentlich einig sind. Denn ihre Gegner in dieser Debatte sind der Reformismus und als sein leninistisches Pendant die Partei-Avantgarde. Mattick bestreitet ihre Legitimation, indem er von den objektiven Grundlagen der kapitalistischen Krise ausgeht, die einer reformistischen Politik jeden Spielraum nimmt und die Partei-Avantgarde zur Apologetin eines autoritären Staatskapitalismus mutieren lässt; Pannekoek bestreitet seinerseits ihre Legitimation, indem er auf die proletarische Selbstbefreiung als einziges Mittel gegen die Krise des Systems, die die konkreten proletarischen Lebenszusammenhänge bedroht, pocht. Ein und dieselbe Sache betrachten sie aus verschiedenen Perspektiven, werfen sich aber die Unverträglichkeit ihrer Positionen vor.[22]

1935 entspinnt sich eine zweite Programmdebatte. Henk Canne Meijer veröffentlicht das Pamphlet «Das Werden einer neuen Arbeiterbewegung»[23]. Darin konstatiert er die Auflösung der alten Arbeiterbewegung. Faschismus, Stalinismus und die große Depression als Motor autoritärer Krisenüberwindung hätten demnach mit der Arbeiterbewegung die «Klasse für sich», den Zusammenhang bewusster proletarischer Erfahrung, zersetzt. Die Arbeiter seien nur noch eine statistische Größe in den nationalen Ökonomien, die Klasse ein Objekt kapitalistischer Manöver. Die Organisationskritik treibt Canne Meijer, der im Auftrag der GIK schreibt, weiter zur Klassen- und zur Arbeitskritik. Eine Umkehrung dieser vollendeten Passivität ist ihm nur noch als Selbstaufhebung des Proletariats denkbar, ein Salto Mortale, der nolens volens dem Subjektivismus nahekommt, den die Rätekommunisten dem Reformismus und dem Leninismus-Stalinismus vorgeworfen haben.

Im Lauf der 1930er-Jahre erweisen sich die rätekommunistischen Gruppen als zu geschwächt, um weiter kontinuierlich arbeiten zu können. In Deutschland hebt die Gestapo den Kreis der Roten Kämpfer aus, sie verschwinden im KZ. Unter dem

22 Das achte Kapitel behandelt diese Kontroverse.
23 Siehe hierzu das zehnte Kapitel.

Eindruck der Moskauer Schauprozesse und des stalinistischen Massenterrors wechseln Genossen auf die Seite des Antikommunismus und des «freien Westens» – sie ersetzen die totalitätsbezogene Marxsche Gesellschaftskritik durch Anti-Totalitarismus. Viele sehen im Faschismus die eigentliche – zumindest die drängendste – Gefahr und stellen dahinter die antikapitalistische Analyse zurück. 1943 stellt Mattick seine mittlerweile unter dem Titel «New Essays» erscheinende Zeitung ein. Einen sie tragenden organisatorischen Zusammenhang von Rätekommunistinnen und Rätekommunisten gibt es zu diesem Zeitpunkt nicht mehr.

Die Serie der Niederlagen und des Scheiterns setzt sich nach Ende des Krieges fort. Resignation und Rückzug prägen die Stimmung, viele Genossen kehren nicht mehr zur politischen Arbeit zurück. In Berlin organisieren sich um Alfred Weiland und Karl Schröder etwa 150 Rätekommunisten, die aber massiven Repressionen durch die sowjetische, später durch die ostdeutsche Geheimpolizei ausgesetzt sind. 1950 wird Alfred Weiland von West- nach Ostberlin entführt und der Bildung einer «trotzkistischen Gruppe» angeklagt, erst 1958 wird er wieder in den Westen entlassen[24]. Der Wiederaufbau organisatorischer Zusammenhänge – zumal weltweiter – gelingt nicht, eine Bilanz des Zweiten Weltkriegs bleibt aus. Anton Pannekoeks «Arbeiterräte»[25], Summe seines Lebenswerks, bleibt gegenüber den jüngsten Entwicklungen – den Verheerungen, die Faschismus und NS angerichtet haben – bisweilen recht blass. Die letzten Mohikaner stehen ratlos vor dem gigantischen, nicht enden wollenden Boom der Nachkriegszeit; ist dieser noch mit dem Instrumentarium der Marxschen Akkumulationstheorie zu fassen?

Paul Mattick tritt in jahrelanger Wühlarbeit diesen Beweis an: Seine Arbeit mündet in die Schrift «Marx and Keynes. The limits of the mixed economy» (1969), in der er die Konsistenz der Marxschen Akkumulations- und Krisentheorie gegenüber dem führenden Theoretiker und Strategen der bürgerlichen Krisenbewältigung nachweist. Auch der hochentwickelte Kapitalismus bleibt krisenanfällig. Die erste Nachkriegsrezession scheint ihm recht zu geben, ebenso das Aufflammen massiver Arbeiterproteste weltweit. Mattick avanciert zu einem Stichwortgeber der internationalen Studentenbewegung, die nach

24 Ausführlich dazu Kubina 2001.
25 «Arbeiterräte» wird im 14. Kapitel gewürdigt.

ihrer rauschhaften Hochphase darum bemüht ist, ihre Aktionen auf einen sicheren theoretischen Boden zu stellen.

In den 1970er-Jahren erfährt Mattick gerade auch in bürgerlichen Kreisen eine Aufmerksamkeit, wie sie niemals ein Theoretiker des Rätekommunismus zuvor erfahren hat (Anton Pannekoek ist berühmt geworden als Astronom!). Aber die Aneignung bleibt hastig und oberflächlich. Auch in den theorieseligen 1970er-Jahren unterbleibt, zumindest in Deutschland, eine integrale Aufarbeitung der rätekommunistischen Erfahrung. Im langen Abgesang auf den Marxismus, der bereits Mitte der 70er einsetzt, gerät Mattick wieder in Vergessenheit. Seine letzte Schrift, 1983 postum von seinem Sohn Paul Mattick Jr. herausgegeben, lautet «Marxism – Last Refuge of the Bourgeoisie?». Eine geplante deutsche Übersetzung kommt nicht mehr zustande. Sie wäre im Suhrkamp Verlag erschienen, den Titel gab es schon: «Die Strategie der Immunisierung. Über das Verhältnis von Bürgertum und Marxismus».

Ein passender Titel. Das Verhältnis kann nur ein negatives sein, denn «diejenige Arbeiterbewegung, die als neu angesehen werden kann, wird genau die Merkmale der alten Arbeiterbewegung zerstören müssen, die als ihre Stärke galten. Sie muss ihre Erfolge vermeiden, und sie kann nicht nur eine ‹bessere als die frühere› organisatorische Verfasstheit anstreben»[26], schrieb Mattick 1939 in einer Selbstdarstellung. Jede neue Arbeiterbewegung müsste sich von den Verstrickungen in die bürgerliche Politik und Kultur lossagen, das Medium ihrer Verstrickung sind aber ihre Organisationen selbst. Der Rätekommunismus geht strikt von diesem negativen Prinzip aus. Deshalb greift die populärste Kritik an ihm zu kurz: «Ihr idealisiert die Arbeiter», so lautet sie gerichtet an die Adresse von Pannekoek und Co. «Ihr schreibt an einer positiven Freiheitslehre, die den Arbeitern das quasi-natürliche Bedürfnis nach und die unumschränkte Fähigkeit zur Selbstorganisation andichtet. Aber das ist doch kontra-faktisch – so war es nie, so wird es nie sein.» Das stimmt natürlich, es wird immer eine Minderheit sein, die den Aufstand nicht nur wagt, sondern ihn auch durchzieht, wenn die erste Euphorie abgeklungen ist, das haben Pannekoek oder Mattick nie abgestritten. Aber dieser Aufstand erweist sich nicht als Machtergreifung, als Insurrektion im klassisch bürgerlichen Sinn. Er trägt in sich die Tendenz zur Ausdehnung,

26 Mattick 1978b, S. 74 [übers. v. Autor].

zum Mitreißen der passiven oder tiefer integrierten Schichten des Proletariats. Denn das Prinzip des proletarischen Aufstandes ist eben nicht die Machtergreifung, die Ablösung einer Elite durch eine andere, sondern die unmittelbare Regelung der sozialen Bedürfnisse der bislang Abhängigen: Weil angesichts des totalitären Kapitalismus alle Organisationsformen der Arbeiterbewegung sich als kapital-konform und elitär erwiesen haben, bleibt *nur* die Selbstorganisierung in Räten. Es ist kein anthropologisches Prinzip, was sich da Geltung verschafft, es ist Notwehr.

Dieses Notwehr-Prinzip verkörpert eine Lebenskunst. Sie ist vergleichbar mit einer ostasiatischen Kampfkunst, mit der man sich nur gegen Angreifer wehrt und von der selbst keine Aggression ausgeht, die aber in dem Moment der schieren Verteidigung ihre ganze Überlegenheit dem Gegner aufzwingt und ihn so bezwingt. Daraus ergeben sich fünf Ausgangspunkte rätekommunistischer Theorie[27]:

1. Im Moment seiner höchsten Machtverdichtung, nämlich der monopolistischen, setzt bereits die Niedergangsphase des Kapitalismus ein. Das bringt die Notwendigkeit seiner sofortigen Überwindung mit sich – die Alternativen wären Krieg, Verwüstung, offene Diktatur des Kapitals im Faschismus.
2. Die Organisationsform, die den bürgerlichen Staat ablöst, ist der Arbeiterrat. Gemeint ist nicht die Selbstverwaltung als vielmehr die Selbstorganisation der Arbeiter. Denn die Rede von der Selbstverwaltung impliziert noch Prinzipien der Bürokratie, sprich: Sachzwänge, die außerhalb des Zugriffes der Arbeiterinnen und Arbeiter liegen. Selbstorganisation impliziert dagegen die vollständige Kontrolle über den Produktionsprozess, der durchgehend vergesellschaftet ist, sowie die damit zusammenhängende Distribution und Reproduktion.
3. Bourgeoisie und Sozialdemokratie manipulieren, regulieren, formen die Massen demokratisch: In der «Sozialpartnerschaft», der Parlamentsherrschaft, der Trennung zwischen Politik und Ökonomie und der Verherrlichung des Individuums als geschichtlichem Akteur.
4. Deshalb: Verweigerung jeglicher Teilnahme an den Institutionen und Ritualen der Klassenkollaboration; Ablehnung des tradierten – auf Berufene bezogenen – Gewerkschaftswe-

27 Wir folgen hier der Systematisierung von Marcel van der Linden (Van der Linden 2004, S. 33ff.).

sens (die Einheit der Arbeiter*innenklasse ist unteilbar); Ablehnung des Delegiertenprinzips.

5. Kritik der Sowjetunion, deren Entwicklung keine Alternative zu Kapitalismus und Nationalstaat darstellt, sondern vielmehr innerhalb seiner Parameter verläuft. Betonung des inneren Zusammenhangs von «New Deal«-Kapitalismus, Faschismus und Bolschewismus-Stalinismus. Paul Mattick sprach folgerichtig von einem Trend des immer stärkeren Eingreifens des Staates in die Konkurrenzgesellschaft, der zu diesen drei Herrschaftstypen der 1920er- und 1930er-Jahre führe, für Mattick bloß verschiedene Namen für die unterschiedlichen Grade und Variationen des Zentralisierungs- und Konzentrationsprozesses des kapitalistischen Systems.[28]

Wo bleibt das Positive? Sophistisch könnte man sagen, es braucht nicht formuliert, es muss nur entdeckt werden. Es zeigt sich, dass das Prinzip der Befreiung in den Arbeitsbeziehungen selbst gesucht werden muss. Die Kritik am Generalstabsprinzip der alten Arbeiterbewegung, an den zwischen Bürokratismus und Voluntarismus heillos schwankenden Intellektuellen führt zur Analyse der realen Widerstandsformen, die die Rätelösung implizieren. Die Räte sind dann keine ethische Forderung mehr und keine dogmatische Setzung.

Heinz Langerhans (1904–1976), ein Schüler von Karl Korsch und enger Freund von Paul Mattick resümierte an seinem Lebensende: «Ich habe in einer [1939 aufgestellten] These gesagt: ‹Die Rätelosung war die soziale Konsequenz des Stoßtrupp-Prinzips›, und das heißt doch: die Arbeiterklasse kann ihre strategische Bestimmung nur in Negation zu zentralistisch-bürokratischen Generalstabsvorstellungen gewinnen. Der Begriff der Stoßtrupp-Taktik ist zwar der damaligen militärtheoretischen Literatur entnommen, bedeutete aber für die Struktur irgendwelcher Widerstandsgruppen die Verneinung des Generalstabsprinzips, d.h. die Verneinung von ZK-Vorstellungen und ihren hierarchischen Konsequenzen. Widerstandsgruppen gegen den Faschismus können nur in Stoßtrupp-Aktionen handeln, das aber ist die Forderung nach Räten.»[29]

---

28 Mattick 1978, S. 81.

29 Michael Buckmiller und Jörg Kammler, «Konterrevolution und Revolution. Eine Diskussion mit Heinz Langerhans», in: Jahrbuch Arbeiterbewegung 1: Über Karl Korsch, 1974, S. 284.

4 Die Jahre der Massenstreiks: Wurzeln des Rätekommunismus

«Die Partei hat in dem Befreiungskampfe des Proletariats die Aufgabe, die Entwicklung klar zu erkennen, geistig zu erfassen, wie die Massen handeln und handeln werden und ihnen daher eine Führerin im Kampfe zu sein.»
Anton Pannekoek, 1913[30]

«... und eine millionenköpfige Organisation, die [...] im Angesicht großer Aufgaben klagen wollte, daß sie nicht die richtigen Führer hat, würde sich selbst ein Armutszeugnis ausstellen, weil sie beweisen würde, dass sie das historische Wesen des proletarischen Klassenkampfes nicht begriffen hat, das darin besteht, dass die proletarische Masse keine ‹Führer› im bürgerlichen Sinne braucht, dass sie sich selbst Führer ist.»
Rosa Luxemburg, 1911[31]

«Aber das Proletariat ist unberechenbar.»
Herman Gorter, 1903[32]

War die spätere Theorie des Rätekommunismus die bittersüße Frucht der Niederlage der Bewegung, so war sie doch ebenso ein Kind der Epoche des Massenstreiks und ihrer theoretischen Debatten. Was zwischen 1903 und 1914 am linken Rand der damaligen sozialdemokratisch-marxistischen Arbeiterbewegung ausgefochten wurde, wird die Geschichte des Rätekommunismus zutiefst prägen.

In der organisierten Arbeiterbewegung war es die selbstgewählte Aufgabe der radikalmarxistischen Minderheit, beständig an das Phänomen Massenstreik zu erinnern. Bekannteste Sprecherin dieser heterogenen Minderheit war Rosa Luxem-

30 Ders., «Die Notwendigkeit des Massenstreiks», Pressekorrespondenz, 2. August 1913, S. 1.

31 Dies., «Wieder Masse und Führer», Leipziger Volkszeitung vom 29.August 1911, in Werke Band 3, S. 42.

32 Ders.,1903, S. 653.

burg (1871–1919). Auf der Generalversammlung der Freien Gewerkschaften am 1. Oktober 1910 in Hagen setzte sie zur großen Rundschau an: «Im Jahre 1900 hatten wir den gewaltigen Bergarbeiterstreik der Bergarbeiter in Pennsylvanien, von dem die amerikanischen Parteigenossen behaupteten und erklärten, er habe für die Ausbreitung des sozialistischen Klassenbewußtseins mehr getan, als 10 Jahre Agitation es sonst tun. Im Jahre 1902 hatten wir den großen Massenstreik der Bergarbeiter in Österreich, der zunächst, wie es den Anschein hatte, resultatlos verlief, der aber in der Folge durch die Umstimmung der öffentlichen Meinung und durch den Druck auf die Regierung und auf das Parlament den neunstündigen Arbeitstag für die Bergarbeiter erobert hat. Wir hatten 1903 den Massenstreik der Bergarbeiter in Frankreich, der im weiteren Verlauf für die französischen Bergarbeiter den achtstündigen Arbeitstag erobert hat. Wir hatten noch im Jahre 1902 in Belgien den großen Massenstreik, den politischen Streik, den Kampf um das allgemeine Wahlrecht. Wir hatten 1904, gerade zu Beginn, im Januar, den gewaltigen Generalstreik der holländischen Eisenbahner, der den kolossalsten Eindruck auf die Welt gemacht hat und der die unerhörte Kunde verbreitet hat, daß plötzlich in Holland der ganze Verkehr und damit das ganze wirtschaftliche Leben lahmgelegt wurde, und der erst durch den Willen einer bestimmten Kategorie von Arbeitern zum Stillstand gebracht werden konnte. Und dann, Parteigenossen, kam das Jahr 1905.»[33]

Allein im deutschen Reich gab es 1869/73, 1889/90, 1905/06 und 1910 bis 1913 mächtige Streikwellen. Gewerkschaften, der rechte Flügel der Sozialdemokratie, ab 1910 auch das «marxistische Zentrum», reagierten darauf reserviert. «Generalstreik ist Generalunsinn» war ein geflügelter Spruch der Gewerkschaftsbürokratie und Parteirechten. Entgrenzte Streiks stellten eine Bedrohung der organisierten Arbeiterbewegung dar, die sich längst auf parlamentarische Arbeit und den Ausbau ihrer Kultur- und Bildungsinstitutionen kapriziert hatte: Sie provozierten den Staat zu repressiven Notstandsmaßnahmen, das sollte nicht sein. Daraus folgte ein Organisationsparadox: Je stärker Sozialdemokratie und Gewerkschaften wurden, desto prekärer und schützenswerter schien diese Macht. Den Massen-

33 Rosa Luxemburg, «Der politische Massenstreik und die Gewerkschaften», Werke Band 2, S. 467.

streik wollte die SPD-Führung «nur dann anwenden, wenn die Existenz der Arbeiterbewegung bedroht war. Damit gestand sie aber gleichzeitig ein, daß sie nicht gewillt war, die permanente Kampfansage der Bourgeoisie und des Staates an die Arbeiterklasse in eine Offensive gegen den bürgerlichen Klassenstaat zu wenden.»[34] Anton Pannekoek, noch auf dem Boden der Sozialdemokratie agitierend und argumentierend, enthüllte dieses Paradox als Phänomen des Niedergangs: «...nur durch unermüdetes Ringen war das Proletariat fähig, alle seine Institutionen und Organisationen, seine Unterstützungseinrichtungen, seine Genossenschaften, sein Versicherungswesen, seine Bildungsinstitute aufzubauen. Wären diese jetzt ein Grund, vor schärferen Kämpfen zurückzuweichen, damit sie nicht gefährdet werden, so wären sie eine Quelle der Schwäche statt der Kraft.»[35]

Die Beteiligung an diesen Streiks nahm indessen mehr und mehr zu, ohne dass ein entsprechender Zuwachs ihrer gewerkschaftlichen Organisierung und politischen Anleitung zu verzeichnen gewesen wäre, ein starkes Indiz für die Autonomie der Klasse: «Nach der amtlichen Reichsstatistik haben in der Streikwelle von 1910/13 noch etwa 43 Prozent aller Streikenden die Arbeit ohne Einhalten der Kündigungsfristen [von Tarifverträgen, Anm. FK] niedergelegt. Dies widersprach eindeutig den gewerkschaftlichen Streikrichtlinien.»[36] Auch der Anteil der un- oder angelernten Arbeiter, die aus Sicht von Gewerkschaften und Sozialdemokratie immer unter dem Verdacht des Lumpenproletariats standen, blieb konstant hoch.[37]

Dennoch ist niemand auf die Idee gekommen, diese 30 Jahre vor der Oktoberrevolution und der deutschen Novemberrevolution als «Epoche der Massenstreiks» zu kanonisieren.

Dabei ist der Massenstreik das wirklich Neue in dieser Zeit, er ist die erste eigenständige, genauer: dominant eigenständige Bewegung der Klasse und lässt frühere – «Guerillakrieg des stehlenden Proletariats» (Wilhelm Weitling, Frühkommunismus vor 1848); Barrikadenkampf (1848/49); mutualistische Solidarorganisationen (Proudhon); Kampf fürs allgemeine Wahlrecht

34 Antonia Grunenberg, «Einleitung» zu Grunenberg 1970, S. 17.

35 Anton Pannekoek, «Die Gefahren des Massenstreiks», Zeitungskorrespondenz, 30. August 1913, S. 4.

36 Boll 1986, S. 502.

37 Es lohnt sich, dies in Regional- und Lokalstudien nachzulesen. Stark: Michael Grüttner, «Arbeitswelt an der Wasserkante. Sozialgeschichte der Hamburger Hafenarbeiter 1886–1914», 1984.

(Chartismus in Großbritannien, Sozialdemokratie in Preußen) – hinter sich, selbst den Sonderfall der Pariser Kommune. Massenstreiks sind treibende Kraft vieler Ereignisse der Epoche. Im positiven Sinne: Es sind Massenstreiks, die den Weltkrieg beenden; Massenstreiks, aus denen Februar- wie Oktoberrevolution erwachsen. Oder negativ: Die USA verknüpfen ihren Weltkriegseintritt mit einer innerstaatlichen Feinderklärung gegen die massenstreikende Arbeiterbewegung im eigenen Land; Oberste Heeresleitung, Gewerkschaften und rechte Sozialdemokratie greifen in Deutschland das Faktum der Massenbewegung und Massenorganisation von oben auf und setzen den Kriegssozialismus, den «militaristischen Sozialismus», ins Recht.

Es ist ebenfalls bezeichnend, dass sich der Marxismus dieser Zeit nicht auf der Höhe dieser Bewegung befand, sondern, wie auf den sozialdemokratischen Parteitagen ab 1905, sie unter funktionalen Gesichtspunkten diskutierte. Es war nur eine Minderheit, in Deutschland Rosa Luxemburg, in den Niederlanden Anton Pannekoek, Herman Gorter und Henriette Roland-Holst und für die russische marxistische Linke Leo Trotzki, die das Neue zumindest im Ansatz begriff. Erst die Rätekommunisten erkannten in ihnen eine eigenständige soziale Organisationsform – und weitergehend: Daseinsform. Paul Mattick: «Die Aktion war zugleich die Organisation, die aktiven Kämpfer waren ihre eigenen Kämpfer.»[38] In dieser Bestimmung, Mattick fand zu ihr 1935, ist das Wesen des Massenstreiks festgehalten.

Im Massenstreik als sozialer Daseinsform wurden Arbeitsteilung als Zwangssystem und soziale Trennungen – wie die zwischen Politik und Ökonomie, Produzentin und Konsumentin – aufgehoben, der Massenstreik vereinigte Reaktives – Widerstand gegen Ausbeutung und politischen Ausschluss – und Antizipatorisches – Vorwegnahme der herrschaftsfreien Gesellschaft. Er sperrte sich gegen die Ausgestaltung zu einem wiederholbaren Modell – und war damit höchst konkret, gerade kein Mythos, zu dem ihn der Syndikalist Georges Sorel verklärte[39]. Aber ohne Zweifel stiftete der Massenstreik eine große Er-

38 Ders., «Die Unvermeidbarkeit des Kommunismus», in Mattick 1974, S. 70.

39 «Der Generalstreik ist der Mythos, in dem der ganze Sozialismus eingeschlossen ist. Er ist ein System von Vorstellungen, die fähig sind, alle Empfindungen instinktiv hervorzurufen, die den verschiedenen Äußerungen des Klassenkrieges entsprechen … Die Streiks haben im Proletariat die tiefsten und die am meisten vorwärtstreibende Empfindun-

zählung. Er wurde zum Bezugspunkt der marxistischen Linken, und damit sind neben Rosa Luxemburg vor allem die holländischen Genossen gemeint[40].

Der holländische Radikalismus, der sich später zum Rätekommunismus ausformt, ist eigentümlich, weil er auf das geistige Werk dreier bürgerlicher Denker zurückgeht, deren politische Erstsozialisation keine sozialistische war – und die auch immer bürgerlich in ihrem Habitus blieben: Herman Gorter (1864–1927), Henriette Roland-Holst (1869–1952) und der jüngere Anton Pannekoek (1873–1960)[41], der sich zunächst als Schü-

---

gen hervorgerufen, die es besitzt. Der Generalstreik ordnet alle einer einheitlichen Zielsetzung unter und gibt jedem von ihnen durch Solidarität ein Höchstmaß an Aktivität und Schwung.» Wir verwenden hier bewusst die Übersetzung von Karl Korsch (Korsch Mattick Pannekoek 1973, S. 99), der für seine Zwecke nicht auf die deutsche Ausgabe von Sorels Hauptwerk «Über die Gewalt» (im Original von 1908) zurückgriff. Für Korsch, der sich seit Ende der 1920er-Jahre mehr und mehr rätekommunistischen Positionen näherte, war Sorel ein Katalysator seiner Radikalisierung. Die Nähe von Sorel – genauer: von diesem Sorel, denn der Autor begegnet uns auch als Ultrakonservativer und stolzer Katholik – zu rätekommunistischen Positionen ist evident. Ebenso evident ist das, was sie trennt, die Selbsttätigkeit der Arbeiterinnen und Arbeiter haben die Rätekommunisten immer als höchste Form der Rationalität verstanden. «Die moderne Arbeiterbewegung unterscheidet sich von früheren sozialen Bewegungen dadurch, daß sie in viel höherem Maße Klarheit über ihr eigenes Wesen, über Ursachen und Ziel ihres Kampfes besitzt. Die Menschen werden immer instinktiv durch gewaltige soziale Kräfte, die aus der wirtschaftlichen Entwicklung auswachsen, bewegt und zum Handeln getrieben – das gilt für uns genau so wie frühere Geschlechter. Aber während wir diese mächtigen Wirkungen mit Herz und Seele erleiden und ihnen mit Willen und Tat folgen müssen, begreifen wir sie zugleich mit unserem Kopf.» (Anton Pannekoek, Zeitungskorrespondenz vom 30. August 1913, S. 1). Das ist schon die ganze marxistische Erkenntnistheorie des Sozialen.

40 Bis heute hält sich selbst unter dezidiert antistalinistischen Linken das Gerücht, der Bruch mit dem «marxistischen Zentrum» um Karl Kautsky ginge auf das Wirken Rosa Luxemburgs zurück. Man kann darin eine Spätfolge der stalinistischen Geschichtsklitterung erkennen: Der holländische Beitrag wurde verdrängt, aus dem historischen Bewusstsein getilgt, während man Luxemburg schlechterdings nicht verdrängen kann, weil man sie als Parteigründerin – der KPD – würdigen muss.

41 Zu Pannekoek siehe Bock 1975; Bock 1992, Bricanier 1978, Gerber 1989. Die 1975er-Studie von Bock, «Anton Pannekoek in der Vorkriegs-Sozialdemokratie: Bericht und Dokumentation», ist grundlegend für dieses Kapitel. Die Biographie von Bricanier ist aus rätekommunistischer Sicht geschrieben, die von Gerber wertet sehr viel Archivmaterial aus. Ein Sonderfall ist die Biographie von Cajo Brendel (Brendel 2001), denn er stammt politisch aus dem Umfeld Pannekoeks. Über Pannekoeks Biographie erzählt seine – leider nachlässig lektorierte – Studie so gut wie

ler der beiden verstand, haben niemals unter Arbeitern gelebt, wie das bei der ebenfalls aus bürgerlicher Familie stammenden Linksradikalen Sylvia Pankhurst später der Fall war. Gorter und Roland-Holst sind bis heute in den Niederlanden berühmte Dichter, gar Schulbuchautoren. Anton Pannekoek, der 1902 promovierte, stieg in den 1920er-Jahren zum führenden Astronomen der Niederlande auf, er war seit 1925 Mitglied der Königlichen Niederländischen Akademie der Wissenschaften. Alle drei stießen als Erwachsene um die Jahrhundertwende zur sozialistischen Bewegung. Ihr Habitus war, hält man sich an die überlieferten Quellen, von Unabhängigkeit und Zurückhaltung geprägt: Ihnen war bewusst, dass sie als bürgerliche Außenseiter zur Bewegung gestoßen waren. Intellektuelle Bevormundung, die Ambition, dauerhaft ein politisches Amt anzustreben – das blieb ihnen stets fremd. Wenn sie eigenständige politische Gruppierungen initiierten, dann nie in der Absicht, eine Alternativorganisation aufzubauen, um die verachtete sozialdemokratische oder bolschewistische Bürokratie mit ihren Mittel zu schlagen. Ihre Organisation war im strengen Sinne Avantgarde: eine kleine Gruppe, die das feindliche Terrain sondiert und erste Brückenköpfe befestigt, den Kampf selbst zu führen, maß sie sich nicht an. Noch etwas ist an ihrem Radikalismus eigentümlich: Gorter, Roland-Holst und Pannekoek verstanden sich stets als anti-anarchistisch, aus heutiger Sicht eine Skurrilität, könnte man doch ihre Vorstellung der Arbeiterselbstbefreiung ohne größere Verrenkungen als anarchistisch verstehen. Der Anarchismus galt ihnen als Ideologie haltloser Kleinbürger, die sich nur eine schlagartige Totalemanzipation vorstellen konnten und deshalb das Proletariat zu Irrsinnsaktionen anstachelten. Ein Zerrbild des Anarchismus, keine Frage, der intrigant geführte Streit zwischen Marx und Bakunin war damals erst wenige Jahrzehnte alt und hallte nach. Sie betonten, dass das Proletariat «erst während des Kampfes die Organisation, Schulung, Disziplin und Einsicht erwerben kann, die es zu seinen großen historischen Aufgaben bedarf»[42].

Geburtsstunde dieses Radikalismus war der Streik der niederländischen Eisenbahner vom 6. bis zum 10. April 1903. Den Eisenbahnern wurde schließlich zugestanden, keine Waren

---

nichts, aber sie macht deutlich, was in rätekommunistischen Kreisen im Anschluss an sein Lebenswerk diskutiert wurde.

42 Roland-Holst 1906, S. 215.

transportieren zu müssen, die von als Lohndrücker eingesetzten ungelernten Arbeitern verladen wurden. Dieses kurzzeitige Aufblitzen der realen Macht der Arbeiter, für das es keinen Präzedenzfall und keine Vorwarnung gab, wirkte auf Gorter äußerst frappierend. «Aber das Proletariat ist unberechenbar», schrieb er in seiner Analyse des Streiks. «Alle Kräfte der Zukunft schlummern in ihm, und so wenig man den Augenblick genau bestimmen kann, wenn das Wasser zu Eis wird oder der Blitz aus den Wolken fährt, so wenig lassen sich Ausbrüche der im Proletariat angesammelten revolutionären Energie genau vorherbestimmen. Es gibt kritische Zeiten, die dumpf und schwer vorübertreiben; ein kleiner Windstoß, eine unscheinbare Störung des Gleichgewichtes genügt, um die Wolken zu einem mächtigen Ungewitter zusammenzuballen.»[43] Er kam zu dem Schluss: «Es ist auch hier nicht die Theorie, welche die Wirklichkeit gestaltet, sondern die Wirklichkeit, welche von der Theorie erkannt und begriffen wird.»[44] Damit war der historische Ort der Linken definiert: nicht als Partei der Revolution, sondern allenfalls als Think Tank des Proletariats auf der Suche nach seinen angemessenen Kampfmitteln.

Der Absetzungsprozess der Gruppe um Gorter & Co. von der niederländischen Sozialdemokratie, der SDAP, war unvermeidlich, 1907 brachten sie ihre eigene Zeitschrift heraus, «De Tribune», weswegen man die holländische Linke auch Tribunisten[45] nennt. 1909 kam es zur Spaltung der SDAP, sie gründeten die Sociaal Democratische Partij, SDP. Roland-Holst begründete dies mit der Unterdrückung marxistischer Tendenzen in der «offiziellen Partei»: der Grund für die Trennung war für sie ein taktischer, kein fundamentaler. Die SDP richtete sich zunächst weiter auf die deutsche SPD und deren marxistischen Chefdenker Karl Kautsky aus. Kautsky hatte da schon längst begonnen, das oben skizzierte Organisationsparadox marxistisch zu verbrämen. Für die Linken war er der Garant in den Kämpfen gegen rechte und revisionistische Tendenzen, und für die Rechten Garant, dass der Marxismus, den er kanonisierte, keine revolutionären Implikationen mehr enthielt. Die Revolution lag für ihn außerhalb menschlicher Kräfte: «Wir wissen, daß unsere Ziele nur durch eine Revolution erreicht werden können, wir wissen aber auch,

43 Gorter 1903, S. 653.
44 Ebd., S. 656.
45 Siehe dazu Wiessing 1980.

daß es ebenso wenig in unserer Macht steht, diese Revolution zu machen, als in der unserer Gegner, sie zu verhindern. Es fällt uns daher auch gar nicht ein, eine Revolution anstiften oder vorbereiten zu wollen. Und da die Revolution von uns nicht willkürlich gemacht werden kann, können wir auch nicht das mindeste darüber sagen, wann, unter welchen Bedingungen und in welchen Formen sie eintreten wird.»[46] Damit kappte er jede Verbindung von radikalisierender Agitation und dem Ausbruch revolutionären Handelns. Pannekoek bezeichnete dies 1912 als «Theorie des aktionslosen Abwartens»[47], in Zeiten der akuten Kriegsgefahr eine objektiv konterrevolutionäre Haltung.

Die neue Partei der holländischen Linken war nicht darauf erpicht, eine Massenorganisation zu werden, bis 1914 umfasste sie denn auch nie mehr als 500 Mitglieder. Sie sollte Aufklärungs- und Bewusstseinsarbeit leisten, jede Form der Stellvertreterpolitik lehnten die Tribunisten ab. Das trennte sie von der alten Partei eben nicht nur strategisch, sondern fundamental. Rosa Luxemburg warnte 1908 in einem Brief an Roland-Holst: «Nichts wäre verhängnisvoller als ein Bruch zwischen den Marxisten. [...] Man kann nicht außerhalb der Organisation bleiben, die Verbindung mit den Massen verlieren! Die schlechteste Arbeiterpartei ist noch besser als keine.»[48] Hier artikuliert sich bereits die entscheidende Differenz zu den späteren Rätekommunisten. Luxemburg ging mit ihrer Spontaneitätstheorie nie so weit, die bürokratische Organisation an sich in Frage zu stellen[49].

Mindestens bis 1910 wurden die Tribunisten von Kautsky protegiert: Roland-Holst und Pannekoek schrieben regelmäßig für die von Kautsky herausgegebene «Die Neue Zeit», historisch gesehen das wichtigste und thematisch reichhaltigste marxistische Kompendium. Kautsky, der mit den Holländern persönlich befreundet war, setzte sich zudem dafür ein, dass Pannekoek 1906 eine Stelle als Lehrer an der Parteischule in Berlin antreten konnte und öffnete ihm die Türen zu der sozialdemokratischen

46 Zitiert nach Grunenberg 1970, S. 21.

47 Pannekoek 1912, in Grunenberg 1970, S. 284.«

48 Zitiert nach J. P. Nettl, Rosa Luxemburg», 1967, S. 656. Immer noch die maßgebliche Biographie.

49 Luxemburg verstand sich durchaus auf parteibürokratische Intrigenspiele, polnische Genossinnen und Genossen bewerteten ihr Auftreten als doktrinär und bevormundend. Siehe jetzt dazu die Studie von Eric Blanc, «Rosa Luxemburgs Allianz mit der SPD-Bürokratie. Eine Kritik ihrer Politik in Polen, 1893–1918», 2019.

Publizistik. Pannekoek baute sich ab 1908 eine «Zeitungskorrespondenz» auf. Bis zum Kriegsausbruch im Juli 1914 schrieb er wöchentlich einen populär gehaltenen theoretischen Essay, der in den Wochenendausgaben von etwa zwei Dutzend regionalen sozialdemokratischen Tageszeitungen abgedruckt wurde. Mehr noch als Rosa Luxemburg war Pannekoek damit der Promoter linksmarxistischer Positionen.[50]

Roland-Holst zog sich nach 1910 aus der politischen Publizistik mehr und mehr zurück, blieb aber «der Sache» verpflichtet. Sie nahm an den fraktionsübergreifenden Aktivitäten zur Neukonstituierung einer europäischen antimilitaristischen Linken, die Zimmerwalder Bewegung (1915), teil und gehörte zur Gründergeneration der späteren kommunistischen Partei der Niederlande. Gorter stürzte sich nach 1918 in die Aktivitäten der deutschen kommunistischen Dissidenten und war bis zu seinem Tod 1927 einer der zentralen Köpfe des organisierten Rätekommunismus. Der Lebensweg Pannekoeks hebt sich davon ein wenig ab: Er gelangte mit seinen philosophischen und naturwissenschaftlichen Aufsätzen und Vorträgen rasch ins Zentrum marxistisch-sozialdemokratischer Theoriebildung, zum Massenstreik äußerte er sich bis 1911 nicht. Später war sein Einfluss auf die junge kommunistische Bewegung nach 1917 nicht zu unterschätzen, selbst Lenin lernte bei ihm.[51]

Das entscheidende Jahr, auch für die holländischen Genossen, war das der ersten russischen Revolution 1905. Niemand hat in Zentral- und Westeuropa das Ereignis in so eindringlichen Worten beschrieben wie Rosa Luxemburg: «Im Januar des Jahres 1905 kam nach Europa eine Kunde, die wie aus einem Märchenlande lautete. Das war die Kunde, daß in der nördlichen Hauptstadt des Zaren aller Reußen – in Petersburg plötzlich 100.000 bis 200.000 Proletarier den Massenstreik erklärt haben und zu

50 Eine Übersicht über seine publizistischen und didaktischen Aktivitäten gibt Bock 1975. Bock weist darauf hin, dass Pannekoek sowohl in den Niederlanden als auch später in Berlin und Bremen in den tagtäglichen Aktivitäten der Partei engagiert war. Seine wissenschaftliche Karriere als Astronom, er war an der Sternwarte in Leiden angestellt, gab er dafür zunächst auf.

51 Siehe dazu Schurer 1963, der freilich übertreibt. Er bezieht sich auf Pannekoeks 1909 erschienene Studie «Die Klassen der bürgerlichen Gesellschaft und ihre Funktion im Klassenkampf» (auch bekannt als: «Die taktischen Differenzen in der Arbeiterbewegung»), die Lenin durchgearbeitet hatte. In dieser Schrift arbeitet Pannekoek die Bürokratisierungstendenzen der organisierten Arbeiterbewegung heraus.

gleich sich vor das Schloß begeben haben, um politische Freiheit und den Achtstundentag zu fordern. Nun, Parteigenossen, seit jenem Tage verging kein Monat, ja, kein Tag, da nicht in Rußland lokale Generalstreiks und Massenstreiks ausbrachen. In einem Lande, von dem bisher angenommen wurde, daß es überhaupt eine Ausnahme der alten Kulturländer darstellt. In einem Lande, von dem man annahm, daß die Gesetze der historischen Entwicklung ohnmächtig an seinen Grenzen, an seiner Schwelle zusammenbrechen, in einem Lande, nach welchem die Machthaber aus Deutschland und speziell aus Preußen hinblickten, weil sie glaubten, dort sei der einzige Landesvater, dem seine Landeskinder so gar keine Sorge machten. Parteigenossen! In diesem Lande erhob sich zuerst eine gewaltige Masse von Proletariern und gebrauchte das Werkzeug des Massenstreiks, die Waffe des Massenstreiks, des politischen und gewerkschaftlichen zugleich, zum Kampfe gegen die Ausbeuterklasse und zur Eroberung der politischen Freiheit.»[52]

Die russische Revolution von 1905 machte schlagartig klar, dass es einen direkten Weg von den Massenstreiks zum verallgemeinerten Aufstand gab. Transmissionsriemen waren die Sowjets, die Räte. Diese hatten sich aus Streikkomitees herausgebildet und nahmen über unmittelbare Kampf- und Verteidigungsaufgaben hinausgehende – wenn auch nur rudimentäre – ökonomische und gesellschaftliche Ordnungsaufgaben in Angriff. Eine gesellschaftliche Kernschmelze, die schließlich jeden Aspekt des alltäglichen Lebens betraf. «Den ganzen Frühling des Jahres 1905 hindurch bis in den Hochsommer hinein gärte im gesamten Riesenreich ein unermüdlicher ökonomischer Kampf fast des gesamten Proletariats gegen das Kapital, ein Kampf, der nach oben hin alle kleinbürgerlichen und liberalen Berufe: Handelsangestellte, Bankbeamte, Techniker, Schauspieler, Kunstberufe, ergreift, nach unten hin bis ins Hausgesinde, in das Subalternbeamtentum der Polizei, ja bis in die Schicht des Lumpenproletariats hineindringt und gleichzeitig aus der Stadt aufs flache Land hinausströmt und sogar an die eisernen Tore der Militärkasernen pocht. Es ist dies ein riesenhaftes buntes Bild einer allgemeinen Auseinandersetzung der Arbeit mit dem Kapital, das die ganze Mannigfaltigkeit der sozialen

52 Rosa Luxemburg, «Der politische Massenstreik und die Gewerkschaften. Rede in der Generalversammlung der Freien Gewerkschaften in Hagen, 1. Oktober 1910», Werke Band 2, S. 467.

Gliederung und des politischen Bewußtseins jeder Schicht und jedes Winkels abspiegelt».[53]

Das literarische Zeugnis, das Rosa Luxemburg in ihrer vielleicht bekanntesten, stilistisch und rhetorisch auf jeden Fall kühnsten Broschüre «Massenstreik, Partei und Gewerkschaften» von der Revolution gab, spricht für sich. Auch Henriette Roland-Holst begriff das russische Signal[54], aber an die Dichte der Darstellung Luxemburgs reichten ihre Texte nicht heran. Luxemburg war klar, dass die russische Revolution die Frage nach dem Verhältnis von politischen und ökonomischen Kämpfen völlig neu stellte und sie als obsolet beantwortete. «Der ökonomische Kampf ist das Fortleitende von einem politischen Knotenpunkt zum andern, der politische Kampf ist die periodische Befruchtung des Bodens für den ökonomischen Kampf. Ursache und Wirkung wechseln hier alle Augenblicke ihre Stellen, und so bilden das ökonomische und das politische Moment in der Massenstreikperiode, weit entfernt, sich reinlich zu scheiden oder gar auszuschließen, wie es das pedantische Schema will, vielmehr nur zwei ineinandergeschlungene Seiten des proletarischen Klassenkampfes in Rußland. Und ihre Einheit ist eben der Massenstreik.» (S. 128)

Eine systematische Aufarbeitung dieser Erfahrungen blieb aus. Das Eingeständnis, dass die russische Erfahrung Relevanz für west- und zentraleuropäische Länder besaß, hätte das Konstrukt der deutschen Sozialdemokratie – die Arbeitsteilung zwischen Partei und Gewerkschaften – erschüttert. «Massenstreik, Partei und Gewerkschaften» blieb in jeder Hinschicht eine Ausnahmeerscheinung. Das gilt auch für ein 1909 in Dresden erschienenes Buch: «Rußland in der Revolution», Autor war ein noch nicht 30-jähriger Revolutionär, der in den Tagen der Revo-

53 Rosa Luxemburg, «Massenstreik, Partei und Gewerkschaften», Werke Band 3, 110f. Im Folgenden wird dieser Text nur nach den Seitenzahlen zitiert.

54 «Die russischen Arbeiter haben die Art und Weise des politischen Streiks erfunden, in der das Proletariat den Kampf gegen die staatliche Gewalt auf unbestimmte Art fortsetzen kann. Einmal dadurch, daß es ihn im Raume wie in der Zeit auflöst, die Gesellschaft in einen Zustand ununterbrochener Unruhe versetzt, ohne seine eigenen Kräfte völlig aufzureiben. Zweitens dadurch, daß es den Angriff gleichzeitig gegen die ökonomischen Ausbeuter wie gegen die staatlichen Unterdrücker wendet, und was es den ersten abtrotzt, gebraucht, um die zweiten weiter zu bekämpfen.» Roland-Holst 1906b, S. 215. Für den größeren Zusammenhang siehe Roland-Holst 1906a.

lution ein mitreißender Agitator des Petersburger Arbeiterrates war. Er schrieb unter dem Namen Trotzky. «Rußland in der Revolution» ist sein erstes Buch und in dieser Fassung – unverstellt von parteitaktischen Überlegungen – wohl auch sein bestes. Er war noch nicht der rücksichtslose militaristische Bolschewik der Jahre 1917 bis 1921, sondern ein mit viel Glück und List der sibirischen Verbannung Entkommener. Klar hielt Trotzki – oder Trotzky – fest, dass die russische Revolution über das Geschichtszeichen der Pariser Kommune hinausging, diese Kommune war notgedrungen ein lokales Ereignis. Die führende Rolle des Proletariats bezogen auf ein riesiges, in weiten Teil noch überhaupt nicht kapitalisiertes Land wurde erst offenbar in der russischen Revolution. Damit war der klassisch-sozialistische Standpunkt, dass das Proletariat zunächst republikanisch-national und im Bündnis mit anderen «progressiven» Klassen zu handeln hätte, um dann zur Machtergreifung zu gelangen, obsolet. Das Proletariat handelte autonom[55]. Das historisch Neue im Begriff der Befreiung, das wusste der junge Trotzki, sind die umfassenden Räteorganisationen, die Selbsttätigkeit, der Antiautoritarismus. Zwar stimmt es, was Oskar Anweiler festhielt: «In der russischen Revolution von 1905 gab es zwar eine Rätebewegung, aber keinen Rätegedanken und natürlich kein Rätesystem …»[56] Aber nur aus der Sicht des Gelehrten. Dass die Praxis die Lösung theoretischer Probleme – der demokratischen Regierung, der egalitären, nicht auf Ausbeutung basierenden Produktion, der gerechten Verteilung der Güter – war, schien in der russischen Revolution erstmals greifbar. Interessanter ist daher eine andere Feststellung Anweilers: «Die 1917 von Lenin und den Bolschewiki aufgestellte Losung der ‹Arbeiterkontrolle›, die wesentlich zur Revolutionierung der städtischen Arbeiter beigetragen hat, geht eindeutig auf die linksradikalen nichtmarxistischen Gruppen und Strömungen in der russischen Revolution zurück.»[57]

Vor den Tatsachen der direkten Aktion verdampfte das dogmatische marxistische Lehrgebäude. Als Theoretikerin zeichnete Luxemburg diesen Prozess nach, dieser selbst entzog sich jeder Kontrolle und jeder weiteren Reflektion. «Der Massenstreik ist

55 Zur Herausbildung dieser frühen radikalen Haltung Trotzkis siehe die Studie von Scharlau 1962.

56 Anweiler 1969, S. 57. Von Anweiler stammt auch die wichtigste deutschsprachige Studie zur russischen Rätebewegung, «Die Rätebewegung in Russland 1905–1921», 1958.

57 Ebd., S. 65.

somit die erste natürliche, impulsive Form jeder großen revolutionären Aktion des Proletariats, und je mehr die Industrie die vorherrschende Form der sozialen Wirtschaft, je hervorragender die Rolle des Proletariats in der Revolution und je entwickelter der Gegensatz zwischen Arbeit und Kapital, umso mächtiger und ausschlaggebender müssen die Massenstreiks werden.» (S. 148)

Aber was hieß das konkret für das Verhältnis von revolutionärer Theorie zu Praxis? Lenin machte sich 1917 die Spontaneität der Massen zu eigen und instrumentalisierte sie für den Aktionismus seiner Organisation. Kautsky konnte auf die angebliche Naturgesetzlichkeit der Revolution verweisen. Beide Positionen – der Instrumentalismus, für den die Spontaneität und Kreativität der Arbeitermassen Mittel zum Zweck ist, wie der Quietismus, für den diese Lebendigkeit außerhalb jeder Theorie und jeder Organisation steht – könnten sich auf Luxemburgs Schriften stützen. So brillant vielgestaltig ihre Schilderungen der revolutionären Phänomene waren, so dürftig fiel ihre theoretische Reflektion aus. «Die Art, wie hier in die Organisationsbegriffe die Geheimnisse der ‹Schöpfung› hineingezogen werden und wie an die Stelle einer rationalen Theorie der Aktion ein ‹Wunderglaube› tritt, geht über die bewußte Mythenbildung Sorels weit hinaus», urteilte 25 Jahre später, 1931, Hans Langerhans über Luxemburgs Ausführungen zur Spontaneität.[58] Wenn man bedenkt, wie schlecht angesehen Sorel und der Syndikalismus unter deutschen Marxisten und Kommunisten war, ein mehr als sarkastisches Urteil. Der Sache nach deckt es sich mit Pannekoeks Haltung. Die Frage musste beantwortet werden: In welchem Zusammenhang stehen revolutionäre Theorie und Praxis? Existierte kein Zusammenhang, verhielten sich Theorie und Praxis indifferent zueinander, wäre nicht nur in Organisationsfragen, in Fragen von Strategie und Taktik, der Beliebigkeit Tür und Tor geöffnet, die Revolutionäre hätten kein Kriterium, Erfolg und Niederlage materialistisch zu bestimmen. Wie sich verhalten in Phasen andauernder Flaute, wenn die Massen niedergeschlagen und zerstreut sind? Wie die objektiven Gründe für eine Erhebung bestimmen?

Pannekoek schlug einen anderen Weg der Analyse revolutionärer Massenaktionen vor. Sein zentraler Satz lautete: «Die Anlässe sind unberechenbar, aber die Aktionen sind unsere ei-

58 Langerhans 1931, S. 26.

gene Tat.»[59] Die Massenstreiks und direkten Aktionen sind nicht berechenbar – aber sie sind das, was wir erwartet haben. Dazu schreibt Grunenberg: «Pannekoeks Plädoyer für Massenaktionen unterscheidet sich von den Vorstellungen Kautskys und Rosa Luxemburgs grundsätzlich dadurch, daß er die Kräfteverhältnisse in der Klassengesellschaft und die imperialistischen Tendenzen des deutschen Kapitalismus zum Ausgangspunkt von Erörterungen nimmt, in denen er postulierte, daß sich die Aktionen des Proletariats dem Stand der gesellschaftlichen Situation anpassen müßten.»[60] Pannekoeks Beitrag zur Analyse der Massenstreiks setzt nicht bei der schieren Erkenntnis an, *dass* die Arbeitermassen autonom streiken, sondern stellt die praktische Frage: unter welchen Bedingungen? Man darf sich von der Begeisterung für die Spontaneität nicht berauschen lassen. Es ist nicht einfach die immer weiter voranschreitende Entwicklung der kapitalistischen Produktionsweise mit ihren Trends zur Zentralisierung und Zersetzung traditioneller Lebens- und Arbeitszusammenhänge, sondern es sind präzise zu bestimmende Entwicklungen. «Die Entwicklung des modernen Kapitalismus hat dem klassenbewussten Proletariat diese neuen Aktionsformen aufgezwungen»[61], so Pannekoek.

Also müssen diese Entwicklungen genau bestimmt werden, um wiederum die Aktionsformen besser zu verstehen. «Im Zeitalter des Imperialismus und der militarisierten Klassengesellschaften seien Massenaktionen des Proletariats, die durch entschlossenes Handeln immer weitere Kreise des unentschlossenen und unorganisierten Proletariats und Kleinbürgertums miteinbezögen, die einzig adäquate Form des Klassenkampfes.»[62] Damit hatte Pannekoek, der hier noch nicht explizit in den Kategorien der Räte dachte, einen zentralen Gedanken des späteren Rätekommunismus formuliert: Die Tiefe der Ausbeutung ist der Gradmesser der Selbstbefreiung des Proletariats. Daraus – und nicht aus einem schöpferischen Urgrund revoltierender Arbeiterinnen und Arbeiter – bestimmt sich die Herrschaft des Proletariats. «Das Problem der sozialen Revolution lautet in kurzer Zusammenfassung: die Macht des Proletariats so hoch stei-

59 Pannekoek 1913, S. 367.

60 Grunenberg 1970, S. 42.

61 Pannekoek 1912 in Grunenberg 1970, S. 277. Alle folgenden Zitate aus diesem Text werden nur nach der Seitenzahl zitiert.

62 Grunenberg, ebd.

gern, dass sie der Macht des Staates überlegen ist; und *der Inhalt dieser Revolution ist die Vernichtung und Auflösung der Machtmittel des Staates durch die Machtmittel des Proletariats.*» (S. 267) Darauf mussten die Kräfte der sozialistischen Bewegung ausgerichtet sein. Das ist noch nicht der Rätegedanke, dieser ist aber der logische Schluss aus dieser Bestimmung.

Pannekoek und seine Familie waren im April 1910 von Berlin nach Bremen übergesiedelt. Er trat dort eine von der Partei und den Gewerkschaften eigens für ihn eingerichtete Stelle als wissenschaftliche Lehrkraft an. In Bremen traf er auf ein militantes Proletariat und eine Parteiorganisation, in der sich viele Intellektuelle aus der radikalen Bildungsreformbewegung versammelten.[63] Bis zu seiner Ausweisung aus Bremen infolge des Kriegsausbruchs 1914 war Pannekoek der Vordenker dieser neuen Strömung der Linken.

Anfang 1910 erschütterte eine neue Streikwelle das Deutsche Reich: Die Wahlrechtsreform fiel enttäuschend aus, das preußische Drei-Klassen-Wahlrecht blieb weitgehend bestehen. Damit bekräftigte der Staat, dass das Parlament als Volksvertretung eine nachgeordnete und weitgehend machtlose Institution blieb. Die linken und militanten Kräfte sahen sich in ihrer Auffassung bestätigt, dass die Arbeiterbewegung vor allem außerparlamentarisch kämpfen musste. Die politischen Streiks und Demonstrationen gingen deshalb, so ihre Interpretation, über den Anlass, ein demokratisches Wahlrecht zu erkämpfen, weit hinaus. Pannekoek hatte 1912 bereits den totalitären Kapitalismus vor Augen, der alle Lebensaspekte des Proletariats katastrophisch dominiert: Gäbe der Staat in der Frage des Wahlrechts nach, wären damit alle anderen Fragen offen. Eine den Protest entschärfende Politik konnte es, auf unabsehbare Zeit, nicht mehr geben, weil die Herrschaftsformen des Kapitals so miteinander verschränkt waren, dass ein Einbruch in ihr Gefüge das gesamte Konstrukt bedrohte.

In der Massenstreikdebatte, die nach 1910 aufbrandete, konnte Kautskys Taktik, der Kapitalismusanalyse der Linken zuzustimmen, um den marxistischen Konsens zu wahren, aber ihre praktischen Schlussfolgerungen zu bestreiten, nicht mehr funktionieren. Es muss für seine Freunde irritierend gewesen sein zu beobachten, wie schnell sein Marxismus und damit auch seine Autorität in den Fragen der Exegese zerfielen. Pannekoek konnte

63 Vgl. Moring 1969.

leicht nachweisen, dass Kautskys Denken über die proletarischen Massenaktionen hinter seinen eigenen früheren historisch-materialistischen Schriften etwa zur Rolle der Klassen in der französischen Revolution zurückfiel. «Kautsky stellt den Gegensatz auf: nur wenn wir herrschen, ist die Kriegsgefahr beseitigt; solange der Kapitalismus herrscht, wird ein Krieg nicht absolut zu verhindern sein. In dieser scharfen Gegenüberstellung zweier Gesellschaftsformen, die unvermittelt, gleichsam durch einen plötzlichen Umschlag ineinander übergehen, übersieht Kautsky *den Prozess der Revolution*, worin durch das aktive Auftreten des Proletariats die eigene Macht allmählich aufgebaut wird, die Herrschaft des Kapitals stückweise abbröckelt. Daher stellen wir gegenüber seinem Gegensatz den dritten Fall der ‹umwälzenden Praxis›: gerade der Kampf um den Krieg, der unvermeidliche Versuch des Proletariats, den Krieg zu verhindern, wird zu einer Episode in dem Prozess der Revolution, zu einem wesentlichen Teil des proletarischen Kampfes zur Eroberung der Herrschaft.» (S. 294)

Das Verständnis, Revolution als Prozess zu begreifen, als ein Werden, in dem die Frage der Machtergreifung, die Eroberung der Staatsmacht, allenfalls ein Aspekt ist (und, unerhört, nicht mal der wichtigste), wurde konstitutiv für das weitere Denken Pannekoeks und ist ein entscheidendes Merkmal rätekommunistischer Theorie geworden. Die Frage nach der Vermittlung von Theorie und Praxis stellt sich nicht, wenn man vom Prozess ausgeht. Deterministische Momente und Momente der bewussten Reflektion, des «freien Willens», meint: der Einsicht in den Gang der Dinge durch die richtige Theorie, durchdringen sich. Die geistige Aktion ist Teil des proletarischen Handelns: «Alles, was die Menschen in Bewegung setzt, muss durch ihren Geist hindurch. Ihr Handeln wird durch ihren Willen, durch alles, was in ihrem Geiste als Idee, Prinzipien, Beweggründe lebt, bestimmt. Aber der Marxismus sagt, dass dieses Geistige in dem Menschen völlig ein Produkt der ihn umgebenden materiellen Welt ist, dass also die wirtschaftlichen Verhältnisse nur dadurch sein Handeln bestimmen, dass sie auf seinen Geist einwirken und seinen Willen bestimmen. Die soziale Revolution als Folge der kapitalistischen Entwicklung kommt nur dadurch zustande, dass die wirtschaftliche Umwälzung zuerst den Geist des Proletariats umgestaltet, ihm einen neuen Inhalt gibt und seinen Willen in diese Richtung lenkt.»[64] Der Grad der kapitalistischen

64 Pannekoek 1913, S. 371.

Determiniertheit des proletarischen Willens nimmt in dem Maß ab, wie sich die Proleten über ihr Handeln verständigen und es als antagonistisch zu Staat und Kapital begreifen.

Die Schwäche, dass nicht von Räten, ihrer Verfasstheit und ihrer Rolle die Rede ist, wird in diesen frühen Aufsätzen von Pannekoek bis Luxemburg durch die enthusiastische Beschreibung ihrer Entdeckung der proletarischen Subjektivität wettgemacht. Sie sind nicht genuin rätekommunistisch, aber ohne sie wäre eine Geschichte des Rätekommunismus unvollständig.

Die Feministin Christel Neusüß (1937–1988) griff, um ihre Kritik am Marxismus und der als männlich stilisierten Arbeiterbewegung materialistisch zu fundieren, auf Rosa Luxemburg zurück. Sie hätte sich sicherlich dagegen verwahrt, dass ihre Kritik in den rätekommunistischen Kanon eingereiht würde. Dennoch legt ihre Kritik etwas frei, was auch und besonders für den Rätekommunismus gilt – die Abkehr von den «Kopfgeburten der Arbeiterbewegung», von allen ausgedachten Plänen, die nicht aus der Masseninitiative selber erwachsen. Sie sah darin eine Chance für das Sichtbarwerden der Initiative der proletarisierten Frauen, denn die «Kopfgeburten» schlossen diese nie mit ein. Man kann deshalb schließen, der Rätekommunismus wird feministisch sein – oder er wird nicht sein. In Neusüß' Perspektive scheint auf, was am Rätekommunismus realistisch ist, auch wenn die Chancen auf die Durchsetzung dieses Realismus konstant schlecht stehen: «Der soziale Entwicklungsprozeß ist keine Maschine, nicht vom Kopfe her nach genauem Plan konstruiert und demnach auch nicht wie eine Maschine kontrollierbar, ein- und ausstellbar, regulierbar und auch gar nicht machbar nach purem Kopfwillen und Plan irgendeines sogenannten Subjekts. Eine ‹künstliche› Ordnung herzustellen, dieser Versuch zeichne [nach Rosa Luxemburg, F. K.] gerade die Bourgeoisie aus, und das Resultat dieses Versuchs seien Anarchie, Gewalt, im schlimmsten Falle die ‹Barbarei›, der Krieg, das Chaos selbst. Eine sozialdemokratische Partei dürfe demgemäß unter keinen Umständen das ‹Ordnungsmodell› der Bourgeoisie nachahmen. Die Herausarbeitung neuer Formen wirklich bewußten, wirklich zielgerichteten Handelns sei also nötig, Formen, denen nicht wieder von vornherein Gewalt- und Herrschaftsstrukturen eingeschrieben sind, die Raum geben für die Entfaltung der produktiven Kräfte derjenigen, die Opfer jener ‹künstlichen Formen› sind und sich zu befreien suchen».[65]

65 Neusüß 1985, S. 331.

5 Republik, das ist nicht viel … Die deutsche Rätebewegung nach 1918

«In den bürgerlichen Revolutionen waren Blutvergießen, Terror, politischer Mord die unentbehrliche Waffe in der Hand der aufsteigenden Klassen. Die proletarische Revolution bedarf für ihre Ziele keines Terrors, sie haßt und verabscheut den Menschenmord. Sie bedarf dieser Kampfmittel nicht, weil sie nicht Individuen, sondern Institutionen bekämpft, weil sie nicht mit naiven Illusionen in die Arena tritt, deren Enttäuschung sie blutig zu rächen hätte.»
Rosa Luxemburg, «Was will der Spartakusbund», 14.11.1918[66]

«Die subjektiven Momente spielen in der deutschen Revolution eine entscheidende Rolle. Das Problem der deutschen Revolution ist das Problem der Selbstbewußtseinsentwicklung des deutschen Proletariats.»
Aus dem Programm der Kommunistischen Arbeiter-Partei Deutschlands (KAPD), Mai 1920[67]

«Als Revolutionär sage ich, wir brauchen nicht die Partei, sondern den Zusammenschluss der revolutionären Elemente.»
Redebeitrag eines Arbeiters, wahrscheinlich Hugo Köhler, aus Friedrichsort/Kiel, auf dem 1. Ordentlichen Parteitag der KAPD, 1. bis 4.8.1920 in Berlin[68]

66 Luxemburg Werke Band 4, S. 443.
67 Zitiert nach Kool 1970, S. 319.
68 Zitiert nach Klockner 1981, S. 71. Der Hinweis auf die Identität des Redners findet sich bei Siegfried 2004, S. 120. «Friedrichsort/Kiel war ein bedeutendes Zentrum des Arbeiterradikalismus. Hier wurden alle Torpedos und Torpedoausstoßrohre erprobt und hergestellt sowie die Bestückung der Trägerboote vorgenommen.» (Bourrinet 2017, S. 123)

Nichts liegt näher, als die Entstehung des Rätekommunismus in der Rätebewegung der deutschen Novemberrevolution und den folgenden Bürgerkriegsjahren zu verorten und mit der Radikalisierung eines Teils der Arbeiterbewegung zu identifizieren. In dieser Zeit sprach Franz Pfemfert das erste Mal von Rätekommunisten. Alle Protagonisten dieser Strömung sehen wir bereits versammelt: Anton Pannekoek und Herman Gorter als Mentoren, die Literaten Franz Pfemfert, Karl Schröder und Franz Jung als Aktivisten, den Arbeiterintellektuellen Jan Apel, den Arbeitergeneral Max Hoelz, schließlich Otto Rühle, den man als eigentlichen Begründer des Rätekommunismus ansehen kann. Und natürlich Rosa Luxemburg, das bekannteste Gründungsmitglied der Kommunistischen Partei Deutschlands, der KPD, und Verfechterin eines antiautoritären Sozialismus.

Aber vom Rätekommunismus als einem theoretischen System kann man noch lange nicht sprechen. Nur ein Beispiel: Im Juli 1921 veröffentlichte die KAPD, die gerne als Beispiel dient, dass der Rätekommunismus einst eine Massenbewegung war, «Leitsätze über die Rolle der Partei in der proletarischen Revolution»[69]. Von den 17 Leitsätzen erwähnt nur einer die Schlüsselstellung der Räte in der Selbstbefreiung der Arbeiter, alle anderen erläutern die Genese der revolutionären Partei und die Legitimität ihrer Avantgarderolle. Die Passage zu den Räten lautet: «Die politischen Arbeiterräte (Sowjets) sind die historisch gegebene breite Organisationsform der proletarischen Herrschaft und Verwaltung: sie tauchen jeweils auf bei Zuspitzung des Klassenkampfes zum Kampf um die ganze Macht.»[70] Dass sie wie selbstverständlich vorausgesetzt werden, dass das Verhältnis von revolutionärer Partei und Sowjet unproblematisch gesehen wird, ist gerade nicht Ausdruck gesicherten Wissens. Im Gegenteil: Auch den meisten Linksradikalen waren die Räte ein gesellschaftliches Naturereignis, in dem sich die Sachen schon wie von selbst regeln würden.

«… überall bleibt es bis zu der Februarrevolution von 1917 bei einer simplen Vermeldung der notwendigen Veränderung […] der politischen und ökonomischen Formen, in die sich die Revolution hüllen sollte. Nähere Andeutungen hierüber sind, soweit wir wissen, nicht gewagt worden, wenigstens nicht auf dieser Seite der Weichsel», stellt Jan Appel, ein Mitgründer der KAPD

69 Wiedergegeben in Reichenbach 1928, S.127ff.
70 A.a.O, S. 128.

und Revolutionär aus den Hamburger Werften, 1931 fest.[71] Die in den Massenstreikdebatten geschulten antimilitaristischen Marxisten hatten die Räte als Phänomen einer spontanen Revolution, nicht aber als System einer politischen Ordnung auf der Rechnung. Erst die Revolution zwang sie zu dieser Einsicht.

Der Linksradikalismus in der Rätebewegung von 1917 bis 1922 war höchst heterogen, die Naherwartung der kommenden Revolution überwucherte die Theoriebildung. Es ging diesen Radikalen auch gar nicht um Theoriearbeit, dafür war schlicht keine Zeit. Vielmehr mussten Begriffe aus dem Arsenal des Marxismus, Strategien und Taktiken der Arbeiterbewegung blitzschnell angewendet werden, um die beginnende Unterwerfung der KPD unter die Direktiven Moskaus zu entlarven, und den noch vorhandenen revolutionären Mut zu einer Aufstandsbewegung zu formen.

Die Linksradikalen scheiterten dabei auf ganzer Linie. Weder konnten sie dem Siegeszug der KPD auf dem revolutionären Flügel der Arbeiterbewegung dauerhaft etwas entgegensetzen noch die Hegemonie der Sozialdemokratie über das gesamte Proletariat brechen. Und bei all unserer Begeisterung für den Arbeiterguerillaführer Max Hoelz: Die Aufstandsversuche verendeten früh. Strenggenommen folgt erst aus diesem Scheitern eine Theoriearbeit, in der sich die Prinzipien des Rätekommunismus mühsam herausschälten – in Auseinandersetzung mit dem Bolschewismus, den Sozialisierungsentwürfen (von Bolschewisten und Sozialdemokraten), mit Krise und Faschismus und schließlich den neuen Massenkämpfen der 1930er-Jahre.

Dennoch sind die Erfahrungen der Räte- wie der frühen internationalen kommunistischen Bewegung von großer Bedeutung für die rätekommunistische Theorie. Die eingangs stehenden Zitate beschreiben die Herausforderungen und Ansprüche, denen sich die Linksradikalen zu stellen hatten: Rosa Luxemburg bestimmte die proletarische Revolution als Massenbewegung, die individuellen Terror nicht nötig habe; weil sie direkt an die Lebensbedingungen der proletarischen Massen anknüpfe, müsse sie keine neue Moral und Ideologie in einem terroristisch-revolutionären Rausch (Jakobinismus) zu verwirklichen trachteten. Die KAPD betonte die «Selbstbewusstseinsentwicklung» als eigenständigen Faktor und Alleinstellungsmerkmal der proletarischen Revolution. Schließlich führte diese Radikalisierung der

71 GIK 1930 («Ausgangspunkte»), S. 152.

Subjektivität und die Ablehnung jeglicher externen Moral- und Praxisvorstellungen zur Kritik der Parteiform selber: Die Revolutionäre mussten sich zusammenschließen. Aber dieser Zusammenschluss wäre keine Partei mehr und auch keine Gewerkschaft. Der Rätekommunismus firmierte in diesen Jahren unter dem Begriff des Unionismus. Dieser bezeichnet die Verschmelzung ökonomischer, politischer und lebensweltlicher Elemente des Arbeiterradikalismus zu einer einheitlichen Union.[72]

Die Geschichte der Linksradikalen ist gut erschlossen, die programmatische wie theoretische Entwicklung ebenso gut dokumentiert[73]. Wir werden daher exemplarisch vorgehen. Anhand längerer Zitate, die im Anschluss analysiert werden, sollen wegweisende Stationen der deutschen Rätebewegung und der sich in ihr herausbildenden rätekommunistischen Strömung zwischen 1917 und 1922 herausgestellt werden. Historisch Wichtiges wird ausgespart, es bleiben Lücken. Sie verweisen darauf, dass eine geschlossene zeitgenössische Darstellung jener Jahre aus räte- oder linkskommunistischer Sicht nicht vorliegt, zumindest nicht in deutscher Sprache.

72 Exemplarisch herausgearbeitet vom jungsozialistischen Kieler Soziologen Hans Bötcher in seiner 1922 abgeschlossenen Dissertation «Zur revolutionären Gewerkschaftsbewegung in Amerika, Deutschland und England». Bötcher, der im gleichen Jahr noch nicht 29jährig an den Spätfolgen seiner Kriegsverletzungen starb, hat mit dieser wissenschaftlichen, aber doch sympathisierenden Arbeit die erste geschlossene Darstellung des, sagen wir: praktischen Rätekommunismus vorgelegt – und das im internationalen Maßstab. Sie hat bis heute Bestand. Wertvolle Informationen zu Bötcher und seinem Umfeld bringt Detlef Siegfried, «Das radikale Milieu. Kieler Novemberrevolution, Sozialwissenschaft und Linksradikalismus 1917–1922»,2004, S. 55ff.

73 An erster Stelle sind hier die beiden Studien von Hans Manfred Bock zu nennen, «Geschichte des ‹linken Radikalismus› in Deutschland. Ein Versuch» (1976) und «Syndikalismus und Linkskommunismus von 1918 bis 1923. Ein Beitrag zur Sozial- und Ideengeschichte der frühen Weimarer Republik» (1968/1993). Abgelöst wurden sie erst in jüngster Zeit durch die Studien von Philippe Bourrinet, der 2017 ein «Lexikon des deutschen Rätekommunismus 1920–1960» vorlegte, in dem die Protagonisten biographisch detailliert vorgestellt werden. Ergiebig kommentiertes Material bringt Frits Kool in seiner immer noch maßgeblichen, wenn auch ganz und gar nicht sympathisierenden Anthologie «Die Linke gegen die Parteiherrschaft» (1970). Sehr stark auch diese Regionalstudie: «Das radikale Milieu. Kieler Novemberrevolution, Sozialwissenschaft und Linksradikalismus 1917–1922» (2004) von Detlef Siegfried. Gerade weil sie sich auf regionale Ereignisse beschränkt, gelingt eine prägnante Darstellung, die Geschichte und Struktur der gesamten linksradikalen Bewegung in Deutschland aufschlüsseln hilft.

Auf dem Weg zur Revolution

«... während des Krieges [erschienen] in den deutschen Fabriken Organisationen, die denen der Räte vergleichbar waren. Sie wurden im Laufe von Streiks von verantwortlich gewählten Kollegen, die Vertrauensmänner [Obleute] genannt wurden, gebildet. Diese wurden von den Gewerkschaften mit kleinen Funktionen betraut und mußten, entsprechend der deutschen Gewerkschaftstradition, die Verbindung zwischen der Basis und den Gewerkschaften herstellen, indem sie den Zentralen die Forderungen der Arbeiter an der Basis vermitteln. Während des Krieges gab es vor allem häufig Beschwerden, die die Intensivierung der Arbeit oder die Preissteigerungen betrafen. Aber die deutschen Gewerkschaften hatten – wie auch die in den anderen Ländern – eine Einheitsfront mit der Regierung gebildet und garantierten so, im Austausch gegen kleine Verbesserungen für die Arbeiter und die Beteiligung von Gewerkschaftsführern an offiziellen Einrichtungen, den sozialen Frieden. Davon hatten auch die Vertrauensleute Nachteile. Die ‹radikalen Kräfte› wurden, früher oder später, zum Militärdienst eingezogen und in Spezialeinheiten geschickt. Es war also sehr schwierig, öffentlich gegen die Gewerkschaften Position zu beziehen.

Folglich unterließen es die Vertrauensleute, die Gewerkschaften zu unterrichten – was ihnen nicht schwer fiel –, aber die Situation und folglich auch die Forderungen der Arbeiter blieben nichtsdestoweniger dieselben, und so organisierten sie sich heimlich. 1917 überflutete plötzlich eine Welle wilder Streiks das Land. Diese Bewegungen waren spontan und nicht von irgendeiner festen Organisation gelenkt. Wenn sie trotzdem in einer gewissen Geschlossenheit abliefen, so deshalb, weil ihnen Diskussionen und Übereinkünfte zwischen verschiedenen Fabriken vorausgegangen waren, weil die Vertrauensleute vor der Aktion Kommunikationsverbindungen hergestellt hatten.

In diesen Bewegungen, die durch eine unerträgliche Situation provoziert worden waren, bei Abwesenheit einer Organisation, zu der wenigstens ein begrenztes Vertrauen bestand, mußten die verschiedenen politischen Vorstellungen der Arbeiter (sozialdemokratische, religiöse, liberale, anarchistische...) hinter die Notwendigkeit der Stunde zurücktreten. Die arbeitenden Massen selbst waren gezwungen, auf der Ebene der Fabriken zu entscheiden.»[74]

74 Henk Canne Meijer, «Die Arbeiterrätebewegung in Deutschland (1918–1933)», wir zitieren ohne Seitenangabe nach der Online-Edition auf: aaap.be/Pages/Transition-de-Die-ökonomischen-Grundlagen-1948.html

Henk Canne Meijer (1890–1962), ein holländischer Arbeiter und Militanter der Rätebewegung leistet in einem 1938 geschriebenen und nach dem Krieg überarbeiteten Text das, was oben als Desiderat der Organisationen der Rätebewegung benannt wurde: eine Ableitung der Räte aus dem Klassenkampf. Die Arbeiter erfuhren eine doppelte Repression: durch die Manager, hinter denen Staat und Militär mit ihren Gewaltapparaten standen, die an einen reibungslosen Ablauf der Produktion interessiert waren; und durch die Gewerkschaften, die, im Gegenzug zu ihrer aus Kriegsgründen erfolgten Anerkennung als prinzipiell gleichberechtigte Kraft im Betriebsleben, diesen reibungslosen Ablauf garantierten. Die Arbeiter mussten sich ihr eigenes Netzwerk schaffen, um die Klassenkämpfe zu ihren Bedingungen führen zu können. Dieses Netz konnte nicht nach dem Muster der konformistischen Gewerkschaften geknüpft werden, es musste eine radikal verschiedene Form aufweisen: die Möglichkeit der permanenten Abwahl der Vertrauensleute, die Verhinderung einer abgehobenen Bürokratie, die Aufhebung der politischen Arbeitsteilung.

Ende 1914 war offensichtlich, dass der Krieg der deutschen Armeen gescheitert war – der erwartete Blitzkrieg wurde zum Stellungskrieg, zur Materialschlacht. Es war den Generalstäben an der Front wie in der Heimat bewusst, dass der Krieg nicht mehr primär durch Taktik und Strategie entschieden würde, sondern durch die Produktivkräfte, ihre massenhafte Konzentration und rücksichtslose Ausschöpfung ihrer Entwicklungspotenziale. Seit dem Ersten Weltkrieg verweisen die Kriege aufs innigste auf die ökonomische Potenz einer kriegführenden Nation. Die Zelle dieser Potenz sind aber die Arbeiterinnen und Arbeiter.

Gewerkschaften und Sozialdemokratie wurden nach 1914, nachdem sie ihre patriotische Tauglichkeit durch die Zustimmung zu den Kriegskrediten, durch die Affirmation des grellen russischen Feindbildes, durch ein Stillhaltegebot in allen Betrieben des Landes so glänzend unter Beweis gestellt hatten, als Gegenmacht geadelt. Militär, Kapital und Arbeit waren nun der Tendenz nach drei gleichberechtigte – drei gleich wichtige – Pole einer Nation im Krieg. Die Produktion musste auf die Bedingungen der Materialschlachten umgestellt werden, das ging nur unter Einbindung der Gewerkschaften. Sie erhielten Anerkennung und sozialpolitische Zugeständnisse. Im Gegenzug garantierten sie die Ruhe an der Heimatfront. Nur deshalb war im Herbst 1916 das Gesetz über den vaterländischen Hilfsdienst durchzusetzen, das den Übergang zum totalen Krieg auf Basis eines umfassenden Produktionsplanes möglich machte.

«Meine Mutter kam nach Hause und sagte: ‹Junge, die Revolution ist ausgebrochen, laß uns zur Revolution gehen.› Wir gingen die Wilmersdorfer Straße entlang, und die ganze Straße war voller Leute, die versuchten, die Jalousien hochzuziehen, um die Läden zu plündern. Damals gab es berittene Polizei. Diese Polizei mit den Pickelhauben ritt mit ihren Pferden durch die Menge und schlug mit ihren Säbeln auf die Menge ein. Die Menge war entsetzt, sie bestand hauptsächlich aus Frauen und Kindern meines Alters. Da blieb mir ein Bild im Gedächtnis, das ich nie vergessen habe, daß wir eingezwängt waren von zwei Pferden, mit Polizisten besetzt, und die versuchten, uns mit den Hintern der Pferde gegen die Wand zu drücken. Damals hatten die Frauen ganz große Hüte und große Hutnadeln, und die Frau, die neben mir stand, nahm die Hutnadel raus und steckte diese Hutnadel dem Pferd in den Arsch. In dem Moment bäumte das Pferd sich auf, der Polizist fiel runter und er wurde sofort zertrampelt von den Frauen und Kindern, als er da auf der Straße lag. Aber dann fielen Schüsse und zuletzt hat sich die Masse dann doch verzogen, weil immer mehr Verstärkung kam. Jedenfalls ist das nur ein Beispiel von dem Aufhören der Bereitwilligkeit, mitzumachen.»[75]

Paul Mattick, 1904 geboren und ab Ende der 1920er-Jahre einer der wichtigsten Protagonisten der rätekommunistischen Gruppen, schildert eine Antikriegsdemonstration, die 1917 oder 1918 stattgefunden haben muss. Es war spürbar, dass Militär und Staat an der Heimatfront die Zügel buchstäblich entglitten. Bei den proletarischen Massen, ausgehungert und überwiegend weiblich, stellte sich eine Revolutionserwartung ein, befeuert von den russischen Revolutionen. Diese Erwartung drückte sich in spontanen Demonstrationen, einer Welle von wilden Streiks seit 1917 und massenhaften Desertationen an der Front aus. An der Ostfront fraternisierten deutsche und russische Soldaten.

Gegen Ende des Krieges fand faktisch ein Staatsstreich der Obersten Heeresleitung gegen Kaiser und Regierung statt, der

75 Paul Mattick 1978 in einem Interview mit Mathias Greffrath für den Sender Freies Berlin, zitiert nach Dingel 1989, S. 28.

den «Mehrheitssozialdemokraten» – 1916 gab es bereits eine Linksabspaltung, die die Gründung der altsozialdemokratischen USPD zur Folge hatte – den Weg in den Staat ebnete. Sie verkörperten eine neue Ordnungskraft, die die Gesellschaft besser zu beherrschen verstand als die alten preußischen Eliten, zudem standen sie unter permanentem Legitimierungsdruck, sich nicht doch als vaterlandslose Gesellen zu entpuppen. Die Revolution im November 1918 kam der M-SPD höchst ungelegen, sie durchkreuzte ihre Pläne, sich als Gegenmacht weiter zu etablieren. Die Revolution zwang sie, sich an ihre Spitze zu setzen und gleichzeitig der Konterrevolution alle Schleusen zu öffnen.

In dieser Zeit kam ein Spruch auf, der später in der Weimarer Republik zu einem Markenzeichen linker Jungsozialisten wurde – eine Aufforderung an ihre Mutterpartei, sich auf die tatsächlichen historischen Aufgaben zu besinnen: «Republik, das ist nicht viel. Sozialismus ist das Ziel!» Aus Sicht der Arbeiter bedeutete die Republik wirklich nicht viel. Sie trug die Konterrevolution von Anfang in sich, war ihr legitimes Kind und verhinderte als solches keine einzige Gewalttat gegen aufmüpfige Proletarier.

Die Revolution

«Dieser Aktionsabend [im Winter 1918, Anm. F.K.] – der letzte meines Wissens, ist für mich zu einem bemerkenswerten Ereignis in der internen politischen Geschichte der nächsten Jahre geworden. Wo alle die Hunderte von Leuten hergekommen sind, die den Saal bis zum letzten Platz füllten, eine Menge stand noch im Treppenflur an, weiß ich nicht. Wenn die eigentlichen Aktions-Aktivisten darunter gewesen sein sollten – wie jeder weiß, ist die Zeitschrift ‹Aktion› der Startplatz gewesen für angehende Schriftsteller und Dichter, Maler und Zeichner und die interessierten Leser, die vielleicht noch heute in Amt und Würde, nachdem sie den zweiten Krieg überstanden haben, ihre Jugend in den wohlverwahrten Sammelbänden der Zeitschrift konservieren – , wenn solche Zeitgenossen an diesem Abend anwesend gewesen sein sollten, so sind sie damals untergepflügt, zermahlen und zu Kulturdünger gestampft worden. Zu Wort gekommen in der allgemeinen Diskussion, die ohne einführenden Vortrag sofort begann, ist jedenfalls kein einziger von ihnen.

Sie sprachen – Redner aus der Masse des Volkes, Mitläufer zu allen großen öffentlichen Veranstaltungen der Parteien, sprachen von ihren Erwartungen und Enttäuschungen. Keiner hatte etwa ein Programm anzubieten. Sie wollten wissen, was jetzt zu geschehen hätte, sie forderten eine

Antwort auf Fragen, mit denen sie ständig in einer Art von Unterbewusstsein beschäftigt waren. Es gab da die geheimen Kräfte, die sie bei allen Vorgängen vermuteten, sobald diese anders zu verlaufen begannen, als sie es sich vorgestellt hatten, Spiel hinter den Kulissen, die Verschleierung und im Gegensatz die Aufrufe, die für sie wie auf Schultafeln geschrieben schienen. [...] Die wenigsten konnten klar ausdrücken, was und wie etwas geändert werden sollte. Die Diskussion kreiste ausschließlich um den einen Gedanken: was so unter lautem Getöse draußen gespielt wird, das ist es nicht. Daraus würde nicht das kommen, was sie zu erwarten bereit waren. Frieden oder nicht... lass die Leute sich totschießen – wenn sie wollen. Ob der Kaiser zurücktritt – wer ist das schon? – eine Figur, die einem in der Schule beigebracht wird, als Figur. Geht diese Regierung, kommt eine andere und dann wieder eine andere... sei ruhig, Mann! Das machen die Politiker unter sich aus. Drohte einem Redner der Faden verloren zu gehen, so nahm ihn schon der nächste wieder auf.

Alle waren mit sich und jedem einverstanden, so lange von den vagen Erwartungen und konkreten Enttäuschungen die Rede war. Aber sie wurden misstrauisch, als Franz Pfemfert in einer Schlussansprache das bisher Gesagte zusammenfassen wollte und mit dem Aufruf schloss, man müsste sich gegen die Art von Revolution draußen auf der Straße zur Wehr setzen, weil sie verlogen und verfälscht sei, weil sie den Durchbruch der wahren Revolution verhindern würde – jeder müsse das tun, jeder an seinem Platz und in seinem Beruf und, wenn notwendig, auch in seiner Partei, hätte dieses Schaustück draußen zu entlarven. Sie hätten jetzt ihr Schicksal selbst in die Hand zu nehmen, statt es den politischen Strichjungen, den Parlamentsabgeordneten, der Meute von Führern und Funktionären zu überlassen, die schon dabei sei, sich auf sie zu stürzen... da schwiegen sie.

Die Versammlung, die sich früher gegenseitig überschrieen hatte, ging auseinander, als hätte eisiger Hauch, Vorahnung ihres Schicksals, Masse Mensch sie gestreift. Und ich konnte es beobachten: sie gingen nicht nur auseinander – sobald sie unten auf der Straße angelangt waren, liefen sie plötzlich nach allen Seiten davon; Panik saß ihnen bereits im Nacken.»[76]

Als Franz Jung 1961, zwei Jahre vor seinem Tod, seine Lebensbeichte «Der Weg nach unten. Aufzeichnungen aus einer großen Zeit» vorlegte, wurde sie kaum beachtet, erst in den 1970er-Jahren, vielleicht sogar noch später, avancierte sie zum Kultbuch. Jung gelang es, seine phantastische – tatsächlich: als wäre sie ausgedacht – Biographie in einem mitleidlosen, vor allem Härte gegen sich selbst bezeugenden Bericht zu schildern,

76 Jung 2000, S. 115–118.

ohne Larmoyanz, ohne Sentimentalität, ohne Pathos schildert er seine Lebensstationen, die durch eine andauernde, mal expressionistische, mal rätekommunistische, mal individualistische Revolte führen. 1961 vermochte keiner den rätekommunistischen Gehalt zu dechiffrieren, und auch die «68er» rätselten, ob sie in Jung den Expressionisten oder den Dichter proletarischer Epen – oder aber den kalt-angeekelten Bohemien entdecken wollten. Für all das bietet Jung reichlich Stoff.

Dass «Der Weg nach unten» zunächst ein rätselhaftes Buch blieb und sich bis heute gegen Einordnungen sperrt, liegt darin, dass Jung es als Außenseiter schrieb: Wem war um 1960 noch bekannt, dass Jung um 1920 der Literat des Linksradikalismus schlechthin war und der Autor ein Militanter der KAPD? Der an einer Schiffsentführung beteiligt war, um 1920 mit einer KAPD-Delegation über Murmansk nach Moskau vorzudringen, wo er mit Lenin und Sinowjew über die Aufnahme der Partei in die III. Internationale verhandeln wollte? Jung schildert dieses Ereignis in dem Bewusstsein, dass es niemanden gab, mit dem er auf Augenhöhe diese Zeit hätte aufarbeiten können – oder wollen. Jung beschreibt sich als aktiver Teilnehmer der Revolution und als Fremder der Bewegung. Deshalb gelingt ihm aus denkbar ungewöhnlicher Perspektive, die Situation des Radikalen zu erfassen: zwischen Überwältigung – plötzlich sind die Massen da und artikulieren sich – und der Ahnung: Es reicht nicht. Ob der Bericht über den Abend der bekannten expressionistischen, dann antimilitaristischen, ab 1919 de facto rätekommunistischen Zeitschrift «Die Aktion» und ihres Herausgebers Franz Pfemfert authentisch ist oder nicht, ist nicht entscheidend. Gut möglich, dass Jung, der damals gerade 30 Jahre alt war, verschiedene Erfahrungen überblendet und sie in der Erinnerung an einen Abend verdichtet.

Die Masse überrennt die linken Intellektuellen, die jahrelang aus dem Off und ins Off hinein geschrieben hatten. Sie ist politisch hellwach, begreift sich als Kollektiv, die Leute treten aus ihrer Vereinzelung heraus, und indem sie dies tun, vereinigen sie sich nicht nur, sondern werden auch ihrer Anführer ledig. Konfrontiert aber mit der Größe ihrer Aufgabe, «…man müsste sich gegen die Art von Revolution draußen auf der Straße zur Wehr setzen, weil sie verlogen und verfälscht sei, weil sie den Durchbruch der wahren Revolution verhindern würde», schreckt die Masse zurück, zerfällt, zerstreut sich. «So war an diesem

Abend auch bereits die andere Seite einer Revolution sichtbar geworden, jene tiefere Unterströmung, die leicht später zur Gegenströmung wird», schließt Jung. Unzufriedenheit über einen sozialen Zustand, ohne den Übergang zur befreienden Tat, verkommt schnell zum Ressentiment: Dachte er bei der «Gegenströmung» an den Faschismus?

Die Masse findet in Jungs Schilderung nicht ihr innerstes Prinzip. Sie bleibt Masse, wird nicht zur Bewegung der Klasse – bleibt Objekt und damit eine Variable der bürgerlichen Demokratie, manipulierbar im Hinblick auf klassenfremde, arbeiterfeindliche Interessen[77]. «So näherte sich die alte [sozialdemokratische, Anm. F.K.] Arbeiterbewegung den Räten, ohne ihnen einen entsprechenden Platz zu geben und auch um zu ihnen in Konkurrenz zu treten. Indem sie das forderten, was man Arbeiterdemokratie nennt, forderten diese alten Parteien und Gewerkschaften, daß alle Strömungen der Arbeiterbewegung, im Verhältnis ihrer zahlenmäßigen Stärke und Bedeutung in den Räten vertreten sein sollten», beschreibt Henk Canne Meijer in seinem Rückblick «Die Arbeiterrätebewegung in Deutschland» die demokratische Falle. «Wichtig dabei ist, daß diese Räte nicht mehr die Organe der Arbeitergruppen waren, die durch das Leben in der Fabrik vereinigt waren, sondern Formationen, die von der alten Arbeiterbewegung benutzt wurden und einer Restauration des Kapitalismus auf dem Niveau eines demokratischen Staatskapitalismus den Weg öffneten. Das bedeutete [im Winter 1918/19, Anm. F.K.] die Niederlage der Anstrengungen der Arbeiter. Tatsächlich erhielten dann auch die Delegierten in den Räten ihre Direktiven nicht mehr von der Masse, sondern von ihren jeweiligen Organisationen. Sie baten die Arbeiter, doch die ‹Ordnung› wieder regieren zu lassen und diese zu respektieren, indem sie verkündeten, daß ‹die Unordnung nicht der Sozialismus sei›.»[78]

---

77 Interessant in diesem Zusammenhang ist eine spätere Beobachtung Bernhard Reichenbachs: «Nicht die Massen wurden revolutioniert, sondern die Massen entrevolutionierten die Partei. Ein Ergebnis, das sich im Kampf innerhalb der Gewerkschaften wiederholte.» (Reichenbach 1928, S. 125). Er meint den historischen Moment, als die KPD im Dezember sich mit dem linken Flügel der USPD zur VKPD vereinigte und schlagartig zur Massenpartei anschwoll.

78 1918/1919 existierte tatsächlich die Deutsche Sozialistische Republik. Sie fand ihren nationalen politischen Ausdruck in drei Räten: dem Rat der Volksbeauftragen, im Prinzip die Regierung, dem Vollzugsrat, einem erfolglosen Versuch der linken Sozialdemokraten, den konservativen Rat

Durch die Propagierung der Ordnung wurde die Unordnung überhaupt erst geschaffen: Jede auch nur irgendwie überschießende proletarische Aktion wurde aus der Ordnung des parlamentarisch-demokratischen «Sozialismus» ausgegrenzt und musste bekämpft werden. Und sie wurde bekämpft – äußerst blutig durch den sozialdemokratischen Reichswehrminister Gustav Noske, der den proto- oder frühfaschistischen Freikorps freien Lauf ließ, um den Berliner Januaraufstand, bekannt als Spartakusaufstand, und die ebenfalls in Berlin stattfindenden Märzkämpfe in Massakern unter Arbeitern zu ersäufen. «Meinetwegen: Einer muss der Bluthund sein!», lautete Noskes geflügeltes Wort. Allerdings muss festgehalten werden, «daß es nicht Noske war, der nach seinem Eintritt ins Kabinett die monarchistischen Generäle wieder rief und das militärpolitische Reformprogramm des Rätekongresses boykottierte. Diese Politik fand er bereits vor, als er sein Amt antrat. Er setzte sie nur zielstrebig fort.»[79] Die Bündnisse von Sozialdemokratie und der Gewerkschaften mit den alten Mächten im November 1918, die sie gar nicht hätten schließen müssen – so stark war ihre reale gesellschaftliche Macht! – wurden Wochen vor der Radikalisierung von Teilen der Rätebewegung besiegelt. Sie sind keine Notwehr-Reaktion, keine Abwehr bolschewistischer Umtriebe. Mit dem Stinnes-Legien-Abkommen vom 15. November 1918 waren die Gewerkschaften als Sozialpartner endgültig anerkannt. Im Gegenzug enthielten sie sich jeder weitergehenden

der Volksbeauftragten um Friedrich Ebert zu kontrollieren, dem «Kongreß der Arbeiter und Soldatenräte» (tagte vom 16. bis 21.12. 1918), vergleichbar der Legislative. Dieser Kongreß brachte den Zentralrat hervor, der den Vollzugsrat ablöste und abermals das Gegengewicht zum Volksbeauftragten-Rat bilden sollte. Der Zentralrat war ein Hybrid aus Parlament und Exekutivorgan, der am 4. Februar 1919 seine Macht – worin immer die genau bestanden haben mag – an die Nationalversammlung abtrat. (Wir folgen hier der Skizze von Barrington Moore, Moore 1982, S. 417ff.) Die Mehrheits-Sozialdemokratie dominierte in dieser Zeit alle Räteorgane auf nationaler Ebene. Es handelt sich um Organe, die von einem parlamentarischen System nicht konsequent verschieden waren. Auf lokaler Ebene waren die Arbeiter- und Soldatenräte nicht klassenspezifisch und übernahmen kommunale Verwaltungsaufgaben, die auch von offenen oder versteckten Gegnern der Revolution abgewickelt werden konnten: Ein Genosse großbürgerlicher Herkunft erzählte dem Autor von seinem Großvater, der im Arbeiter- und Soldatenrat des Bahnhofs Opladen in leitender Funktion tätig war und unbedingt verhindern wollte, dass über diesen wichtigen Verkehrsknotenpunkt Güter in die Sowjetunion hätten verschickt werden können.

79 Wette 1987, S. 288.

Forderung nach Sozialisierung. Bereits einige Tage zuvor kam es zum Ebert-Groener-Pakt, zwischen Reichskanzler Friedrich Ebert und dem «Ersten Generalquartiermeister der OHL» Wilhelm Groener, der die kaiserliche Armee in ihrer Grundstruktur unangetastet ließ und andererseits den Übergang in die parlamentarische Demokratie regelte. Damit hatte die Sozialdemokratie die Hoffnungen ihrer Mitglieder – «Republik, das ist nicht viel. Sozialismus ist das Ziel!» – doppelt betrogen: Sie dachte weder an den Sozialismus (als konkretes Ziel) noch sicherte sie der Republik eine stabile Grundlage.

In den Reflektionen der nach 1919 sich neuformierenden unabhängig-kommunistischen Kräfte war klar: Das Band zwischen bürgerlicher und proletarischer Revolution musste zerschnitten werden. Das konnte nichts anderes heißen, als die Formen, in die sich und durch die sich die Gesellschaft ausprägte, zu sprengen: die politische Arbeitsteilung von Parteien und Gewerkschaft, das System der Trennungen – der politischen Repräsentation; der gesellschaftlichen Arbeitsteilung in Betrieben; der geschlechtlichen Arbeitsteilung –, schließlich die Fixierung auf die nationale Form. Das ist die Größe der Aufgabe, von der schon die Rede war: Sie lässt nur die negative Freiheit für die ungeheuren Zwecke des Proletariats übrig. Deshalb konnte es kein Programm geben, es hätte sich erst durch die Entfaltung der negativen Freiheit – ein System der Abschaffungen – ergeben können: als Selbstverständigung in den Räten.

Darin liegen, pathetisch gesagt, Größe und Tragik der Novemberrevolution. Die Massen dachten und fühlten sozialdemokratisch. Sie wollten Frieden, Brot, Aussicht auf eine Zukunft, die in überschaubaren Bahnen verläuft, nicht zerrüttet wird von kapitalistischen Krisen und imperialistischen Ambitionen. Die Massen verknüpften mit diesen einfachen Forderungen keine bolschewistische Utopie. Die Oktoberrevolution galt ihnen nicht als Vorbild, viele Arbeiterinnen und Arbeiter (und Soldaten) hatten bei den gegen Kriegsende immer zahlreicher werdenden Massenstreiks, Massendemonstrationen, Plünderungen und Desertationen sogar explizit gegen ihre einstigen sozialdemokratischen Führer gekämpft – und waren in den Wochen und Monaten nach dem 9. November 1918 doch bereit, der SPD zu folgen. Die Macht der alten Eliten musste zerbrochen werden, sie galten als Hindernis im Kampf um Frieden und Brot, um De-Militarisierung und Sozialisierung der Schlüsselindustrien.

Die bescheidenen Forderungen waren aber, einfach weil sie autonom gestellt wurden, real systemsprengend. Kaum eine Forderung der spontan sich bildenden Arbeiter- und Soldatenräte ging logisch über die Möglichkeiten des Systems hinaus. Praktisch aber durchaus. Denn die Form, in der sich die Forderungen artikulieren, die der Selbstorganisation und Selbstermächtigung, verhielt sich antiformistisch zum System. Anders gesagt: Für einen historischen Moment waren die Forderungen, die der sogenannte organisierte Kapitalismus hätte absorbieren können, durch die Art und Weise, wie sie gestellt wurden, nonkonform.

Gründung der KPD

«Die Bremer standen den Bolschewiken am nächsten. Johann war gegen eine Vereinigung mit den Spartakisten. Er führte alle strittigen Fragen einschließlich der Akkumulationstheorie Rosa Luxemburgs an. Er zeigte folgende Perspektive: Nach dem Block Ebert und Haase kommt der Block Ledebour-Liebknecht-Luxemburg. Und erst nach ihnen kämen wir. Er forderte die Gründung einer bolschewistischen Partei unabhängig von Rosa Luxemburg, sprach von der Gefahr einer Diktatur Tyszkas, der unter konspirativen Bedingungen aufgewachsen sei und die Partei mit seinem Zentralismus ersticken werde. Die deutsche Revolution könne nur als eine sehr breite Massenbewegung siegen. Die Partei dürfe nicht so zentralisiert sein, wie Tyszka es wolle. Ich wies ihn darauf hin, daß seine Auffassungen nichts mit dem Bolschewismus gemein hätten. Die Gewerkschaften und die Räte, das wären die Organisationsformen der breiten Massen. Die Partei – die Organisation der Führenden – müßte streng zentralisiert sein. Er blieb mit hanseatischer Hartnäckigkeit bei seiner Meinung. Ich drohte ihm, daß ich mit aller Entschiedenheit gegen ihn auftreten werde. Das zwang ihn, sich zu fügen. Er werde der Vereinigung der Bremer, Hamburger und Hannoveraner, wo unser Einfluß am stärksten war, mit den Spartakisten nicht entgegenwirken. Aber ich hatte ihn nicht überzeugt. Er kam nicht zum Parteitag, wartete ab.»[80]

Was Karl Radek (1885–1939) in seinen Erinnerungen notierte, überrascht: So große Vorbehalte gegen Rosa Luxemburg aus den Reihen der jungen Kommunisten? Radek, aus der polnischen Sozialdemokratie stammend, von Rosa Luxemburg in einer Intrige um schnöde Machtpositionen kaltgestellt, war in der

80 Karl Radek zit. in Schüddekopf 1962, S. 135.

Vorkriegszeit in der Bremer Linken um Anton Pannekoek und besagten Johann aktiv – Johann Knief (1880–1919). Ende 1918 wurde Radek nach Deutschland eingeschleust und war der Verbindungsmann zwischen deutschen und russischen Revolutionären. Anders als Luxemburg, Liebknecht und Leo Jogiches (der im Zitat erwähnte Tyska), wurde Knief 1919 nicht ermordet, sondern starb am 6. April, durch Krankheit bereits geschwächt, an einer Blinddarmvereiterung. Aus Kniefs Haltung spricht die Aufgewühltheit der Zeit: Er ist ein begeisterter Parteigänger der Bolschewiken, sein Revolutionsbild ist antiautoritär, rätekommunistisch avant la lettre und implizit antibolschewistisch, was Radek natürlich registrierte. Die Partei selbst aber habe zentralistisch zu sein – hier zeichnet sich eine Spannung ab, die zur Spaltung der KPD und noch zur Zersplitterung der KAPD führen wird. Dominierend ist Kniefs Skepsis gegenüber der Gruppe um Rosa Luxemburg: Ihr werden parteipolitische Manöver unterstellt mit dem Ziel der Gängelung der revolutionären Massen, darauf spielt die Erwähnung eines angeblichen «Blocks Ledebour-Luxemburg-Liebknecht» an (Georg Ledebour war ein USPD-Politiker und stand auf ihrem rechten Flügel). Er befürchtete, dass Jogiches der jungen Partei eine Strategie oktroyierte, die der Rätebewegung nicht angemessen sei, also Zentralismus und Konspiration. Auch wenn der spätere KPD-Kurs nicht mehr mit den Namen Jogiches und Luxemburg verknüpft sein wird, im Gegenteil: «Luxemburgismus» war während der Bolschewisierung der Partei ein anderer Ausdruck für Linksabweichung und parteischädigendes Verhalten, sind Kniefs Äußerungen prophetisch: als im Kern konspirative, von einer externen Zentrale (Moskau) abhängige Partei, die keine klare politische Linie verfolgte, verspielte sie die militanten Energien ihrer Mitglieder und überhaupt des deutschen Proletariats.

Die Gruppen, die an der Konstitution der KPD teilnahmen, waren heterogen. Rosa Luxemburgs Spartakusbund war lange mit der USPD assoziiert, die sächsische Strömung um Otto Rühle (1874–1943) war syndikalistisch-unionistisch, die einflussreichen Internationalen Kommunisten Deutschlands, seit 1917 auf eine eigenständige kommunistische Organisation hinarbeitend, schloss syndikalistische und «bolschewistische» Elemente zusammen. Die IKD, für die Leute wie Knief, Pannekoek und die Hamburger Arbeiterführer Heinrich Laufenberg und Fritz Wolffheim standen, konnte sich auf dem Gründungsparteitag der KPD am 31. Dezember 1918 vorerst durchsetzen. Für einen historischen Moment war die Partei antiparlamentarisch und antiautoritär.

«Das Gründungsprogramm der Kommunistischen Partei Deutschlands lehnte die Teilnahme am parlamentarischen Kampf ab und akzeptierte die Gründung von auf Fabriken gestützten, an den Klassen orientierten Organisationen, die sich der Vernichtung der traditionellen Gewerkschaftsbewegung widmen sollten», fasst Paul Mattick später zusammen. «Die gescheiterte Revolution von 1918 wurde nicht als das Ende der Revolution betrachtet, sondern als vorübergehender Rückschlag. Der erwartete weitere Niedergang der kapitalistischen Wirtschaft würde die Arbeiter revolutionieren und zu neuen Aufständen führen. Dies rechtfertigte das weitere Festhalten an einem Programm der unmittelbaren Revolution. Für die Russen jedoch war die revolutionäre Perspektive nur eine von mehreren Möglichkeiten. Im Besitz der Staatsmacht mußten die Bolschewiki die Bewahrung ihrer Macht unter allen möglichen Umständen, einschließlich der weiteren kapitalistischen Herrschaft im Westen, an die erste Stelle setzen. Um sich auf einen derartigen Fall vorzubereiten und dennoch nicht von den kapitalistischen Mächten vernichtet zu werden, hielten sie nach unmittelbarer Unterstützung in den kapitalistischen Nationen Ausschau.»[81]

Dieser bolschewistischen Bündnispolitik widersprach das antiparlamentarische und gegen die reformistischen Gewerkschaften gerichtete kommunistische Programm im Westen. Die Unterwerfung unter Moskauer Direktiven zeichnete sich bereits im Frühjahr 1919 ab. Es bestand ein direkter Zusammenhang zwischen der Neuausrichtung der Partei und dem Abwürgen der eigenständigen Betriebsorganisationen, die als Keimzelle einer authentischen Räteherrschaft angesehen wurde. Für die Linksradikalen bildete die Entfaltung der Revolution in Deutschland und der Aufbau eines weltweiten Netzes von Arbeiterunionen, sprich: Weltrevolution durch Räte, ein Kontinuum. Würde dieser Zusammenhang aufgelöst, bedeutete dies ein Rückschlag der revolutionären Bewegung. Der Klärungsprozess in der KPD musste fortgesetzt werden – bis zur Spaltung.

81 Paul Mattick, «Anton Pannekoek und die Weltrevolution», in Arbeiterbewegung. Theorie und Geschichte. Jahrbuch 6, «Grenzen gewerkschaftlicher Politik», 1979, S. 240f.

Spaltung der KPD und Gründung der KAPD

«Die KAPD wandte sich gegen die Konzeption einer Massenpartei ‹leninistischen Typus›, die nach der russischen Revolution vorherrschte. Sie unterstützte eine Position, nach der eine revolutionäre Partei notwendigerweise eine Partei der Elite, folglich also klein sein muß; eine Partei, die auf der Qualität und nicht der Quantität ihrer Mitglieder basierte. So hätte diese kleine ausgewählte Partei eine erzieherische Aufgabe, sie würde die Rolle eines Katalysators auf der Ebene der Ideen spielen.»[82]

Die Niederlagen der radikalen Arbeiterbewegung, insbesondere die Ermordung Liebknechts und Luxemburgs, kamen im ersten Halbjahr 1919 einer Androhung ihrer Vernichtung gleich. Die Revolution konnte sich militärisch-insurrektionalistisch nicht entfalten, sie musste andere Wege wählen: «Aus den Massenkämpfen heraus ist die Betriebsorganisation entstanden. ... Sie entspricht dem Rätegedanken und ist demnach durchaus keine bloße Form oder neue Organisationsspielerei oder gar eine mystische Wunderblume, sondern sie ist organisch in die Zukunft wachsende, Zukunft bildende Ausdrucksform einer Gesellschaftsrevolution, die auf die klassenlose Gesellschaft hinstrebt. Sie ist reine proletarische Kampfesorganisation», hieß es im Mai 1920 im Programm der KAPD[83]. Kurz: Die Revolution musste aus den Fabriken erwachsen. Nur am Grund der kapitalistischen Gesellschaft selbst, dort wo ihr Reichtum produziert wird und sich zigtausende Arbeiterinnen und Arbeiter in Fabriken und Betrieben zusammenfinden, wäre der Widerstand gegen dieses Regime und seine sozialdemokratischen Agenturen wirksam und der Übergang zum Angriff gewährleistet. Das alte Organisationsprinzip – nach Berufen – musste zerbrochen werden zugunsten der räumlichen Vereinigung. «Nicht in Berufe zerrissen, abseits seines Kampfbodens kann das Proletariat für den restlosen Umsturz der alten Gesellschaft organisiert sein, das muß im Betrieb vor sich gehen. Hier steht einer neben dem anderen als Klassengenosse, hier muß jeder stehen als Gleichberechtigter. Hier steht die Masse als Triebwerk der Produktion, drängt ununterbrochen, es zu durchschauen und selbst zu leiten. Hier geht der geistige Kampf, die Revolutionierung des Bewußtseins

82 Henk Canne Meijer, «Die Arbeiterrätebewegung in Deutschland (1918–1933)», a.a.O.

83 Zitiert nach Kool 1970, S. 322.

in unaufhörlichem Sturm von Mann zu Mann, von Masse zu Masse. Alles gerichtet auf das höhere Klasseninteresse, nicht auf Vereinsmeierei, das Berufsinteresse eingeengt auf das ihm zukommende Maß. Eine solche Organisation, das Rückgrat der Betriebsräte, wird zu einem unendlich beweglichen Instrument des Klassenkampfes, einem durch ständig mögliche Neuwahlen, Abberufungen usw. immer von frischem Blut sprudelnden Organismus. In und mit den Massenaktionen wachsend, wird sich die Betriebsorganisation natürlich jene zentrale Zusammenfassung schaffen müssen, die ihrer revolutionären Entwicklung entspricht.»[84]

Die Arbeiterunionen entstanden wildwüchsig, ein allgemeines industrielles Phänomen in Deutschland, kein regionales. Allerdings kann man die intellektuellen Wortführer dieses Unionismus lokalisieren: in Berlin, dann in den großen norddeutschen Hafenstädten (Bremen, Hamburg und Kiel), schließlich in den sächsischen Industriebezirken.

Spätestens im Sommer 1919 nahm die KPD-Führung um Paul Levi Abstand vom Aufbau der Arbeiterunionen: «Während die KPD-Zentrale angesichts der Entwicklungen an der Basis zunächst selbst den Austritt aus den Gewerkschaften unterstützt und den Aufbau der Betriebsorganisationen betrieben hatte, dann aber ihre Strategie änderte und nun auf die Eroberung der Freien Gewerkschaften setzte, weigerten sich viele regionale Führer und große Teile der Parteibasis, die autonomen Betriebsorganisationen, die gleichsam naturwüchsig allenthalben wie Pilze aus dem Boden geschossen waren, aufzulösen und in die alten Verbände wiedereinzutreten. Diese prekäre Situation verschärfte sich dadurch, dass die gewerkschaftlichen Zentralverbände eine Closed-shop-Politik verfolgten und dazu übergingen, Arbeiter ohne Gewerkschaftskarte von ihren Arbeitsstätten zu entfernen. Vor allem Syndikalisten und Kommunisten wurden so, wie (der Hamburger Linksradikale) Fritz Wolffheim formulierte, ‹durch die Gewerkschaften aus den Betrieben herausterrorisiert›»[85].

Es gab Gründe, den Arbeiterunionen skeptisch zu begegnen. Bräuchte es nicht ein übergeordnetes Organ, um die Kämpfe aufeinander abzustimmen und die Wucht der Klassenaktionen zielgerichtet einzusetzen? «Jede Fabrik hatte, oder sollte ihre

84 A.a.O.

85 Siegfried 2004, S. 103f.

eigene Organisation haben, die unabhängig von den anderen handeln kann und die auch in der ersten Phase nicht mit anderen verbunden ist.»[86] Die Gefahren der Isolierung und der lokalen Borniertheit waren gegeben. Folglich stellten die sich von der KPD abspaltenden und in der KAPD organisierenden Genossen die Zentralität der Partei nicht in Frage, im Gegenteil: Die Partei sollte unbedingt eine Avantgarde-Organisation bleiben, wohingegen die Arbeiterunionen im Prinzip unbegrenzt wachsende Massenorganisationen würden. Ihr Wachstum wurde als identisch gesehen mit dem Prozess der Revolution.

Die KPD-Führung hingegen ging über zur Affirmation bürgerlicher Kampfformen – Parlamentarismus, Mitarbeit in Gewerkschaften, Vorbereitung einer Einheitsfront mit der linken Sozialdemokratie. Alle lokalen Traditionen der Klassenkämpfe sollten den Direktiven der Berliner Zentrale unterworfen werden. Die Radikalen witterten darin ein Abwürgen der (noch schlummernden) revolutionären Potenzen, der Umgang der Parteiführung bestätigte sie: Nach dem Abstimmungssieg der Levi-Gruppe auf dem «Heidelberger Parteitag» (20. bis 24. Oktober 1919) über die Positionen der Linken begann deren massive Ausgrenzung. Jede weitere Diskussion sollte unterbleiben, dabei waren die Mehrheitsverhältnisse in der Partei nach wie vor ungeklärt. Der Bruch war unvermeidlich – und wurde doch nicht ausgesprochen. Er folgte erst, als die KPD-Führung den Widerstand gegen den Kapp-Putsch (13. bis 17. März 1920) falsch einschätzte: Widerstand konnte für sie nur auf die Stützung der bürgerlichen Republik hinauslaufen, dass er aber genuin proletarisch war und zum größten Aufstand bewaffneter Proletarier in einer Industrienation führte – an Rhein und Ruhr –, entging ihr. Am 4. und 5. April 1920 gründete sich in Berlin die KAPD. Die Arbeiterunionen, jetzt vereint als Allgemeine Arbeiterunion (AAU), hatten sich zu ihrer ersten Reichskonferenz bereits am 14. Februar in Hannover zusammengefunden.[87] In ihrem Programm stellte sie gleich zu Anfang

---

86 Henk Cane Meijer, «Die Arbeiterrätebewegung in Deutschland (1918–1933)», a.a.O.

87 Die KAPD zählte nach eigenen Angaben bei ihrer Gründung 38.000 Mitglieder, die AAU 80.000. Zum Vergleich: Die Freien Gewerkschaften vereinigten zu diesem Zeitpunkt etwa acht Millionen Mitglieder, damit befanden sie sich auf dem Gipfel ihrer Organisationsmacht. KAPD und AAU-E – Allgemeine Arbeiterunion Einheitsorganisation – verzeichneten im folgenden Jahr erhebliche Zuwächse, laut Behördenangaben

klar, «... daß die radikale Beseitigung jeglicher Führungspolitik die Voraussetzung für den raschen Fortgang der proletarischen Revolution in Deutschland bilden muß».[88] Dass die revolutionäre Situation bald verstreichen könnte, zeichnete sich ab, der KAPD war bewusst, dass ihr nicht mehr viel Zeit blieb.

Dies könnte die Erklärung sein, warum nur wenig später die KAPD als intellektuelles Konstrukt, als eine Partei, deren Führungskader Literaten, Bohemiens und hochgespannte Jungintellektuelle waren, wie ein Kartenhaus in sich zusammenfiel. Detlef Siegfried veranschaulicht dies am Beispiel Adolf Dethmanns (1896–1979), der sich binnen kürzester Zeit radikalisiert, nebenbei (?) bürgerlich reüssiert, etwa mit einer konventionellen Doktorarbeit über «Der Rätegedanke als Staatstheorie und seine Keime in den Schriften von Karl Marx und Friedrich Engels» (1920), 1921 zu einem der Chefdenker der Partei aufsteigt, zum KomIntern-Kongress nach Moskau fährt, aber bereits im Sommer 1922 sich ins Privatleben zurückzieht.[89] War der revolutionäre Elan so schnell verbraucht? War er so rasch zu erschüttern? Nachvollziehbarer wird dieser Bruch, den man nicht nur für Dethmanns Biographie konstatieren kann, wenn man bedenkt, dass von Anfang an die Führungsriege und mit ihr wohl viele Militante sich im Klaren waren, wie gering die Chance auf einen baldigen Wiederaufschwung der revolutionären Kräfte tatsächlich war. Umso schneller musste gehandelt werden.

Geburtsstunde des Rätekommunismus

«Der revolutionäre Einheitskampf, geführt von politischen Parteien ohne wirtschaftliche Organisationen, endet mit dem Mißerfolg – die deutsche Revolution seit 1918 beweist es. Aber ebenso muß der revolutionäre Einheitskampf mit einem Fiasko enden, wenn nur die wirtschaftlichen Organisationen aktiv vorgehen, dagegen die politischen Parteien versagen – Ita-

vereinigte die KAPD am 1.9.1921 – da hatte ihr Niedergang schon längst eingesetzt – 46431 Mitglieder. Henk Canne Meijer schreibt der AAU Ende 1920 300.000 Mitglieder zu und im Sommer 1921, etwa zum Zeitpunkt der Abspaltung der AAU-E noch 200.000. Detlef Siegfried nennt andere Zahlen: So habe die AAU Anfang 1921 178.000 Mitglieder gehabt und ihre (mitglieder-)stärkste Verankerung an der Wasserkante, der norddeutschen Küste, und Berlin.

88 Zitiert nach Kool 1970, S. 315.

89 Siegfried 2004, S. 140ff. und Siegfried 2018.

lien und die fehlgeschlagene Aktion der Syndikalisten sind dafür Beweis genug. Hier wie dort wurde die Niederlage verschuldet dadurch, daß ein Flügel der organisierten Arbeiterschaft lahm blieb – in Deutschland der wirtschaftliche (die Expropriation der Betriebe, Bergwerke, Banken, Ländereien unterblieb, während die politischen Positionen in unseren Händen waren), in Italien der politische (die Arbeiter waren Herr der Betriebe, sie unterließen aber, Regierung, Parlament, Polizei, Militarismus usw. zu beseitigen). Hätte eine Einheitsorganisation bestanden, wäre dies unmöglich gewesen. Sie hätte in Deutschland, indem sie politisch siegte, sich ganz von selbst wirtschaftlich verankert, und in Italien, indem sie wirtschaftlich Fuß faßte, ganz von selbst ihre politische Manifestation gefunden. Der Dualismus der proletarischen Organisationen ist ein Erbteil aus vorrevolutionärer Zeit, das heute in der revolutionären Phase zum Verhängnis der Arbeiterklasse wird. Er muß verschwinden und der Einheit Platz machen. Einheitskämpfe verlangen Einheitsorganisationen.»[90]

Die Gründung der KAPD klärte nichts, sondern schuf, immerhin dies, neue Bruchlinien, die eine weitere Auseinandersetzung zwingend erforderlich machten. Betrachtet man diese Phänomene ideengeschichtlich, zeigt sich, dass die Partei nicht die des Rätekommunismus war, sondern ihre Programmatik eine Etappe der Theoriebildung verkörperte. Eine dermaßen dichte Vereinigung radikalkommunistischer Kräfte aus der Arbeiteropposition hat es nie wieder gegeben. Wäre mehr möglich gewesen?

Sozialgeschichtlich stellt sich die Situation anders dar: Zwischen 1919 und 1921 waren Ansätze autonomer proletarischer Organisation vorhanden, die als Massenerscheinung bei einer Stabilisierung des Kapitalismus wieder verschwinden würden. Das Erbe dieser Ansätze wäre durch umfassende Aufarbeitung zu bewahren gewesen. Stattdessen wurden sie zu vollentwickelten Organen der Selbstbefreiung verabsolutiert. Diese Überbetonung ersetzte den nüchternen Blick auf die realen Verhältnisse und führte dazu, dass sich die Aktivisten theoretisch wie praktisch in unlösbare Widersprüche verwickelten. Sie konnten sie nicht anders als sie in weiteren Spaltungen und die sie rechtfertigenden theoretischen Konstruktionen auflösen.

90 Otto Rühle, «Grundfragen der Organisation» (1970a), S. 36. Als PDF unter aaap.be/Pdf/Otto-Rühle/Rühle-de-1970-Grundfragen-Der-Revolution.pdf

Der Wildwuchs dieser Konstruktionen trieb die absonderlichsten Blüten hervor. Die kommunistischen Arbeiterführer Hamburgs, Heinrich Laufenberg und Fritz Wolffheim verfielen ab Herbst 1919 auf einen Nationalbolschewismus: Burgfrieden mit der heimischen Bourgeoisie, alle Anstrengungen gegen die imperialistische Einschnürung Deutschlands nach dem Versailler Vertrag gerichtet, für einen Pakt von Reichswehr mit Roter Armee eintretend. Ganz falsch lagen sie freilich nicht. Frankreich und England hätten niemals eine sozialistische Republik Deutschland an ihren Grenzen erlaubt, ein Einmarsch fremder Truppen hätte im Fall einer siegreichen proletarischen Revolution gedroht. Die Übersetzung dieser durchaus realistischen antiimperialistischen Prognose in ein Programm der nationalen Einigung war dann sektiererisch. Laufenberg und Wolffheim nahmen noch am Gründungsprozess der KAPD teil und wurden im Sommer 1920 aus der Partei ausgeschlossen. Von ihnen führt kein direkter Weg zum frühen deutschen Faschismus, sie blieben isolierte Gestalten.

Die wirklichen Bruchlinien verliefen jenseits der nationalen Frage: Welches Verhältnis hat die Partei zu den Arbeiterunionen; welches zur kommunistischen Internationalen und zur KPD; welches zu den tagtäglichen Klassenkämpfen, die sich an banalen, ganz und gar nicht revolutionären Dingen entzündeten?

Die Antworten auf diesen Fragen fielen durchweg unbefriedigend aus und trieben Isolation und Zerfall der Partei nur voran. Höhe- oder vielmehr Wendepunkt der Tragödie war die gemeinsam von KPD und KAPD forcierte März-Aktion 1921 im mitteldeutschen (sächsischen) Industriegebiet. Die Regierungstruppen waren zu jedem Zeitpunkt den schlecht bewaffneten Arbeiterhundertschaften überlegen, der Generalstreik sprang nicht auf ganz Deutschland über, in Sachsen selbst blieben die Aufstandszentren voneinander isoliert.[91] Berühmt-berüchtigt waren allein die Aktionen des Arbeiterführer Max Hoelz, der auf eigene Faust handelnd Polizei und Militär tagelang vorführte und charmante, in Anekdoten und Geschichten lange weitererzählte Enteignungen vornahm: «In einer Zeit, als das Wünschen nicht half, ließ

91 Seine literarische Verdichtung findet dieser Aufstand im 1923 erschienenen Roman «Die Eroberung der Maschinen» von Franz Jung (Jung 1990). Eigentlich ein Anti-Roman. Es gibt keine Handlung, keine Helden, keine Namen. All das wird als Sinnstiftung bürgerlicher Empfindsamkeit zurückgewiesen. Jung beschreibt die Bewegung der Klasse, das Aufflammen und Niedertreten der Revolutionsversuche.

Hoelz, der *gemeine Verbrecher*, am Donnerstag plakatieren, daß im Kaufhaus in Chemnitz Freitag sei. Das glaubten die Armen der Gegend, und die Reichen ließens gelten, denn sie verstanden zwar nicht die Sprache, aber den Ton. Darum öffnete der Besitzer die Türen, und die Habenichtse strömten hinein. Und sie durften sich bedienen, und er durfte nichts schreien, denn an den Kassen standen Bewaffnete; so hat sich keiner verausgabt. Noch nach Jahren murmelte man in den Läden, bis ins Mansfeld hin, wenn eine anschreiben ließ: Hoelz bezahlts.»[92]

Hoelz wurde 1930 im selbstgewählten sowjetischen Exil von Stalins Schergen ermordet. Es wurde als Badeunfall ausgegeben.

Im Rückblick auf die Märzkämpfe verweist 1928 der frühere KAPD-Anführer Bernhard Reichenbach auf das Verhalten von KPD, Sozialdemokratie und Gewerkschaften als entscheidend für die Blockade der Revolte: «Die Märzaktion war der letzte Versuch gewesen, die latenten Elemente des Klassenkampfes revolutionär auf breiter Basis im Kampf um die Machtergreifung zur Auslösung zu bringen. Diese Versuche scheiterten an zwei Momenten: dem prinzipiellen Widerstand der Sozialdemokratie und der Gewerkschaften gegen aktiv-revolutionäre Gestaltung des Klassenkampfes; sodann an dem Verhalten der K.P.D., die, im Programm revolutionär, eine Führerdiktatur an Stelle der Klassendiktatur setzen wollte, wobei diese Führerschicht in den unterschiedlichsten, sich widersprechenden Auffassungen von dem Begriff revolutionärer Politik diese ständig wechselte und durch dieses die Arbeiterschaft verwirrende Verhalten die Entwicklung des Klassenbewußtseins bei breiten Massen verhinderte. Gegenüber diesen beiden Faktoren des Scheiterns der Revolution in Deutschland ist die Tatsache des Widerstandes der Bourgeoisie nur insoweit von Bedeutung, als er eben kausal bedingt war von jenen beiden anderen.»[93] Reichenbachs Einschätzung ist realistisch, sie erfasst dennoch nicht die gesamte Realität. Denn die KAPD hat sich in dieses Abenteuer hineinziehen lassen. Sie hatte es versäumt, ihr Verhältnis zur KPD und zu den Insurrektionalisten hinreichend zu klären, ihre Kader waren sich unschlüssig, auf welche proletarischen Kräfte sie zu setzen gehabt hätten. Vom Scheitern der Märzaktion sollten sich KAPD und AAU nie erholen.

92 Braun 2004, S. 104.
93 Reichenbach 1928, S. 125.

Hier spielt ein mangelndes Verständnis der Räte hinein. Schaut man sich etwa die Schriften von Adolf Dethmann an, wird der Rätegedanke gerade nicht elaboriert ausgeführt, sondern unhinterfragt vorausgesetzt. Unabhängigkeit von Moskau, Antinationalismus und Betonung des subjektiven Moments sind viel präsenter in seinem Denken. Er teilt das mit Karl Schröder (1884–1950), dem eigentlichen KAPD-Mentor dieser kurzen Jahre[94], oder mit Bernhard Reichenbach. Selbst Herman Gorter, der ab Juli 1921 in Berlin weilte, führte den Rätegedanken nicht weiter aus, sondern rückte den Aufbau einer eigenen Internationale, der Kommunistischen Arbeiterinternationale, in den Mittelpunkt. Der Beschluss für den Aufbau dieser Internationale erfolgte am 31. Juli 1921 – auch hier ersetzten überstürztes Handeln und Aktionismus jede Sondierung der Kräfteverhältnisse in den Arbeiterbewegungen.

Die Brüche führten zu neuen Spaltungen: Aus der AAU erwuchs eine Einheitsorganisation (AAU-E), die immerhin grundsätzlich dem Parteigedanken eine Absage erteilte. Wenn man will, kann man das als Geburtsstunde des Rätekommunismus im engeren Sinn verstehen. Theoretiker der AAU-E war der Pädagoge Otto Rühle. Rühle hatte wie Liebknecht und Luxemburg einen zunehmend unversöhnlichen Absetzungskurs von der Sozialdemokratie durchlaufen. Er war Mitgründer des Spartakusbundes, Mitgründer der KPD, Mitgründer der KAPD, Mitgründer der AAU-E. Er formulierte das Credo des Rätekommunismus in einem Satz: Die (soziale) Revolution ist keine Parteisache.[95]

Im Grunde radikalisiert Rühle «nur» ein Theorem der KAPD: «Die A.A.U. ist der erste Grundstein zur Bildung der Räteorganisation. Sie muß sich also aufbauen auf den Betrieben als den Zellen der Produktion. In den Betrieben steht das Proletariat als Klasse, einer neben dem andern als Klassengenosse. Hier steht die Masse im Triebwerk der Umbildung und Neubildung der Gesellschaft. Hier kann der geistige Kampf, die Revolutionierung des Bewußtseins in unerschöpflichem Strom von Mann zu Mann gehen, gerichtet allein auf das Klasseninteresse, nicht auf kapitalistische Vereinsmeierei; das Berufsinteresse einge-

94 Zu Schröders Biographie siehe Müller 1977.

95 Zum politischen Programm Rühles siehe die sehr unterschiedlichen Studien Jacoby 1951, Herrmann 1981 und von Paul Mattick: «Otto Rühle und die deutsche Arbeiterbewegung», in Mattick 1975, S. 7–38. Grundsätzlich: Mergner, «Arbeiterbewegung und Intelligenz»,1973.

engt auf das ihm zukommende Maß. Die Betriebsorganisation ist die grundlegende Zelle der Union; die Union ist die organische Einheit dieser Zellen.»[96] Zu Ende gedacht bedeutet dies den Abschied von der der Parteiform. Denn wenn die Räte nicht in der Lage wären, von sich aus einen gesellschaftlichen Zusammenhang zu stiften, sondern für diesen eine zentralisierende Partei voraussetzen, so antiautoritär diese auch auftreten mag, dann verkörperten die Räte eben nicht das Prinzip der Befreiung, sondern wären eine nachgeordnete Variable. Die Kämpfe nach 1918 hatten aber durchweg demonstriert, dass es die Parteizentralen waren, die Fehlentscheidungen trafen und sich als Hemmschuh erwiesen. Die Befreiung konsequent von den Betriebsorganisationen aus zu denken und nicht als quasi-putschistischen Doppelschlag aus Generalstreik und Bürgerkrieg, war die Option, die objektiv noch verblieben war.

Die KAPD zersplitterte an den ungelösten Fragen, auch weil sich ihre Theoretiker nicht eingestanden, dass bestimmte Fragen unlösbar bleiben mussten, weil ihr Beantwortung allein eine Frage der Praxis gewesen wäre. Theorie hätte Selbstbegrenzung betreiben müssen. Stattdessen brachten Karl Schröder & Co. das Todeskrisen-Theorem aufs Tapet: Der Kapitalismus befinde sich unwiderruflich im Endstadium, jeder Klassenkampf, der um ökonomische Alltagsprobleme geführt würde, könnte deshalb nur systemstabilisierend sein. Statistiken über Produktionsziffern und Handelsbilanzen wurden angeführt und mit Versatzstücken aus dem Marxschen Kapital recht willkürlich kombiniert. Mit dem realen proletarischen Alltag hatte das immer weniger zu tun. Die Willkürlichkeit dieses Theorems, seine Herkunft aus der Not, einer abflauenden Bewegung noch mal Schwung zu verleihen, war offensichtlich. Im März 1922 spaltete sich die KAPD in eine maximalistische Essener Richtung und eine eher unionistische Berliner. 1924 waren KAPD und AAU auf dem organisatorischen Niveau von Studienzirkeln angelangt.

Canne Meijer resümiert, es wäre «nötig gewesen, daß die AAU sich von den alten Traditionen der ‹organisierten Klasse› löste, damit sie verstehen konnte, daß die Arbeiterklasse ihre wirkliche Einheit, weltweit, nur in ihren Massenkämpfen verwirklichen kann, jenseits aller spezialisierten Organisationen,

96 Aus dem Grundsatzpapier «Die Allgemeine Arbeiterunion», zitiert nach Reichenbach 1928, S. 134f.

die bestenfalls einen fragmentarischen Aspekt einer vergangenen Phase proletarischer Hoffnungen und Ziele darstellen können». Die Klasse ist bereits organisiert durch den Produktionsprozess und ihre Lebenswelten! Das war der antipolitische Ansatz, den dann die holländischen Rätekommunisten in den 1930er-Jahren vertieften[97].

97 Er wird verhandelt in Kapitel 10.

6 Keine Hoffnung aus dem Osten: Kritik des Bolschewismus

«Ein politischer Sozialismus ohne ökonomische Grundlage. Eine theoretische Konstruktion. Ein bürokratisches Reglement. Eine Sammlung papierener Dekrete. Eine agitatorische Phrase. Und eine furchtbare Enttäuschung.»
Otto Rühle, 1920[98]

«Sowjetrußland geht zugrunde ohne die aktive Hilfe aller revolutionären Kämpfer. Alle wirklich klassenbewußten Arbeiter […] sind bereit, aktiv zu helfen. Die Dritte Internationale würde verbrecherisch, gegenrevolutionär wirken, wollte sie – im Interesse einer Partei! – etwas tun, was geeignet wäre, das heilige Feuer brüderlicher Solidarität, das für Sowjetrußland (noch immer nicht: für die Dritte Internationale als Organisation an sich!!) in den Herzen aller Proletarier glüht, zu löschen! Ist das denn so schwer zu begreifen? Ist es eine Dummheit, Genosse Lenin, wenn ich Ihnen zurufe: nicht wir brauchen im Augenblick die Internationale, sondern die Dritte Internationale braucht uns?»
Franz Pfemfert, 1920[99]

Seit April 1920 gab es also in Deutschland zwei kommunistische Parteien, wobei die antiautoritäre, die KAPD, der KPD den Rang abzulaufen drohte: Ihr Einfluss auf den radikalen Flügel des deutschen Proletariats war für einen historischen Augenblick größer. Im Juni erschien Lenins «Der ‹Linke Radikalismus›, die Kinderkrankheit im Kommunismus», eine belehrende und polemische Abrechnung mit dem linken Flügel des Kommunismus. Vom 19. Juli bis zum 7. August fand in Moskau der zwei-

98 Ders., «Moskau und wir», Die Aktion, 10. Jg. 1920, Heft 37/38 (18. September 1920), Leitartikel. aaap.be/Pdf/Die-Aktion/Die-Aktion-10-1920.pdf

99 Ders.,«Lenins Kinderkrankheit und die Dritte Internationale», Die Aktion, 10. Jg. 1920, Heft 31/32 (7. August), Leitartikel. aaap.be/Pdf/Die-Aktion/Die-Aktion-10-1920.pdf

te Kongress der Kommunistischen Internationale (KomIntern) unter Beteiligung der Linksradikalen statt.[100] Die Bolschewisten polemisierten gegen die Anführer des linken Kommunismus. Lenins «Ziel war offensichtlich die Spaltung der KAPD».[101] Otto Rühle, der gemeinsam mit August Merges den Kongress als Delegierter für die KAPD beobachtete, verfasste einen Bericht für Pfemferts «Die Aktion», in dem er die Forderungen der KomIntern als Aufforderung zur Unterwerfung kritisiert.[102] Hätte die KAPD die Richtlinien der KomIntern akzeptiert, hätte sie, ohne jede weitere Diskussion um Strategie und Taktik, ohne jede Erwägung von eklatanten Unterschieden im Revolutionsverständnis, ihr Programm aufgegeben.[103] Die KAPD war damals stark genug, diesen Forderungen nicht nachzukommen und den gönnerhaft angebotenen Beobachterstatus zurückzuweisen.[104] Dennoch war der Kongress für die linken Kommunisten ein bitteres Ereignis, denn die KAPD hatte sich explizit auf dem Boden der KomIntern gegründet und bekannte sich zur Oktoberrevolution, verstand jedoch die Internationale als Welt-

100 Zur Vorgeschichte und zum Verlauf siehe jetzt die vorzügliche Studie von Alexander Vatlin, «Das Jahr 1920. der zweite Kongress der Kommunistischen Internationale», 2019.

101 Hermann Weber, «Zum Verhältnis von Komintern, Sowjetstaat und KPD. Eine historische Einführung», in Weber u.a. 2014, S. 31.

102 «Bericht über Moskau», Die Aktion, 10. Jg. 1920, Heft 39/49 (2. Oktober), S. 553ff. aaap.be/Pdf/Die-Aktion/Die-Aktion-10-1920.pdf

103 Rühle listet die Forderungen der Bolschewisten auf: «1. Die Kommunisten sind verpflichtet, sich eine straff zentralistische, eiserne, militärische, diktatorische Organisation zu schaffen. 2. Die Kommunisten sind verpflichtet, sich an Parlamentswahlen zu beteiligen und ins Parlament zu gehen, um dort eine neue Art revolutionärer Parlamentsarbeit zu leisten. 3. Die Kommunisten sind verpflichtet, in den Gewerkschaften zu verbleiben, um in diesen revolutionär umzumodelnden Institutionen der Revolution zum Siege zu verhelfen. – Diese drei Forderungen kannten wir von Heidelberg her. Nun aber weiter: 4. Jede der III. Internationale angeschlossene Partei hat sich als Kommunistische Partei zu bezeichnen und 5. Es darf in jedem Lande nur eine Kommunistische Partei existieren, folglich … ja folglich hat die KAPD auf ihre weitere Selbständigkeit zu verzichten und sich in der KPD aufzulösen.» (Ebd., S. 557)

104 Die rigide Haltung zeichnete sich zunächst aus: «Das EKKI [Exekutivkomitee der KomIntern, Anm. FK] bemühte sich weiter um die KAPD und nahm sie gegen den Willen der KPD am 28. November 1920 als sympathisierende Partei […] auf.» (Weber 2014, a.a.O.) Auf dem 3. Weltkongress der KomIntern im Juni/Juli 1921 nahmen fünf KAPD-Delegierte teil, die Gegensätze hatten sich da schon vertieft und waren nicht mehr zu überbrücken. Die KAPD befand sich bereits im Sinkflug, weswegen die KomIntern-Führung es sich leisten konnte, den Konflikt auszusitzen.

partei und nicht als außenpolitischen Einflusskanal der Revolutionsregierung in Moskau. Die Unterwerfung der KAPD unter die Vorgaben hätte dieses mögliche Verhältnis des gleichberechtigten Umgangs unwiderruflich zerstört.

«Die russische Taktik ist die Taktik der autoritären Organisation. Das ihr zu Grunde liegende Prinzip des Zentralismus ist von den Bolschewisten so konsequent entwickelt und schließlich auf die Spitze getrieben worden, daß es zum Überzentralismus geführt hat», hielt Rühle 1920 fest. Die Anwendung dieser Taktik in (Mittel- und West-)Europa war aber kein moralisches Gebot, sondern entsprach einer praktischen Notwendigkeit. «Das haben die Bolschewisten nicht aus Übermut oder Lust am Experimentieren getan. Dazu hat sie die Revolution gezwungen. Wenn sich heute die Vertreter deutscher Parteiorganisation über die diktatorischen und terroristischen Erscheinungen in Rußland entrüsten und bekreuzigen, so haben sie gut reden. Wären sie an der Stelle der Sowjet-Regierung, müßten sie *genau* so handeln.» Denn: «Der Zentralismus ist das Organisationsprinzip des bürgerlich-kapitalistischen Zeitalters.»[105] In Rußland war dieses Zeitalter gerade erst angebrochen, daher die übertriebene, fast schon hysterische Affirmation der Bolschewisten von Organisation und Disziplin. Die Fragestellung, die sich das revolutionäre Proletariat in Deutschland oder Italien vorlegen musste, war aber eine andere. «Das Leninsche Verlangen nach der dem Kapitalismus entliehenen ultrazentralistischen Partei konnte dort kein Verständnis finden, wo die existierende Zentralisation der Arbeiterorganisationen bereits zum Hemmschuh des proletarischen Klassenkampfes geworden war.»[106] Die bolschewistischen Methoden «ersticken die Initiative, lähmen die revolutionäre Aktivität, beeinträchtigen die Schlagkraft, vermindern das Verantwortlichkeitsgefühl. Hier», in Deutschland, «gilt es, die Initiative der Massen auszulösen, sie von der Autorität zu befreien, ihr Selbstbewußtsein zu entwickeln, ihre Selbsttätigkeit zu schulen und damit ihre Anteilnahme an der Revolution zu steigern.»[107]

Aus dieser Differenz – hier die kapitalistisch entwickelten Bedingungen des proletarischen Handelns im Westen und in Deutschland; dort das feudal-agrarisch geprägte Russland mit

105 Ebd., S. 555.
106 Mattick 1970, S. 15 f..
107 Rühle. «Moskau und wir», ebd.

starken Tendenzen zum Staatskapitalismus unter politisch-absolutistischen Vorzeichen – erwächst die rätekommunistische Kritik des Bolschewismus, die zunächst eine solidarische, taktische und strategische ist. Grundsätzlich wird sie 1933 mit Helmut Wagners «Thesen über den Bolschewismus». Das revolutionäre Element wird dem Bolschewismus stets zugestanden, aber es wird als jakobinisch bestimmt, nicht als proletarisch, und anders, als man dies bis 1920/21 erhoffen konnte, erwächst aus dem Jakobinismus nicht der proletarische Sozialismus, er markiert keinen Übergang.

Jakobinismus ist der Inbegriff für fortschrittlichen Terror, der im Namen der Mehrheit von einer Minderheit gegen diese Mehrheit ausgeführt wird. Er ist der Glanzpunkt bürgerlicher Revolution: der Triumph der totalen Politik gegen eine (noch) rückschrittliche Gesellschaft, die gestaltet werden kann, gestaltet werden muss. Bis weit in den Marxismus hinein bestand kein Zweifel daran, dass auch die proletarische Revolution Elemente dieses jakobinischen Zwangs aufweisen wird. Prognostiziert wurde ein Hineinwachsen der bürgerlichen Revolution in die sozialistische unter Anleitung der Partei des Proletariats.

Der Jakobinismus ist aber nicht einfach die verlorengegangene Seite der französischen Revolution, ist nicht bloß ihr linker Flügel, der den Bürgerkrieg nach der Revolution verlor. Sondern er ist integrales Moment des Übergangs von der Revolution zur Konterrevolution: Indem er die Institutionen des Ancien Régimes zerstört und eine moderne Bevölkerung, die über die Identifikation von auszugrenzenden Volksfeinden konstituiert wird, schafft, bereitet er die Grundlagen für einen Napoleon Bonaparte, der die Resultate des Jakobinismus stillschweigend anerkennt und darauf aufbaut, aber seine Methoden und seinen Zweck suspendiert. Anstatt Revolution und Konterrevolution als unversöhnlich gegenüberzustellen, erweisen sie sich, verkoppelt durch den Terror des Jakobinismus, als gemeinsame Elemente in der Herausbildung des Blocks bürgerlicher Herrschaft.

Der Rätekommunismus hat den Bolschewismus deshalb als zeitgemäße Form des Jakobinismus kritisiert: «Das tragende Prinzip der Politik des Bolschewismus ist jakobinisch: Macht ergreifung und Machtausübung durch die Organisation. […] Mobilisierung aller gesellschaftlich geeigneten Mittel und Kräfte zum Sturz des absolutistischen Gegners unter Anwendung sämtlicher Methoden, die Erfolg versprechen: Lavieren und paktieren mit jeder gesellschaftlichen Kraft, die selbst für die geringste Zeitspanne und den unbedeutendsten Kampfabschnitt ausgenutzt werden kann.»[108]

Die Kritik am Bolschewismus war in den 1920er- und selbst noch in den 1930er-Jahren, den Jahren der sich zuschnürenden Isolation, der Versuch, der radikalen Arbeiterbewegung die Autonomie des Handelns wiederzugeben, die sie in ihrer Fixierung auf Moskau zu verlieren drohte. Nur wenige Monate nach Veröffentlichung von Lenins Polemik gegen den «Linksradikalismus» verfasst Herman Gorter einen offenen Brief an den «Genossen Lenin», der nichts Propagandistisches hat und ohne Polemik auskommt. Er ist der seltene Versuch in der Arbeiterbewegung einer Verständigung über bereits tiefe Gräben hinweg. Gorter fasst am Ende seine Punkte zusammen – es sind die programmatischen Punkte des Rätekommunismus, seine Invarianten, die noch für den Paul Mattick der 1970er-Jahre Gültigkeit haben werden:

«1. Die Taktik der westeuropäischen Revolution muss eine ganz andere sein als die der russischen.
2. Denn das Proletariat steht hier allein.
3. Das Proletariat muss hier also die Revolution allein machen gegen alle anderen Klassen.
4. Die Bedeutung der proletarischen Massen ist daher relativ grösser, die Bedeutung der Führer geringer als in Russland.
5. Das Proletariat muss daher hier auch die allerbesten Waffen haben für die Revolution.
6. Da die Gewerkschaften ungenügende Waffen sind, müssen sie ersetzt werden durch oder geändert werden in Betriebsorganisationen, die zu einem Bund vereint werden.
7. Da das Proletariat die Revolution allein machen muss und keine Hilfe hat, muss es sich geistig und seelisch sehr hoch erheben. Es ist darum besser, in der Revolution den Parlamentarismus nicht zu gebrauchen.»[109]

Gorter geht davon aus, dass der Kapitalismus in Westeuropa bereits so weit entwickelt ist, dass der Antagonismus rein hervortritt und ein unverstelltes Vorgehen der Kommunisten for-

108 «Thesen über den Bolschewismus». Zitiert wird nach der in Pannekoek u.a. 1991 abgedruckten Fassung, weil sie die am leichtesten erhältliche ist, S. 25f. Alle weiteren Zitate aus den Thesen werden im Folgenden nur nach der Seitenzahl ausgewiesen.

109 In Bock 1969, S. 227.

dert. Für die anstehenden revolutionären Aufgaben kann nicht auf abgelebte politische Vermittlungsformen des Bürgertums zurückgegriffen werden: Parlaments- und Gewerkschaftsarbeit. Beides hatten Lenin und die KomIntern den Kommunisten weltweit verordnet.

Auch wenn der linke Flügel der jungen kommunistischen Bewegung die Oktoberrevolution enthusiastisch begrüßt hatte, setzte er 1919 einen anderen Akzent: Es ging ihm um die Entfaltung des kommunistischen Potenzials in der Arbeiterbewegung und nicht um die vorbehaltlose Übernahme Moskauer Direktiven, welche die Teilnahme an Wahlen, Bündnisse mit der Sozialdemokratie und die Mitarbeit in den offiziellen Gewerkschaften forderten. Wenn schon «Russlandhilfe», dann war ihr Ziel, dergestalt Einfluss auf die große Politik zu nehmen, dass die imperialistischen Mächte ihre aggressive Haltung gegenüber Russland aufgrund der Bürgerkriegssituation im jeweils eigenen Land nicht mehr aufrechterhalten konnten.

«Vom Standpunkt der Erhaltung Sowjetrusslands ist diese Auffassung vom Ziele der Weltrevolution gewiss unanfechtbar», schreibt Anton Pannekoek 1920 in seiner Schrift «Weltrevolution und kommunistische Taktik», die das letzte Zeugnis eines Rätekommunismus ist, der noch vom Standpunkt der unbedingten Solidarität mit der Sowjetunion argumentiert.

«Wenn in den anderen Ländern Europas ein ähnliches politisches System besteht als in Russland: Herrschaft einer Arbeiterbürokratie, die sich stützt auf ein Rätesystem als Grundlage, dann ist die Macht des Welt-Imperialismus besiegt und gestürzt, wenigstens in Europa. Dann kann in Russland, umgeben von befreundeten Arbeiterrepubliken, ohne Furcht vor reaktionären Angriffskriegen der wirtschaftliche Aufbau zum Kommunismus ungestört vor sich gehen. So wird verständlich, dass, was wir als zeitweilige, ungenügende, mit aller Macht zu bekämpfende Zwischenform betrachten, für Moskau die Verwirklichung der proletarischen Revolution, das Ziel der kommunistischen Politik ist. Daraus ergeben sich auch die kritischen Bedenken, die vom Standpunkt des Kommunismus gegen diese Politik zu erheben sind. Sie liegen zuerst in ihrer geistigen Rückwirkung auf Russland selbst. Wenn die in Russland herrschende Schicht mit der westeuropäischen Arbeiterbürokratie – die durch ihre Stellung, ihren Gegensatz zu den Massen, ihre Anpassung an die bürgerliche Welt korrumpiert ist – fraternisiert und sich deren

Geist aneignet, so kann die Kraft, die Russland auf dem Wege zum Kommunismus weiterführen muss, verloren gehen […]. [Die Bedenken, FK] liegen weiter darin, dass dasselbe politische System, das für Russland als praktische Übergangsform zur Verwirklichung des Kommunismus entstand – und nur durch besondere Verhältnisse zu einer Bürokratie erstarren konnte –, in Westeuropa von vornherein eine reaktionäre Hemmung der Revolution bedeutet. Wir hoben schon hervor, dass eine solche ‹Arbeiterregierung› die Kräfte zum kommunistischen Aufbau nicht wird auslösen können. Da aber nach dieser Revolution die bürgerlichen und kleinbürgerlichen Massen (zusammen mit den Bauern) noch eine ungeheure Macht darstellen – anders als in Russland nach der Oktoberrevolution –, wird das Versagen des Aufbaues nur zu leicht die Reaktion wieder in den Sattel bringen, während zugleich die proletarischen Massen sich zu neuen Anstrengungen zur Beseitigung dieses Systems erheben müssten.»[110]

Das Argument ist elegant: Die Revolution, weil sie sich einer so starken Bourgeoisie gegenübersieht, ist auf die aktive Einbeziehung der gesamten Klasse dringend angewiesen. Den verfemten Linksradikalen blieb, um dieses Ziel zu erreichen, nichts anderes übrig, als sich als eigene, autonome Kraft zu konstituieren: als Rätekommunisten. Dann musste aber auch der Ertrag der Kritik an den Bolschewisten positiv formuliert werden – als Kampfauftrag. «Die Revolution ist keine Parteisache» – das war der Aus- und Aufruf Otto Rühles nach seinen Erfahrungen in Moskau, und das ist tatsächlich das rätekommunistische Programm *in a nutshell*. In seinem Pamphlet von 1920 schreibt er:

«Es gilt, das Proletariat als Klasse zu erfassen und seine Aktivität für den revolutionären Kampf auszulösen. Auf breitester Basis, im weitesten Rahmen.

Deshalb müssen alle zu revolutionärem Kampfe bereiten Proletarier, unbekümmert, woher sie kommen und aus welchem Lager sie sich rekrutieren, in den Werkstätten und Betrieben als revolutionäre Betriebsorganisation gesammelt und in dem Rahmen der Allgemeinen Arbeiter-Union zusammengefasst werden.

Allgemeine Arbeiter-Union: das ist nicht Krethi und Plethi, kein bunter Salat, kein zufälliger Haufen. Das ist die Zusammenfassung aller zu revolutionärer Aktivität bereiten proletari-

110 In Bock 1969, S. 166f.

schen Elemente, die sich zum Klassenkampf, zum Rätesystem und zur Diktatur bekennen. […]

Diese Allgemeine Arbeiter-Union wurzelt in den Betrieben und baut sich nach Industrien auf, von unten nach oben, im Unterbau föderativ, im Oberbau durch das System der revolutionären Obleute organisatorisch zusammengehalten. Sie wächst aus den arbeitenden Massen von unten empor. Sie steigt folgerichtig auf, Fleisch und Blut vom Proletariat, Aktionskraft der Massen, beseelt von dem heißen Atem der Revolution.»[111]

Zentral ist der Gedanke der Allgemeinen Arbeiter-Union. Deren Prinzip besagt einfach, dass die Arbeiter sich Organe schaffen, die tatsächlich der ganzen Klasse zugänglich sind und in sich die politische, soziale Arbeitsteilung aufheben (daher der Verweis, dass das revolutionäre Proletariat mit seiner Armee identisch ist) – Räte ist nur ein anderer Name dafür. Gebrochen wird darin mit dem gewerkschaftlichen Branchensystem, das auf die Privilegierung bestimmter Arbeiterschichten hinausläuft, und dem Professionalismus einer Partei, die ihre eigene Politikerkaste herausbildet. Es geht nicht um eine Verherrlichung der Spontaneität, was man dem Räte- oder Linkskommunismus häufig genug vorgeworfen hat, sondern darum, einen einheitlichen Organismus für Informationsaustausch und Kampferfahrungen zu schaffen.

Dieses Verständnis der Allgemeinen Arbeiter-Union unterschied sich von dem instrumentellen Verhältnis, das die Bolschewiki zu den Räten hatten. So kritisieren die Thesen über den Bolschewismus: «Indem die Bolschewiki die Räte vorwiegend als Aufstandsorgane betrachteten, statt als die Organe der Selbstverwaltung der proletarischen Klasse, zeigen sie um ein übriges, daß es sich für sie in den Räten nur um ein Werkzeug handelt, mit dessen Hilfe ihre Partei die Macht an sich zieht.» (S. 31)

Rühle, und später Pannekoek in seinem Werk «Arbeiterräte«[112], verstanden Räte dagegen auch als Verfassungsorgane, als Funktion einer umfassenden Organisation des gesellschaftlich Allgemeinen, als Katalysator zur Aufhebung von Arbeitsteilung. Der Rat allein ist nicht dieses gesellschaftlich Allgemeine, aber er ist auch kein leerer Formalismus, dessen Inhalt außer ihm liegt. Daher seine Ambivalenz, er ist eben kein

111 In Kool 1970, S. 333f.
112 Siehe Kapitel 15.

Gesellschaftsplaner, erstickt nicht die Initiativen von unten, er realisiert aber auch keine Garantieformel für das Gelingen einer Revolution. Die Revolutionen und Revolutionsversuche in Westeuropa nach 1917 zeugen von einem Scheitern der Rätebewegung, sie ist immer nur so stark, wie es die revolutionäre Arbeiterbewegung ist. Von dieser Ambivalenz, diesem offenen Charakter ist bei Lenin nicht mehr viel vorhanden. Lenin dachte, wie Rühle sagte, in rigiden mechanistischen Gesetzen, trotz seiner intensiven Beschäftigung mit marxistischer Dialektik. Für ihn gab es nur eine Partei – seine eigene, nur eine Revolution – die russische, nur eine Methode – die bolschewistische. «Die monotone Anwendung einer einmal entdeckten Formel bewegte sich in einem egozentrischen Kreis, ungestört von Zeit und Umständen, Entwicklungsprozessen, kulturellen Normen, Ideen und Menschen. In Lenin kommt mit großer Klarheit das Gesetz des Maschinenzeitalters in der Politik zutage; er war der ‹Techniker›, der ‹Erfinder› in der Revolution. [...] Er lernte nie die Vorbedingungen zur Befreiung der Arbeiter kennen, er kümmerte sich nicht um das falsche Bewußtsein der Massen und ihre Selbstentfremdung [...]. Das ganze Problem war für ihn nicht mehr und nicht weniger als ein Problem der Macht.»[113] Die «Thesen über den Bolschewismus» schlagen vor, von «Bolschewismus-Machiavellismus» zu reden: «Der Bolschewismus zeigt alle grundlegenden Wesenszüge bürgerlich-revolutionärer Politik, gesteigert durch die vom Marxismus übernommene Einsicht in die Gesetze der Bewegung der gesellschaftlichen Klassen.» (S. 25) Das macht die Strahlkraft seiner Ideologie aus – sie geht in ihren soziologischen Aspekten weit über jede klassisch westlich-bürgerliche Weltanschauung hinaus –, nimmt aber genau dadurch die Befreiungslehre des Proletariats für eine Technokratie der Gesellschaftsplanung in Beschlag. Die Enthüllung der gesellschaftlichen Bewegungsgesetze zeigt die Reichweite der Manipulierbarkeit proletarischer Energien für den Aufbau einer Ordnung, die sich gegen die Arbeiterinnen und Arbeiter richten wird.

Dabei war Lenin doch in allen Diskussionen nach dem 4. August 1914 – nach dem Untergang der alten Arbeiterbewegung in Korruption und Appeasement – mit den späteren Rätekom-

113 Paul Mattick, «Otto Rühle und die deutsche Arbeiterbewegung» (1945), in Mattick 1975, S. 25f. Das Zitat Rühles konnte nicht nachgewiesen werden.

munisten einig, dass das gesamte organisatorische Gerüst der (europäischen) Arbeiterbewegung unwiederbringlich verrottet war und die einzige Hoffnung in der Spontaneität der Massen lag, aus Hunger und Kriegsmüdigkeit das Abschlachten zu beenden. Er war sich mit den späteren Rätekommunisten auch darin einig, dass die Spontaneität der Revolten eines organisatorischen Kerns bedurfte, um ihre Kräfte zu bündeln, und dass dieser organisatorische Kern das Primat des strategischen Handelns hatte. Der Ausgangspunkt ist ein gemeinsamer, das muss man anerkennen. Aber dieser Gemeinsamkeit ist die spätere Spaltung inbegriffen.

Wichtig ist hier Lenins bereits vor 1914 getroffene Unterscheidung zwischen einer objektivistischen und einer materialistischen Haltung zum historisch-sozialen Prozess. Paul Mattick referiert sie: «Nach Lenin begnügt sich der Objektivist mit der Anerkennung der Notwendigkeit des gegebenen historischen Prozesses, während der Materialist sich den gegebenen sozialökonomischen Formationen zuwendet, um auf der Basis der von ihm erzeugten antagonistischen Verhältnisse in den geschichtlichen Prozess einzugreifen. Es geht dem Materialisten nicht um ‹geschichtliche Tendenzen›, sondern um die in jedem Moment vorhandene Möglichkeit des praktischen Klassenkampfes.»[114]

Diese Haltung unterscheidet sich deutlich von der selbstgenügsamen, «geschichtliche Tendenzen» beobachtenden Ideologie des marxistischen Zentrums der Sozialdemokratie um Karl Kautsky. Aber Lenins Aktivismus impliziert ein politisches Programm, das die Initiative mehr und mehr zu einer der Partei werden lässt. So kritisiert Paul Mattick in einer Studie über die «Unzulänglichkeiten der Arbeiterbewegung» den tieferen Sinn dieses Aktivismus:

«Die voluntaristische Haltung Lenins verwandelte den in der Sozialdemokratie üblichen Opportunismus der Beherrschten in den Opportunismus der Sozialdemokratie als herrschende Klasse. Mit der Übernahme der gesellschaftlichen Funktionen der niedergerungenen Bourgeoisie wurde die bolschewistische Partei zu einer neuartigen, sich politisch konstituierenden privilegierten Klasse, die nun alle ihre theoretischen Erkenntnisse in den Dienst der Machterhaltung stellte. Der Aktivismus der Bolschewisten erforderte die völlige Inaktivierung der Arbeiter und Bauern, die Machterhaltung der Partei und die völli-

114 Mattick 1973, S. 199.

ge Machtlosigkeit der arbeitenden Bevölkerung. So wie der ‹Marxismus› der II. Internationale nur der Verschleierung einer opportunistisch-reaktionären Praxis diente, so wurde der Marxismus-Leninismus zum Deckblatt einer opportunistisch-konterrevolutionären Politik, die heute [gemeint ist 1973] noch nicht völlig ausgespielt ist.»[115]

Der Bolschewismus durchlief nach der geglückten Machtergreifung eine Regression, aber wenn man so will: eine höchst zeitgemäße. Sie entspringt aus der Dialektik des Fortschritts unter den Bedingungen von Imperialismus und moderner Betriebsorganisation. Lenin wurde häufig dafür verspottet, dass er als Vorbild der sozialistischen Organisation die deutsche Post oder auch die deutsche Bahn erwähnte. Und dass er später, um 1920, unbedingt die Methoden der sogenannten wissenschaftlichen Betriebsführung eines Frederick Winslow Taylors – Inbegriff der kapitalistischen Rationalisierung – einführen wollte. Das war nicht abwegig, sondern entsprang dem Bedürfnis, der Sozialismus müsse der «wirkliche[n] Bewegung» folgen. Gerade die betriebliche Organisation mit ihrer hochgradigen Arbeitsteilung und nahezu perfekten strukturellen Aufteilung aller Arbeitsbereiche galt ihm als de facto bereits vergesellschafteter Arbeitsorganismus, den man lediglich vom Modus der privaten Aneignung zu befreien hätte. Ebenso brächte die moderne Organisation des Kapitals im Großbetrieb die entsprechende Form Arbeitermilitanz hervor. So würde der moderne Betrieb zum Modell der Organisation des Proletariats zur Klasse und schließlich auch zum Modell des Staates und der zukünftigen Gesellschaft. Sozialismus erscheint nun als eine Frage der Organisation, die zu befreiende Produktivkraft ist nicht mehr der Arbeiter, sondern der entsprechende Umgang mit der Organisation, der sich zu Technologie, zum Maschinenpark verdinglicht.

Es ist nur eine Frage der Zeit, bis der Organisationsfetisch in Regression mündet und utopische oder romantische Züge annimmt. Schaut man sich die sozialistischen Utopien des frühen 19. Jahrhunderts an – am «realistischsten» sind sie bei Filipo Buonarotti in seiner berühmten Programmschrift von 1828 ausgearbeitet –, dann finden wir auch dort, dass Sozialismus eine Frage der Organisation ist und dass sozialistische Politik darin besteht, möglichst exakte Modelle der zukünftigen Gesellschaft zu entwerfen und schrittweise die Unwissenden dem zuzufüh-

115 Mattick 1973, S. 200.

ren. Die Frage, was da organisiert wird, an welche gesellschaftliche Bewegung dieser Organisationsfimmel anschließt, kommt gar nicht mehr in den Blick. Dass die betriebliche Organisation keinesfalls als gesellschaftlich vernünftiges Prinzip zu verstehen ist, das es lediglich von den Ketten der privaten Aneignung zu befreien galt, sprach bereits Marx im Kapital an:

«Die Maschinerie wirkt jedoch nicht nur als übermächtiger Konkurrent, stets auf dem Sprung, den Lohnarbeiter ‹überflüssig› zu machen. Als ihm feindliche Potenz wird sie laut und tendenziell vom Kapital proklamiert und gehandhabt. Sie wird das machtvollste Kriegsmittel zur Niederschlagung der periodischen Arbeiteraufstände, strikes usw. wider die Autokratie des Kapitals. Nach Gaskell war gleich die Dampfmaschine ein Antagonist der ‹Menschenkraft›, der den Kapitalisten befähigte, die steigenden Ansprüche der Arbeiter niederzuschmettern, die das beginnende Fabriksystem zur Krise zu treiben drohten. Man könnte eine ganze Geschichte der Erfindungen seit 1830 schreiben, die bloß als Kriegsmittel des Kapitals wider Arbeiteremeuten ins Leben traten. Wir erinnern vor allem an die selfacting mule, weil sie eine neue Epoche des automatischen Systems eröffnet.»[116]

Doch wo Marx die Maschine als Organisation versteht, war die Lenin'sche Grundauffassung umgekehrt: die Organisation als Maschine zu betrachten. Und so musste auch der Staat als Maschine funktionieren.

Die unübertroffene Einfachheit mit der ein anderer kommunistischer Dissident, Amadeo Bordiga, das Verhältnis der Kommunisten zum Staat beschrieb, geht dabei verloren. Bordiga sprach von der proletarischen Diktatur als «einem Staat, der nicht unser Modell ist, der kein System, kein neu zu gründender Stadtstaat ist, sondern einfach ein historischer, mehr oder minder schmutziger Notbehelf, den wir der Bourgeoisie so aus den Händen nehmen müssen, wie man einem Verbrecher das Messer aus den Händen zu winden sucht, ohne dafür eine Partei der Messerhelden ins Leben gerufen zu haben.»[117] Aus den Bolschewiki wurde aber die Partei der Messerhelden.

Wie kam es zu dieser Verselbständigung? In den bereits erwähnten «Thesen über den Bolschewismus» schlägt der Autor

116 Karl Marx, «Das Kapital. Kritik der politischen Ökonomie. Erster Band», MEW 23, S. 459.

117 Bordiga 1954, im PDF S. 31.

eine strenge Ableitung vor. Die Verselbständigung eines Staatsapparates, der im Kern von einer revolutionären Elite getragen wird, muss historisch-materialistisch aus dem Verlauf der Herrschaft des russischen Absolutismus und dessen Staatskapitalismus begriffen werden. Dann ist es möglich, die Verselbständigung dieses Staatsapparates auch und gerade unter bolschewistischer Herrschaft zu bestimmen. Weil die «Thesen über den Bolschewismus» einer der kanonischen Texte des Rätekommunismus sind und unbedingt zu seinem Vermächtnis gehören, zunächst eine Einordnung – und ein Exkurs zu ihrem mutmaßlichen Autor.

Helmut Wagner (1904–1989, Pseudonym: Rudolf Sprenger), auf den die Thesen in ihren wesentlichen Zügen zurückgehen, stammte aus der Sozialdemokratie (die folgenden biographischen Informationen gehen zurück auf Walter 2011, S. 254ff.). Der Dresdener war ursprünglich Mechaniker und nahm in den 1920er-Jahren an den Kämpfen der radikalen, nicht-bolschewistischen sächsischen Arbeiterbewegung teil. Arbeitslosigkeit zwang ihn zur beruflichen Weiterbildung, er ging dann in die Erwachsenenbildung. Politisch war er auf dem äußersten linken Flügel der Jungsozialisten aktiv, brachte es sogar zu ihrem Landesvorsitzenden in Sachsen. An den Rändern der SPD war es zu dieser Zeit, etwa ab 1926, möglich, Marxismus unter antiautoritären Gesichtspunkten zu propagieren. Die Partei ließ dies zu, auch um sich gegenüber der KPD, in der zu diesem Zeitpunkt nicht mehr offen diskutiert werden konnte, zu profilieren. Wagners Mentor war Karl Schröder, damit war die Verbindung zum Rätekommunismus gegeben. Schröder engagierte sich stark in der jungsozialistischen Bildungsarbeit und konnte zusammen mit Wagner ab 1928 organisatorisch gut verankerte, personell durchaus starke rätekommunistische Zirkel aufbauen. Regelrecht konspirativ war der Aufbau der sächsischen Gruppe der Roten Kämpfer, die Schröder und Wagner um 1930 in Angriff nahmen. Die Roten Kämpfer waren der Nukleus einer theoretischen Neubegründung des Rätekommunismus in Deutschland und Wagner einer ihrer entscheidenden Protagonisten. Sein «Manifest» aus dieser Zeit ist der Aufsatz «Organisation und Klasse» (Wagner 1931), der noch ganz von der Vorstellung geprägt ist, es möge eine revolutionäre Erneuerung der Partei von unten sich entfesseln. Noch im gleichen Jahr, am 29. September, wurde er aus der SPD ausgeschlossen.

Nach allem vorliegenden Quellenmaterial gehen die «Thesen über den Bolschewismus» auf Wagner zurück. Karl Schröder wird aber häufig als Mitarbeiter genannt, sie gelten deshalb als Kollektivarbeit der Roten Kämpfer und, weil sie in der holländischen Rätekorrespondenz (Nr. 3, August 1934) veröffentlicht wurden, gar als Kollektivarbeit der Gruppe Internationale Kommunisten. Da es kein «Urmanuskript» zu geben scheint, lässt sich nicht nachvollziehen, wie umfassend die Redigate durch die Roten Kämpfer und die niederländischen Genossen waren. Mit Wagner stieß ein junger Arbeiter zum Rätekommunismus, der keinerlei persönlichen Bezug zur alten SPD-Linken um Luxemburg und Pannekoek hatte und keine schmerzhafte Affäre mit dem Bolschewismus eingegangen war. Daher der nüchterne Ton der Thesen. Mehr noch: «Diese Thesen sind eine ausdrückliche Ablehnung der proletarischen Erfahrung der russischen Revolution», hält Philippe Bourrinet in kritischer Absicht fest.[118] Nun, die kommunistische Initiative des russischen Proletariats bestreitet Wagner an sich nicht – im Gegenteil: «Indem jede seiner Aktionen durch den Zusammenstoß mit dem Zarismus zur revolutionären Aktion wurde, entwickelte es ein primitives Klassenbewußtsein, das sich in Teilen an den Aktionen des Kampfes von 1917, vor allem in der elementaren Übernahme maßgebender Betriebe, bis zur Höhe subjektiv kommunistischen Wollens erhob.» (S. 24) Aber diese Initiative ist nicht konstitutiv für den Weg der Bolschewisten. Die Stimmen der russischen Arbeiteropposition spielen folglich in den Thesen keine Rolle. Auch Klassenkämpfe nach 1917 werden kaum behandelt. Indem er die spezifische proletarische Erfahrung zurückweist, möchte er westeuropäischen Arbeiter warnen, dem Kurs der Bolschewisten zu folgen. Mit diesem Anliegen geht jedoch das Problem einher, dass die Geschichte nicht mehr als offene dargestellt wird: Es musste in Russland so kommen.

Wagner emigrierte 1934 zunächst in die Schweiz. Im Exil konnte er sich nicht wie in den letzten Jahren der Weimarer Republik als führender Theoretiker einer neuen Linken profilieren. Er schrieb kleinere Aufsätze über Bolschewismus oder den spanischen Bürgerkrieg, arbeitete als Techniker für die Schweizer Armee und später als Werkzeugmacher. In den 1940er-Jahren, als er es schließlich in die USA geschafft hatte, verlor

118 Bourrinet 2017, S. 333 [übers. v. F.K].

er immer mehr den Anschluss an das räte- und linkskommunistische Milieu. Michael Kubina erwähnt einen «als persönlich und vertraulich eingestuften Briefwechsel aus den Jahren 1946/47»[119] zwischen Wagner und anderen Veteranen des Rätekommunismus (u.a. Mattick und Pannekoek), in dem sie um Selbstverständigung ringen. Wagner, ohne jemals öffentlich zu widerrufen, entschied sich gegen eine weitere Teilnahme am rätekommunistischen Diskurs. Er studierte Soziologie, vertiefte sich in die lebensweltliche, humanistische Soziologie Alfred Schütz', brachte es sogar zu einer Professur und wurde einer der wichtigsten Vertreter dieser phänomenologischen Schule in den USA. Kaum einer wusste, dass Wagner zwischen 1934 und 1939 die «Thesen über den Bolschewismus» zu einer, im Manuskript mehr als 700 Schreibmaschinenseiten umfassenden, Soziologie des Bolschewismus ausarbeitete. Das Manuskript ist auch heute nicht erschlossen. Dass er in den 1930er-Jahren nicht mehr als bedeutender Autor und Theoretiker in Erscheinung trat, könnte daran gelegen haben: Er war zu sehr mit der Arbeit an diesem Manuskript in Beschlag genommen. Dass er der Sache vielleicht doch noch mehr als gedacht verpflichtet geblieben war, kann man daran sehen, dass er sich 1967 und noch einige Jahre danach um eine Veröffentlichung des Manuskriptes im deutschsprachigen Raum bemühte; sie kam nicht zustande

Wagners Thesen über den Bolschewismus beginnen mit einer Analyse des russischen Staats im 19. Jahrhundert. Er schafft ein prekäres Gleichgewicht zwischen dem alten Grundbesitz und dem modernen Industriekapital. Keiner der beiden besitzenden Klassen Russlands gelang es, dem Land politisch und kulturell den Stempel aufzudrücken. Daher die besondere Rolle des zaristischen Staates: «Die Existenz dieses Staates beruhte auf dem Gleichgewicht beider besitzender Klassen Rußlands, von denen jede unfähig war, die andere zu verdrängen. Lieferte der russische Kapitalismus dem absoluten Zarenstaat das wirtschaftliche Rückgrat, so stellte der grundbesitzende Feudaladel seine politische Stütze dar. ‹Verfassung›, ‹Wahlrecht› und ‹Selbstverwaltungssystem› konnten die politische Entrechtung aller Klassen des Zarenstaates nicht verdecken, der unter den Bedingungen der wirtschaftlichen Rückständigkeit des Landes in seinen Herrschaftsmethoden eine Mischung von europäi-

119 Kubina 2001, S. 108.

schem Absolutismus und ostasiatischer Despotie darstellte.» (S. 21) Materielle Gefahr erwuchs dem zaristischen Staat von den verelendeten Bauern und dem rücksichtslos ausgepressten Proletariat. Die Bourgeoisie, vollständig von der Förderung durch den Zarenstaat abhängig, fiel als revolutionäre Kraft aus. Sie «wurde konterrevolutionär bereits vor der Durchführung der Aufgaben ihrer eigenen Revolution. Das erste Klassenkennzeichen der russischen Revolution ist also die Tatsache, daß sie als bürgerliche Revolution nicht nur ohne, sondern direkt gegen die Bourgeoisie durchgeführt werden mußte.» (S. 23)

Ideologische Gefahr drohte aus dem Kleinbürgertum, das keine wirtschaftlichen Perspektiven hatte und weltanschaulich im abgeschotteten Bürgertum nicht Fuß fassen konnte. Es waren radikale Intellektuelle aus dem Kleinbürgertum, die die beiden revolutionären Klassen zu organisieren begannen. Ihre Gemeinsamkeit wurzelte aber nicht in (strukturell) gleichen Ausbeutungsbeziehungen, sondern in ihrem Hass auf den Staat, den sie jeweils als repressiv und allein die Ausbeuterklassen protegierend wahrnahmen. Die Dominanz des Zarenstaates gelang nur gegenüber der Bourgeoisie und dem Großgrundbesitz, nicht gegenüber dem Volk. Der Übergang zum modernen Volksstaat hätte eine bürgerliche Revolution vorausgesetzt. Letztlich wurde diese – gekleidet in marxistisches Vokabular – von den Bolschewisten durchgeführt. «… jede bürgerliche Revolution braucht die Illusion, daß sie mehr und anderes sei. Hier war es die Illusion, daß die russische Revolution der Anfang der proletarischen Weltrevolution sei, und dazu gehörte die Legende des Marxismus.»[120]

Im revolutionären Staat reproduzierten sich die Probleme des zaristischen. Bauern und Arbeiter verhielten sich de facto antagonistisch zueinander: Die Landverteilung an die Bauern – das Bekenntnis der Bolschewisten dazu unter der Parole «Land und Frieden» erwies sich als entscheidender Faktor in der Mobilisierung der bäuerlichen Massen gegen das Ancien Régime – schuf die Grundlagen einer kapitalisierten Landwirtschaft, denn es entstand massenhaft neues Privateigentum. Das Räteregime der Proleten in den Fabriken schuf die Grundlagen einer befreiten, entkapitalisierten, allein dem Wohl der gesamten Gesellschaft verpflichteten Produktion. Der Staat musste auf einen neuen Kräfteausgleich achten, nicht zuletzt um im russischen

120 Pannekoek 1991, S. 143.

Bürgerkrieg und in der Abwehr der intervenierenden Mächte zu bestehen. Das zaristische Beamtentum war (formal) zerschlagen, die Bourgeoisie verjagt und das Kleinbürgertum nicht mehr in seinem Aufstieg gehindert. Aber dieser Aufstieg konnte nur einer im Staatsapparat sein. Außerhalb dieses Apparates drohte ihm, sarkastisch gesprochen, der Abstieg in die herrschende Klasse… Die Partei «schafft an der Stelle des aufgelösten Herrschaftsdreiecks Zarismus-Feudaladel-Bourgeoisie das neue Herrschaftsdreieck Bolschewismus-Bauerntum-Arbeiterklasse: Wie der Staatsapparat des Zarismus über den beiden besitzenden Klassen verselbständigt herrschte, so begann sich der neue Staatsapparat des Bolschewismus über seiner Doppelklassenbasis zu verselbständigen. Rußland trat aus dem Zustand des zaristischen Absolutismus in den Zustand des bolschewistischen Absolutismus hinein» (S. 33).

Diese notwendige Verselbständigung des Staates darf man sich nicht als eine Art schwebenden Zustand vorstellen, sie schlägt zurück auf die Organisation der politischen Ökonomie selbst. «Unter einem einheitlichen und zentralisierten Kontrollsystem sollte die Ausbeutung profitabler und effektiver werden als in der Vergangenheit unter der indirekten Kontrolle durch den Markt und sporadischen Eingriffen des Staats.»[121] Kurz: Es findet Kapitalverwertung statt, allerdings nicht mehr unter bürgerlichen Vorzeichen, sondern unter denen eines revolutionären Staates, der mit dem zaristischen Absolutismus auch die von ihm abhängige Bourgeoisie beseitigt hat. In der Praxis ändert sich de facto zunächst nicht viel, d.h. die Arbeiter sind weiter gezwungen, ihre Arbeitskraft zu verkaufen, weil sie nicht die direkte Kontrolle über die Produktionsmittel haben. «Die staatliche Kontrolle macht die Fortführung des Lohnsystems erforderlich und damit das Wiederaufleben von Klassenbeziehungen zwischen Kontrolleuren und Kontrollierten.»[122] Unter dem neuen Absolutismus nehmen diese Klassenbeziehungen verschärfte Formen an, die Kontrolle soll zur totalen werden. Zwar ist das Regime dem Anspruch nach arbeiterfreundlich, weisen die Arbeiter diese Freundlichkeit zurück – und das war in den heftigen Klassenkämpfen nach der Oktoberrevolution, gipfelnd in den Petrograder Streiks im Februar 1921, in der Rebellion von

121 Paul Mattick, «Spontaneität und Organisation» (1949), in Mattick 1975, S. 55.

122 Mattick 1978a, S. 243.

Kronstadt im März 1921 und dann noch einmal in einer großen Streikwelle in den Industriezentren im Spätsommer 1923 –, regiert das Regime mit scharfen Repressionen oder mit offenem Krieg, wie im Fall von Kronstadt.

Allerdings: Zu Lebzeiten Lenins und nach ihm bis zur endgültigen Niederlage der russischen Linken 1928 werden die ökonomischen Debatten in der Sowjetunion offen geführt, der kapitalistische Charakter ihrer Ökonomie nicht geleugnet. Die Verwüstungen des Bürgerkriegs lassen die russische Produktion 1920 auf 1/7 ihres Vorkriegsniveaus sinken. Die Bolschewiki lassen deshalb freie Märkte und unternehmerische Initiative zu und eröffnen mit der sogenannten Neuen Ökonomischen Politik die Möglichkeit massiver Akkumulation von Kapital. In Lenins und Trotzkis Reden zur Erläuterung und auch Verteidigung dieser neuen Marktwirtschaft ist weniger vom Aufbau des Sozialismus die Rede – das wird die Phrase Stalins –, sondern stets von den ökonomischen Grundlagen des Sozialismus. Die Hoffnung ist, dass das russische Proletariat stark genug sein wird, sich an die Spitze dieser kapitalistischen Entwicklung zu setzen, um ihre Dynamik zu brechen. Die politische Macht des Proletariats soll garantieren, dass die spätere Vergesellschaftung des Kapitals in Angriff genommen werden kann.

Der Plan ist kühn und nur vor der Katastrophe des Welt- und des daran anschließenden Bürgerkriegs zu verstehen. Vollends verständlich wird er im internationalen Zusammenhang: Die Oktoberrevolution entwickelt ihre proletarische Dimension erst im Weltmaßstab, beginnend mit dem Ausbruch Russlands aus der imperialistischen Koalition des Weltkriegs, wie er durch den Frieden von Brest-Litowsk am 3. März 1918 zwischen Russland und den Mittelmächten Deutschland und Österreich besiegelt wurde. Stalin suspendiert diese Internationalität und verkehrt sie ins Gegenteil, es ist auch eine Reaktion auf den internationalen Abschwung der revolutionären Bewegung – die verständlich ist! Aber je isolierter und damit nationalistischer die russischen Revolutionäre werden, desto auftrumpfender die sozialistische Phraseologie. Je nationalistischer das Projekt, desto unbedingter die Einforderung von Ergebenheitsadressen. Die liefern die sich nicht mehr primär als gleichberechtigte Sektionen einer Weltpartei verstehenden kommunistischen Parteien umso fleißiger ab, insoweit sie das Ziel des Aufbaus des Sozialismus in einem Land in ihren Programmen festschreiben. So wird die proletarische Bewegung zu einer Funktion der bürgerlichen Revolution.

Bis 1928 scheint die russische Revolution den Verlauf der französischen zu nehmen (bis dahin könnten wir auch dem Schema des desillusionierten Trotzki folgen, der die russische Revolution vor diesem historischen Hintergrund interpretiert). Heißt: 1917 Sprengung, aber vergleichsweise unblutig, der alten Sozialstruktur; nach außen letztlich Überlegenheit gegenüber den Interventionsmächten, die glauben, das geschwächte Land im Handstreich zu nehmen; Sieg im Bürgerkrieg auch durch revolutionären Terror nach Innen; schließlich Aufgabe des Kriegskommunismus und Restaurierung marktförmiger Beziehungen, Ära der Neuen Ökonomischen Politik, Verbürgerlichung der Eliten. Aber was ab 1928 folgt, ist in den klassischen Termini der Verbürgerlichung nicht mehr zu fassen. Nicht nur wird der revolutionäre Terror nicht revidiert, es folgt die offene Konterrevolution gegen alle proletarischen Positionen in den Betrieben und in der Partei. Karl Korsch fasst die fatale Situation zusammen: «Das russische Proletariat, einerseits durch die von ihm selbst und unter seinen eigenen Parolen vollbrachte Revolution ganz anders, als es bei jenen früheren proletarischen Unterströmungen bürgerlicher Revolutionen jemals der Fall sein konnte, an das Produkt dieser seiner Revolution, seinen revolutionären Diktaturstaat gebunden, andererseits im Weltmaßstab seit 1921 allein geblieben und an Zahl und spezifischem Gewicht in dem neuen ökonomischen und politischen sowjetrussischen Gemeinwesen den anderen Klassen gegenüber in Wirklichkeit viel zu schwach, ist niemals in die Lage gekommen, für seine Forderungen in einer offenen Schlacht aufzutreten, um so zugleich den neuen revolutionären Staat, die ‹Sozialistische Sowjet-Republik› zu zwingen, in seiner wahren Gestalt hervorzutreten als eine bloße neue Form des bürgerlichen Staats, dessen eingestandener Zweck es ist, die Herrschaft des Kapitals, die Sklaverei der Arbeit zu verewigen, und zugleich sich selbst als revolutionäre Klasse auch gegenüber diesem neuen Staat zu konstituieren.»[123]

Träger der Rationalisierung ist aber nicht mehr die proletarische Avantgarde, die im Bürgerkrieg unterging, sondern der Orden der professionellen Terroristen. Heinz Langerhans,

123 «Zehn Jahre Klassenkämpfe in Sowjetrußland» (1927), in Korsch 1974, S. 191.

dessen Überlegungen wir hier folgen, hat am Ende des Zyklus der Oktoberrevolution – als 1939 die Sowjetunion und Hitlerdeutschland ihren Nichtangriffspakt unterzeichneten – kühl notiert: «Die faschistischen Konterrevolutionen haben die Oktoberrevolution revolutioniert. Stalin hat nachweislich von einer jeden dieser Konterrevolutionen profitiert.»[124] Umgekehrt gilt aber auch: «Die Antibolschewisten machen sich die Lehren des Bolschewismus zu eigen und schränken sie auf das Maß ein, das die monopolistischen Herrschaftsbedürfnisse diktieren.»[125]

So entsteht in den 1930er-Jahren ein weltweiter totalitärer Block, die verschiedenen Elemente des Nationalismus, Sozialismus und Monopolkapitalismus in sich aufnehmend, der sich der Selbstbefreiung der Arbeiter entgegenstellt. Die Aufgabe der Rätekommunisten ist unter diesen Umständen eine rein negative: zu bestimmen, welche Hindernisse sich dieser Selbstbefreiung in den Weg stellen. Es geht nicht um eine Revolutionstheorie, sondern um eine Konterrevolutionstheorie, mithin die Unterwerfung des Proletariats durch die proletarischen Organisationen selbst darzustellen.

Noch 1938 hielt Anton Pannekoek fest: «... es bleibt auch richtig, daß der praktische Kampf des russischen Proletariats, das die erste und wesentlichste Kraft der Revolution war, in seinen politischen Massenstreiks und seiner Sowjetorganisation noch immer das lehrreichste Vorbild moderner proletarischer Aktion ist.»[126] Das ist so absolut gemeint, wie es sich liest, Pannekoek zieht eine Linie, die nicht zu hintergehen ist. Oder doch? 1953 bezeichnete er die russische Revolution als die letzte bürgerliche Revolution,[127] wenn auch ausgeführt von der russischen Arbeiterklasse. Den proletarischen Charakter dieser Doppelrevolution streicht er aus, die Erfahrung der russischen Räte spielt kaum noch eine Rolle. Pannekoeks späte Einschätzung ist ein Zeugnis der Resignation. Er gibt das Feld der Geschichte auf. Wenn die russische Revolution ausschließlich eine bürgerliche war, dann haben die Arbeiter nur für ihre Selbstausbeutung gekämpft, als Quelle positiver Erfahrung fällt sie aus. Zwar proklamiert Pannekoek, dass der «proletarischen Revolution die Zukunft» gehört,

124 Langerhans 2004, S. 31.
125 Ebd., S. 27.
126 «Lenin als Philosoph», in Pannekoek 1991, S. 143.
127 Anton Pannekoek am 8. November 1953 an Pierre Chaulieu (d.i. Cornelius Castoriadis), kommunismus.narod.ru/knigi/pdf/Anton_Pannekoek_Cornelius_Castoriadis_-_Korrespondenz_1953-1954.pdf Im PDF S. 10.

aber wie soll das möglich sein – es sei denn als Salto Mortale aus dem Ganzfalschen heraus –, wenn die Geschichte der Arbeiterbewegung als Erfahrungsschatz und Grundlage jeder theoretischen Reflektion nichts mehr hergibt. Der Rätekommunismus wird an diesen Stellen zu einer rein geistigen Haltung.

Machen wir uns zum Abschluss den Sinn der rätekommunistischen Kritik am Bolschewismus deutlich: Sie ist keine spezifische Auseinandersetzung mit dem Stalinismus, diese Art von Trauerarbeit – die etwa von libertären Kommunisten wie Victor Serge oder Ante Ciliga geleistet wurde – war nicht ihre Aufgabe. «Ihre» Leute, die Vertreter der radikalen Arbeiteropposition in der Sowjetunion, waren bereits Mitte der 1920er-Jahre kaltgestellt und verhaftet worden. Das blutige Niederschlagen der Klassenkämpfe, allen voran die Niederschlagung der Kommune von Kronstadt 1921, enthüllte für die Rätekommunisten bereits die ganze Wahrheit des Regimes. Die Frage, die Linke bis heute umtreibt (warum eigentlich?): «Was war die Sowjetunion?»[128], spielt für die Rätekommunisten keine Rolle, denn sie war mit der Beantwortung, was der Bolschewismus war, für sie hinreichend geklärt: «Der Bolschewismus ist in Prinzip, Taktik und Organisation eine Bewegung und Methode der bürgerlichen Revolution in einem vorwiegenden Bauernlande, der zur Zerschlagung des feudalistisch-kapitalistischen Absolutismus das sozialistisch orientierte Proletariat und das privateigentumsgebundene kapitalistisch orientierte Bauerntum unter der diktatorischen Führung der Jakobinischen Intelligenz zur revolutionären Erhebung gegen absoluten Staat, Feudalität und Bourgeoisie brachte und in einer großen Ausnutzungsstrategie die entgegengesetzten proletarischen und bäuerlichen Klasseninteressen mit Hilfe klassenmäßiger Einsicht in die Gesetzmäßigkeiten der gesellschaftlichen Entwicklung verschmolz.» (S. 43) So noch einmal Helmut Wagner 1933. Und Karl Korsch etwa sechs Jahre früher – es liest sich wie der Schluss aus Wagners Thesen: «In Wirklichkeit beginnt also die bürgerliche Konterrevolution in dem neuen Rußland zugleich mit der proletarischen Revolution.»[129]

Verselbständigung des Staates, Organisation der Produktion nach kapitalistischer Rationalität, Verschmelzung unterschied-

128 So auch der Titel eines 2007 von Marcel van der Linden herausgegeben Readers, in dem sich kein rätekommunistischer Text findet. For better or for worse!

129 «Zehn Jahre Klassenkämpfe in Sowjetrußland», a.a.O., S. 192.

licher Klassenelemente zu einem einheitlichen Block der Herrschaft über die Arbeiter – Konterrevolution. Reichen diese Begriffe aus, um das Wesen des Bolschewismus, um die realen Vorgänge in Russland in den ersten drei Jahrzehnten des 20. Jahrhundert vollständig zu verstehen? Sie reichen zumindest aus, die Herrschaft über Arbeiter in dieser Zeit zu verstehen. Allein darauf kam es den Rätekommunisten an. Der Standpunkt ist einzig der der proletarischen Selbstbefreiung. «Der Kampf gegen die bolschewistische Ideologie, gegen die bolschewistischen Praktiken und demnach gegen alle politischen Gruppen, die ihn erneut im Proletariat verankern wollen, ist eine der ersten Aufgaben im Kampf um die revolutionäre Neuorientierung der Arbeiterklasse.» (S. 43)

7 Die Gesetze des Kommunismus: Ökonomie des Proletariats

«Gemeinschaftliche Produktion vorausgesetzt, bleibt die Zeitbestimmung natürlich wesentlich. Je weniger Zeit die Gesellschaft bedarf, um Weizen, Vieh etc. zu produzieren, desto mehr Zeit gewinnt sie zu andrer Produktion, materieller oder geistiger. Wie bei einem einzelnen Individuum hängt die Allseitigkeit ihrer Entwicklung, ihres Genusses und ihrer Tätigkeit von Zeiteinsparung ab. Ökonomie der Zeit, darin löst sich schließlich alle Ökonomie auf.»
Karl Marx, aus den «Grundrissen»[130]

«Die Produzenten mögen meinetwegen papierne Anweisungen enthalten, wofür sie den gesellschaftlichen Konsumtionsvorräten ein ihrer Arbeitszeit entsprechendes Quantum entziehen.»
Karl Marx, aus «Kapital, Band 2»

Die «Grundprinzipien kommunistischer Produktion und Verteilung» zählen zu den kanonischen Texten des Rätekommunismus. Aber sie fallen aus dem Rahmen: Sie loten nicht die Schwierigkeiten der proletarischen Selbstbefreiung aus, indem sie das konterrevolutionäre Wesen des sozialdemokratischen oder bolschewistischen Parteimarxismus freilegen, ihr Medium ist nicht so sehr die Kritik, ihr Zweck nicht die Radikalisierung proletarischen Handelns. Vielmehr beschreiben sie eine proletarische Praxis von radikaler Gesellschaftlichkeit: eben eine kommunistische Ökonomie, die auf dem Strahl der Zeitreise noch direkt mit den Umbruchs- und Revolutionsmomenten verknüpft ist. Hinzukommt, dass die «Grundprinzipien» bereits Mitte der 1920er-Jahre als Manuskript vorlagen, also bevor man von einem rätekommunistischen Theoriekorpus sprechen konnte. Noch etwas ist besonders: Diese Schrift ist von einer strengen Prinzipientreue, denn sie formuliert Gesetze, die von den Arbeitern durchschaut, begriffen und angewandt werden können,

130 Ders., MEW 42, S. 105 und MEW 24, S. 358

die aber überindividuell und nicht auf die Willkür resp. Handlungsinitiative einzelner Gruppen zurückzuführen sind. Diesen, man möchte fast sagen: Pathos der Form hat Hannes Gießler Furlan in seiner aktuellen Untersuchung «Verein freier Menschen? Idee und Realität kommunistischer Ökonomie» (Springe 2018) Gesetzeskommunismus genannt. Ein etwas paradoxer Begriff, aber treffend.

Um welche Gesetze handelt es sich? Paul Mattick hat sie in seinem Kommentar zur ersten deutschsprachigen Neuauflage (1970) mit einer gewissen Skepsis ausgesprochen: «In Anbetracht der ungeheuren Schwierigkeiten, die der proletarischen Revolution im Wege stehen, mag diese sich größtenteils auf die Recheneinheit und Buchführung der kommunistischen Wirtschaft beziehende Schrift auf den ersten Blick als eigenartig erscheinen.»[131] Recheneinheit und Buchführung – diese staubtrockenen Mittel und Vorgänge stehen im Fokus. Matticks Skepsis, ob nicht die Klärung anderer Sachverhalte für eine Grundsatzschrift dringender wäre, ist berechtigt. Wenn die «Grundprinzipien» nicht beweisen können, dass die politischen und revolutionspraktischen Implikationen der Auseinandersetzung mit «Recheneinheit und Buchführung» fundamental sind, sind sie wertlos. Der Beweis ist ihnen gelungen. Er verdeckt nicht die Mängel dieser Schrift, aber er überwiegt sie.

Die zentrale Idee der «Grundprinzipien» besteht im Grunde in der Anwendung des einleitenden Marx-Zitats: «Ökonomie der Zeit, darin löst sich schließlich alle Ökonomie auf.» Der Witz, darauf hat Eberhard Seifert hingewiesen,[132] ist, dass die Autoren die «Grundrisse» Marxens gar nicht kennen konnten, sie wurden erst in den 1950er-Jahren halbwegs bekannt. Es standen ihnen für die erste Fassung nur der erste und zweite Band des «Kapital» zur Verfügung.

Die «Grundprinzipien» zeigen, dass eine kommunistische Ökonomie durchgehend in Zeit rechnen muss – wieviel Zeit kann die Gesellschaft auf die Befriedigung welcher Bedürfnisse verwenden, wieviel Zeit ist nötig, um die verausgabten Ressourcen

131 S. IV in GIK 1970.

132 «Die Räte-Kommunistische Tradition von ‹Ökonomie der Zeit›» (Seifert 1983): Der lesenswerte Text, der vorschlägt, dass eine zeitgenössische (1983) Marx-Lektüre durch die rätekommunistische Brille zu erfolgen hat, bildet eine absolute Ausnahme in der Rezeption der «Grundprinzipien» und ist ein spätes Echo der antiautoritären Phase der Studentenbewegung von «1968».

zu reproduzieren, wieviel Zeit bleibt für die Konsumtion. Konsequent rechnen die «Grundprinzipien» jeden Arbeitsschritt und jede Ressource – ob Produktionsmittel, Rohstoff oder Arbeitskraft – in Zeit um. Dadurch ist es möglich, zur Ermittlung der gesellschaftlich durchschnittlichen Reproduktionszeit zu gelangen, die in Arbeitsstunden, genauer: der gesellschaftlich durchschnittlichen Arbeitszeit, ausgedrückt wird. Diese Arbeitsstunde ist so inhaltlich leer wie verbindlich und damit die Grundlage, die einzig transparente und nicht in einen Fetisch zu verwandelnde, auf der wir uns begegnen und uns über Bedürfnisse verständigen. Sie ist die Grundlage für «das spontane Wirken der Gesetze der gesellschaftlichen Ökonomie der freien und assoziierten Arbeit»[133] und Ausdruck davon, «dass die Produktion von der Reproduktion kontrolliert wird»[134].

Die Ökonomie der Zeit ermöglicht es, «oben» und «unten» miteinander zu verbinden: die Perspektive der Gesellschaft, deren Sicherung über jedes individuelle oder Klasseninteresse hinausgeht und die Perspektive der in Räten und Betriebsorganisationen zusammengefassten Arbeiter mit ihren spezifischen Bedürfnissen wie Arbeitserleichterung und Zeitersparnis. Wenn transparent ist, wofür wir arbeiten und was die Grundlage der Anwendung unserer Arbeitskraft ist, sind die gesellschaftlichen, über-individuellen Bedürfnisse ebenso durchschaubar, wie der Nonkonformismus der Leute «an der Basis» nicht mehr gezwungen ist, sich subversiv zu den gesellschaftlichen Interessen zu verhalten. «Der Schwerpunkt der proletarischen Revolution liegt unseres Erachtens darin, ein exaktes Verhältnis des Produzenten zum Produkt herzustellen, und das ist nur bei allseitiger Durchführung der Arbeitszeitrechnung in Produktion und Konsumtion möglich. Es ist die höchste Forderung, welche das Proletariat stellen kann, – aber zugleich auch die grundlegendste.»[135] Das exakte Verhältnis lässt sich nur in Zeit ausdrücken. Das ist bewusst ein formales Kriterium und nicht etwa ein moralisches Gebot. Denn die Durchsichtbarkeit und Verständlichkeit dieses Kriteriums ermöglicht uns erst, unsere Bedürfnisse miteinander abzugleichen und dabei Solidarität zu entwickeln. «Im Kommunismus ist es die gesellschaftlich durchschnittliche Reproduktionszeit (g.d.R.), welche alle individuellen

133 MEW 17, S. 546.
134 Mattick in GIK 1970, S. IX.
135 GIK 2020, S. 314.

Verschiedenheiten von langsamen und routinierten Arbeitern, von Fähigen und weniger Fähigen, von Hand- und Kopfarbeit in sich schließt. Die g.d.R. ist also etwas, was als solches, als etwas Besonderes nicht existiert. Gleich den Naturgesetzen, welche nur das Allgemeine aus den besonderen Erscheinungen hervorbringen, ohne als solche zu existieren, verkörpert die gesellschaftlich durchschnittliche Arbeitsstunde, die in concreto kein Dasein führt, das Allgemeine aus der ungeheuren Verschiedenheit im gesellschaftlichen Stoffwechsel.»[136]

Geschrieben wurden die «Grundprinzipien» in ihrer Rohfassung zwischen 1923 und 1925 im Knast: Der Arbeiter und Revolutionär Jan Appel (1890–1985) zog mit dieser Schrift die Bilanz seiner Erfahrungen in der Rätebewegung. Kurz nach seiner Entlassung wanderte der Werftarbeiter in die Niederlande aus, knüpfte umgehend Kontakte zu den holländischen Rätekommunisten und arbeitete mit Henk Canne Meijer (1890–1962) an der Schrift weiter. Die «Grundprinzipien» wurden als Kollektivarbeit der «Gruppe Internationale Kommunisten (Holland)» (GIK), an deren Gründung Appel und Canne Meijer maßgeblich beteiligt waren, ausgegeben, und das ist sicherlich korrekt. Wir werden aber im Folgenden Appel als ihren maßgeblichen Autor in den Vordergrund schieben, was gegen Appels Haltung verstößt – er war konsequenter Kollektivist und pflegte über Jahrzehnte einen klandestinen Lebensstil – und trotzdem legitim ist: Appel war ein Arbeiterintellektueller wie Canne Meijer auch. Die Autorschaft der «Grundprinzipien» zu betonen, unterstreicht, dass es sich nicht um ein akademisch-intellektuelles Zeugnis handelt und auch nie so verstanden werden sollte! Es trägt zu ihrem besseren Verständnis bei, wenn sie durch die Brille proletarischer Erfahrung gelesen wird.

Die gut informierten Autoren des «Antonie Pannekoek Archives» (aaap.be) nennen Appel als Autor aller Fassungen und erläuternden Artikel, folgen wir ihnen. Auf Canne Meijer dürften die niederländischen Übersetzungen zurückgehen. Aber mehr noch, über weite Strecken (der ersten deutschen Ausgabe) wird der Gedankengang in polemischer Abgrenzung gegen sozialdemokratische und austromarxistische Sozialisierungstheoretiker[137] entwickelt: Vermutlich hat Canne Meijer die Schrift

136 GIK 1970, S. 112.

137 Paul Mattick blickte 1970 auf diese Kritik zurück: «Die im Kapitalismus vorhandenen Kennzeichen der sozialistischen Zukunft wurden nicht in

derart zeithistorisch eingeordnet. Das kann man einer biographischen Notiz über Canne Meijer entnehmen, die vom Historiker Ben Aaron Sijes stammt, der seit 1934 in der GIK aktiv war: «Aus dem ursprünglichen Originalmanuskript [...] machte Henk Canne Meijer eine Publikation, die polemisierend und abrechnend mit bürgerlichen und ‹sozialistischen› Theoretikern eine klare Sprache für unbelesene Arbeiter redete.»[138]

Die Editionsgeschichte der «Grundprinzipien» ist komplex und schließt neben der deutschen Erstveröffentlichung (1930) mehrere niederländische Zusammenfassungen, Ergänzungen und Übersetzungen ein.[139] Insbesondere die zweite niederländische Ausgabe von 1935 wurde sprachlich und inhaltlich stark überarbeitet. Als Leseweg schlagen wir vor, mit der Broschüre «Die Ausgangspunkte der Grundprinzipien kommunistischer Produktion und Verteilung. Ergänzungsheft zu den ‹Grundprinzipien kommunistischer Produktion und Verteilung›» (1931) und der Zusammenfassung «Die gesellschaftlich-durchschnittliche Arbeitszeit als Grundlage der kommunistischen Produktion und Verteilung» (1935) zu beginnen. Für die eigentliche Lektüre ist die leichter zugängliche Erstübersetzung der holländischen Ausgabe von 1935 maßgeblich.

Charakteristisch für die «Grundprinzipien» ist, dass sie ganz nah bei den herrschenden ökonomischen Vorstellungswelten bleiben, sie aber umwerten. Die «Grundprinzipien» haben den Anspruch, alltäglichen ökonomischen Bewusstseinsformen ei-

---

der möglichen Selbstorganisation der Produktion und Verteilung durch die Produzenten gesehen, sondern in den dem Kapitalismus eigentümlichen Konzentrations- und Zentralisations-Tendenzen, die in der staatlichen Beherrschung der Gesamtwirtschaft ihren Abschluss finden würden.» («Einleitung» in GIK 1970, S. IV.) Anstatt sich auf die mögliche proletarische Dialektik des Kapitalismus einzulassen, seine gegenläufigen Tendenzen, die sich in der zunehmenden Selbstorganisation des Proletariats ausdrücken, knüpften sozialdemokratische wie bolschewistische Theoretiker an die autoritärsten Tendenzen der Kapitalakkumulation an und glauben, sie politisch beherrschen zu können. Diese Kritik ist bis heute aktuell geblieben.

138 In GIK 1971, S. 210. Sijes arbeitete in der Zeit der deutschen Besatzung als Schiffsbauer in Nord-Amsterdam, soweit seine jüdische Herkunft anderen Arbeitern bekannt war, wurde sie von ihnen gedeckt. Er nahm an Aktionen gegen die Entsendung von (Zwangs-)Arbeitern nach Deutschland teil. Seine Monographie über den Streik der Amsterdamer Arbeiter im Februar 1941, sie liegt nur auf Niederländisch vor, gilt als Standardwerk.

139 Zur detaillierten Editionsgeschichte vgl. aaap.be/Pages/Theme-Period-of-transition.html

nen anderen Inhalt zu geben. Für Karl Korsch, der auf Anregung Paul Matticks die Schrift im amerikanischen Exil las, war sie deshalb nicht anti-fetischistisch genug, dazu später. Bemerkenswert ist noch folgendes: Die «Grundprinzipien» scheinen wie eine Explikation der Marxschen «Kritik des Gothaer Programms», bekannt auch als «Randglossen zum Programm der deutschen Arbeiterpartei» (1875). Diese Randglossen waren Appel und Canne Meijer bis 1930 unbekannt! Sie spielen erst in den späteren Texten eine Rolle.

Steigen wir ein. Als Ausgangspunkt der «Grundprinzipien» sei ein längeres Zitat gewählt, das diese Methode des Umwidmens verdeutlicht:

«Im Kapitalismus treten die Produktionsmittel (pm) und die Arbeitskraft (a) als constantes (c) und variables (v) Kapital auf. Die Werte c + v können nur solange kapitalistisch angewandt werden, als sie Mehrwert (m) erzeugen. Die kapitalistische Produktionsformel ist: c + v + m.

Nur weil pm + a als c + v auftreten, ist es möglich, m zu erzielen. Fällt c + v fort, dann fällt auch m und umgekehrt. Was bleibt, ist die konkrete, materielle Form von c + v, d.h. pm + a, Produktionsmittel und Arbeitskraft. Die kommunistische Produktionsformel lautet: pm + a.

Die Entwicklung von pm und a vollzieht sich in jeder Gesellschaft, sie ist nichts anderes als der ‹Stoffwechselprozess zwischen Mensch und Natur›. c + v + m ist jedoch an die kapitalistische Gesellschaft gebunden. Bestimmte im Kapitalismus allein das Interesse an m die Entwicklung von c + v, da hier das Verwertungsbedürfnis des Kapitals gegenüber den gesellschaftlichen Bedürfnissen dominiert, so bestimmen im Kommunismus allein die gesellschaftlichen Bedürfnisse die Entwicklung von pm + a.

c + v + m setzt voraus, dass a (die Arbeitskraft der Produzenten) in v (variables Kapital in den Händen des Besitzers von c – constantes Kapital) verwandelt wird; das geschieht, wenn der Kapitalist die Arbeitskraft des Lohnarbeiters kauft. (...) Erst wenn pm nicht mehr den Arbeitern als Kapital gegenübertritt, wenn er nur noch ein Werkzeug der Gesellschaft und *sonst nichts ist*, kann man von einer kommunistischen Wirtschaft sprechen.

Die Arbeitszeit als Recheneinheit würde in der kommunistischen Wirtschaft eine doppelte Rolle spielen.

Ihre (der Arbeitszeit) planmäßige Verteilung regelt die richtige Proportion der verschiedenen Arbeitsfunktionen zu den verschiedenen Bedürfnissen. Andererseits dient die Arbeitszeit als Maß des individuellen Anteils des Produzenten an der Gemeinarbeit und daher auch an dem individuellen, verzehrbaren Teil des Gesamtprodukts.»[140]

Appel geht von kapitalistischen Größen aus – c, v und m. Im Kapitalismus sind dies zu verwertende Größen – die Arbeitskraft, die sich hinter «v» verbirgt, muss so angewandt werden, etwa durch immer komplexere Maschinerie, die sich hinter «c» verbirgt, dass ein immer größeres «m», Mehrwert, entsteht. Ist dies nicht mehr möglich, durch Überakkumulation, stockt die Verwertung ungeachtet der gesellschaftlichen Bedürfnisse, die weiter befriedigt werden müssten. Eine Änderung in der technologischen Struktur der Produktion, die für sich genommen eine Ersparnis an Arbeits- und also Zeitaufwand bedeutete, folgt unter dem Zwang zur Verwertung dem «natürlichen» Drang des Kapitals, in die Sphären auszuweichen, die profitträchtiger sind. Eine Änderung in der technologischen Struktur stellt sich oberflächlich gar nicht als Änderung in der zeitlichen dar, sondern wird in Geldströmen gemessen: Höhe der Investitionen in Produktionssphäre A im Vergleich zu Investitionen in B.

Appels Vorgehen ist simpel, er «entkleidet» c zu pm: Produktionsmitteln (später: pm + r; r steht für Rohstoffe) und v zu a: Arbeitskraft. Im Prinzip bleibt auch m erhalten: aus dem Mehrwert wird das Mehrprodukt, aus der Größe, die nach Abzug der Reproduktionskosten von v und c und dem Konsum der Bourgeoisie dazu dient, die Akkumulation anzuschieben, wird der Reservestock der Gesellschaft. Tatsächlich ist der Vorgang nur auf dem Papier simpel, in der Realität setzt er die proletarische Revolution voraus. «Die Betriebsorganisationen und Arbeiterräte sind die organisatorischen Waffen, womit die Arbeiter die Revolution durchführen»[141], d.h. die Dekapitalisierung ist ein kollektiver Akt der Inbesitznahme aller direkten wie indirekten Produktionsmittel durch Arbeiterräte, die ihre Macht aus einheitlichen Betriebsorganisationen ableiten. «Die selbständigen

140 Appel 1935, S. 5f.

141 «Ausgangspunkte» in GIK 1970, S. 151. Dementsprechend auch der Status der Theorie: «Die ‹Grundprinzipien› bilden den ökonomischen Ausdruck von dem, was sich im Laufe der Entwicklung des Kampfes politisch vollzieht.» (Henk Canne Meijer in GIK 1971, S. 212)

Bewegungen haben die Tendenz, daß die Arbeiter selbst alle Funktionen erfüllen müssen, ihren Kampf selbst beherrschen. [...] Die Verbindung zwischen den Betrieben durch Arbeiterräte war noch weit und weit ungenügend. Es ist aber klar, daß wir in diesen Bewegungen nicht zu tun haben mit etwas Zufälligem, das morgen wieder eine andere Richtung einschlagen kann. In diesem Kampf lernen die Massen, daß sie selbst alle Funktionen der Gesamtklasse ausüben müssen, wollen sie nicht zugrundegehen. Daher ist jeder selbständige Kampf ein Stück Kommunismus. So wächst die neue Gesellschaft im Schoße der alten», rekapituliert Canne Meijer in einem Brief an einen deutschen Genossen (3.1.1947)[142].

Die Räteherrschaft setzt nicht nach Eroberung der Staatsmacht ein, sondern mit der Zerstörung des kapitalistischen Fabrikregimes. Dadurch enthüllt sich der kollektive, gesellschaftliche Charakter der Produktion, die bislang im Dienst des Kapitals stand, immer mehr. «Die heutige Gesellschaft kennt keine ‹individuelle› auf sich allein gestellte Arbeit mehr; sie ist übergegangen zur gesellschaftlichen Produktion, zum vergesellschafteten Arbeitsprozeß, wo jeder nur ein Rädchen im großen Ganzen ist. Darum müssen die Arbeiter die Produktionsmittel jetzt *gemeinschaftlich* besitzen. Gemeinschaftlicher Besitz aber, der nicht zugleich das Verfügungsrecht darüber in sich schließt, verfehlt seinen Zweck. Der Gemeinschaftsbesitz ist kein Ziel an sich, sondern nur *das Mittel,* um das Verfügungsrecht über die Produktionsmittel für die Arbeiter möglich zu machen – um die Trennung von Arbeit und Arbeitsprodukt aufzuheben, um die Lohnarbeit abschaffen zu können.»[143]

Gemeinschaftlicher Besitz ist kein Betriebsbesitz und kein Besitz der Räte. Räte sind vielmehr Medien der Gesellschaftlichkeit und die Betriebe keine in sich geschlossenen, gegeneinander konkurrierenden Entitäten: «Die freien Produzenten können aber nicht willkürlich über die Produktionsmittel verfügen, so wie es die freien Produzenten im Kapitalismus (die Fabrikbesitzer oder ‹Führer‹) tun. Ist die Verfügung willkürlich, dann kann von einer gemeinschaftlichen Verfügung keine Rede sein. Die erste Bedingung, um eine gemeinschaftliche Verfügung über den Produktionsapparat möglich zu machen, ist daher, daß die Produktion sich nach allgemein geltenden Regeln

142 A.a.O.
143 A.a.O, S. 155.

vollzieht. Dann erst ist ein gemeinschaftliches Beschließen und Handeln möglich. Die freien Produzenten müssen darum *gleiche Produktionsbedingungen* für alle Produzenten schaffen. Die Produktion steht dann in der ganzen Gesellschaft auf der gleichen Grundlage. Damit werden dann die freien Produzenten zugleich zu ‹*gleichen Produzenten*›. Die Betriebsorganisationen verkörpern so, in ihren Verbindungen der verschiedensten Art: ‹*Die Assoziation der freien und gleichen Produzenten*›.»[144] So sehr die «Grundprinzipien» sich gegen jede autoritäre Zurichtung von oben wenden, so sehr lehnen sie jede Verselbständigung der Basis ab, jede Genossenschafts- oder Selbstverwaltungsideologie. Diese Verselbständigung wäre nur möglich, wenn Betriebe tatsächlich noch in Konkurrenz zueinander stünden und der gesellschaftliche Charakter der Produktion nur ein indirekter wäre. Die Räte, obwohl sie aus den Betriebsorganisationen erwachsen, repräsentieren deshalb die gesamte Gesellschaft. Vierzig Jahre später, 1970, sah Paul Mattick dies durchaus skeptisch und ging nicht mehr von einer Identität von Betriebsorganisationen und Räten aus: «Man wird so auch im Rätesystem nicht umhinkönnen, Institutionen aufzubauen, die einen Überblick über die gesamtgesellschaftlichen Notwendigkeiten und Möglichkeiten erlauben. Die so gewonnenen Eindrücke müssen in Entschlüsse ausmünden, wie sie von den einzelnen Betriebsorganisationen nicht gefasst werden können. Der Aufbau des Rätesystems muss so gestaltet werden, dass die Produktion zentral reguliert werden kann, ohne damit die Selbstbestimmung der Produzenten zu beeinträchtigen.»[145] Ist das die Rückkehr des Staates? Die Quadratur des Kreises – zentrale Übersicht «von oben» im Einklang mit der «Selbstbestimmung von unten»?

Gehen wir einen Schritt zurück. In einer für die Rätekommunisten zentralen und auch in den «Grundprinzipien» zitierten Passage der «Randglossen», widerlegt Marx die genossenschaftliche Ideologie, versinnbildlicht in der Forderung nach dem «unverkürzten Arbeitsertrag» für jeden Arbeiter und jede Arbeiterin. Marx zeigt, dass die Herrschaft der Arbeiter*innen gerade nicht die ausschließliche Verfügung der Produzenten über ihr jeweiliges Produkt bedeutet, sondern in dem direkten Charakter der gesellschaftlichen Produktion besteht:

144 A.a.O, S. 156.
145 Mattick in GIK 1970, S. XII.

«Nehmen wir zunächst das Wort ‹Arbeitsertrag› im Sinne des Produkts der Arbeit, so ist der genossenschaftliche Arbeitsertrag das *gesellschaftliche Gesamtprodukt.*

Davon ist nun abzuziehen:

Erstens: Deckung zum Ersatz der verbrauchten Produktionsmittel.

Zweitens: zusätzlicher Teil für Ausdehnung der Produktion.

Drittens: Reserve- oder Assekuranzfonds gegen Mißfälle, Störungen durch Naturereignisse etc.

Diese Abzüge vom ‹unverkürzten Arbeitsertrag› sind eine ökonomische Notwendigkeit, und ihre Größe ist zu bestimmen nach vorhandenen Mitteln und Kräften, zum Teil durch Wahrscheinlichkeitsrechnung, aber sie sind in keiner Weise aus der Gerechtigkeit kalkulierbar.

Bleibt der andere Teil des Gesamtprodukts, bestimmt, als Konsumtionsmittel zu dienen.

Bevor es zur individuellen Teilung kommt, geht hiervon wieder ab:

Erstens: die allgemeinen, nicht direkt zur Produktion gehörigen Verwaltungskosten.

Dieser Teil wird von vornherein aufs bedeutendste beschränkt im Vergleich zur jetzigen Gesellschaft und vermindert sich im selben Maß, als die neue Gesellschaft sich entwickelt.

Zweitens: was zur gemeinschaftlichen Befriedigung von Bedürfnissen bestimmt ist, wie Schulen, Gesundheitsvorrichtungen etc.

Dieser Teil wächst von vornherein bedeutend im Vergleich zur jetzigen Gesellschaft und nimmt im selben Maß zu, wie die neue Gesellschaft sich entwickelt.

Drittens: Fonds für Arbeitsunfähige etc., kurz, für, was heute zur sog. offiziellen Armenpflege gehört.

Erst jetzt kommen wir zu der ‹Verteilung›, die das Programm […] borniertenweise allein ins Auge faßt, nämlich an den Teil der Konsumtionsmittel, der unter die individuellen Produzenten der Genossenschaft verteilt wird.

Der ‹unverkürzte Arbeitsertrag› hat sich unterderhand bereits in den ‹verkürzten› verwandelt, obgleich, was dem Produzenten in seiner Eigenschaft als Privatindividuum entgeht, ihm direkt oder indirekt in seiner Eigenschaft als Gesellschaftsglied zugut kommt.»[146]

146 MEW 19, S. 19.

Die Lösung der Quadratur des Kreises besteht in der Erkenntnis, dass, um im Bild zu bleiben, gar kein Kreis vorliegt, den es zu quadrieren gälte. «Denn, wohl haben die Arbeiter das Verfügungsrecht über das Produkt, aber doch nicht mehr in dem Sinne des Privat-Kapitalismus mit willkürlich-freier Verfügung. Die Verfügung über das Produkt kann sich nur unter gesellschaftlichen und für alle gleichen Bedingungen vollziehen. Die Produzenten und Konsumenten sind wohl frei, aber doch nur durch ihre gesellschaftliche Gebundenheit.»[147] Die Abzüge vom Arbeitsertrag kommen allen Gesellschaftsmitgliedern zugute (Gesundheits- und Altersvorsorge, Kinderbetreuung, Versicherung gegen Naturkatastrophen etc.) – das ist die gesamtgesellschaftliche Perspektive –; die Basisinitiative bestünde darin, diesen Arbeitsertrag so zeitsparend wie möglich und unter Vermeidung körperlicher und geistiger Leiden zu erwirtschaften. Die Basisinitiativen in den Betrieben würden rückmelden, was derzeit möglich und was nicht möglich ist, auf gesellschaftlicher Ebene fände der Abgleich der Rückmeldungen – der angemeldeten Interessen – statt. Dabei stehen sich «oben» und «unten» nicht starr gegenüber, sondern nähern sich an. Es handelt sich darum, individuellen Wünschen kollektiven Ausdruck zu geben. Die Betriebe wissen, dass sie nicht egoistisch auf ihren Ansprüchen beharren können (allein schon, weil jede Arbeiterin, jeder Arbeiter ein Leben außerhalb des Betriebs hat und dies, gemessen an der notwendigen Arbeitszeit, einen immer größeren Anteil gewinnt); die Planungsorgane wissen, dass sie auf die Rückmeldungen von unten angewiesen sind und diese nicht frustrieren dürfen. Kurz: «Die Planungsorgane werden selbst zu Betrieben, neben anderen Betrieben, die sich im Rätesystem zu einer Einheit verschmelzen.»[148]

Entscheidend ist, dass diese Überlegungen stets auf Grundlage der Reproduktionskosten stattfinden: «Die ökonomische Notwendigkeit der Wiederherstellung und Ausdehnung der verbrauchten Produktionsmittel ist die Grundlage, von wo aus die Verteilung des Gesamtprodukts angefaßt wird. […] Es ist ein sachlicher Vorgang und das Maß dafür muß selbstverständlich aus der Produktion selbst hervorgehen.»[149] Das Maß, die Recheneinheit, ist die durchschnittliche Arbeitsstunde. Die Ab-

147 «Ausgangspunkte» in GIK 1970, S. 175.
148 Mattick in GIK 1970, S. XIII.
149 GIK 1970, S. 136.

grenzung vom Bolschewismus und anderen staatssozialistischen Wirtschaftsentwürfen nach 1918/19 steht hier Pate. Wenn der Austromarxist, Philosoph, Ökonom und Statistiker Otto Neurath apodiktisch festhält «Die Lehre von der sozialistischen Wirtschaft kennt nur einen einzigen Wirtschaftler – die Gesellschaft –, welcher ohne Gewinn- oder Verlustrechnung, ohne Zirkulation eines Geldes – sei es nun Metallgeld oder Arbeitsgeld – auf Grund eines Wirtschaftsplanes, ohne Zugrundelegung einer Recheneinheit die Produktion organisiert und die Lebenslagen nach sozialistischen Grundsätzen verteilt.»[150], öffnet er damit der Willkür – oder eben dem Staatsterrorismus – Tür und Tor. Wie ist die Gesellschaft gegliedert, ehe sie sich als Wirtschaftler betätigen kann? Wie kommt der Wirtschaftsplan zustande, wer definiert, was sozialistische Grundsätze sind? Wer definiert überhaupt Bedürfnisse? Legt ihre Entwicklung fest? Dieser Radikalismus – Kein Geld! Keine abgesonderten gesellschaftlichen Sektoren! –, der vielen auch heute noch nach kommunistischer Selbstbefreiung klingt, setzt tatsächlich den Monsterstaat voraus. Es sind autoritäre Forderungen, die Neurath, übrigens im wirklichen Leben eine ganz und gar unautoritäre Erscheinung und ein gewitzter Wissenschaftstheoretiker, der statistische Methoden in den Dienst der Arbeiteraufklärung stellte,[151] formuliert. «Wenn wir [den ‹Grundprinzipien›, FK] den Staatskommunismus bzw. den Staatskapitalismus gegenüberstellen, dann wird sofort klar, dass es hier kein exaktes Verhältnis von Produzent zum gesellschaftlichen Produkt geben kann. […] Die Verwaltung der Produktion liegt in den Händen der staatlichen Bürokratie, wobei den Produzenten durch die Gewerkschaften eine ‹Mitbestimmung› garantiert wird.»[152]

150 Aus seiner Schrift «Wirtschaftsplan und Naturalrechnung» (1925), zitiert nach «Ausgangspunkte» in GIK 1970, S. 169.

151 Vgl. die Biographie von Gunther Sandner (2014).

152 GIK 2020, S. 316. In den «Ausgangspunkten» heißt es: «Die politische Lehre ist, daß die Versuche, die Regierungsgewalt über die Produktionsmittel einer zentralen Regierungsstelle zu übergeben, die Initiative der Arbeiter immer mehr ausschalten muß. Die Produzenten können keine Bestimmung über das Produkt haben: die Trennung von Arbeit und Arbeitsprodukt ist das wesentliche Merkmal der Produktion, gerade wie im Kapitalismus. Die Versuche zur ‹naturalen› Verteilung des Produkts, zu der ‹Nationalisierung des Arbeitslohnes›, bringen die Verfügung über das ‹Volkseinkommen› immer fester in die Hand der zentralen Regierungsstelle.» (S. 171)

Was Neurath, der in der kurzlebigen Bayerischen Räterepublik 1919 Vorsitzender des Zentralwirtschaftsamtes war, fordert, war doch eng verwandt mit der Praxis des bolschewistischen Kriegskommunismus. «Der Sowjetstaat mußte seine Pläne, das Geld aus der Produktion und Distribution auszuschalten und dafür die Berechnung in ‹Natura› durch die Staatswirtschaft zu setzen, aufgeben. Es war aber keinesfalls das Ausbleiben der Weltrevolution, auch nicht der für Staatsbewirtschaftung ungeeignete individuelle Bauernbetrieb, die zu diesem Fiasko führten. Es zeigte sich nur, daß Produktion und Distribution auf dieser ‹kommunistischen Grundlage› unmöglich war. *Die russische Revolution hat praktisch bewiesen, daß eine Produktion ohne Recheneinheit Unsinn ist!*»[153]

Wie kann diese Recheneinheit gefunden werden? Oder besser: Wie kann sie ohne Willkür aufgestellt werden und das allen einsichtige Kriterium der Anwendung der zur Verfügung stehenden Arbeitskraft sein? «Für das Aufstellen eines Produktionsplanes ist es notwendig zu wissen, wieviel Arbeit in verschiedenen Formen zur Verfügung steht und wie diese Arbeit über die verschiedenen Produktionszweige verteilt werden soll. Da es bis jetzt aber unmöglich ist, Tonnen Steinkohle, Hektoliter Getreide usw. zusammenzuzählen, so muß man bei allen Produkten ihre bestimmte Gebrauchsform, den ‹Gebrauchswert› außer Acht lassen, und nur die Eigenschaft ins Auge fassen, die sie alle ohne Ausnahme besitzen. Und das ist, *daß sie alle bestimmte Mengen menschlicher Arbeit verkörpern*. Das Aufstellen eines Produktionsplanes macht es darum notwendig, daß an jedem Produkt festgestellt wird, wieviel Arbeit seine Herstellung kostet. Der Kommunismus kann diese Arbeit direkt messen, ohne den Umweg des Geldes.»[154] Das Maß ist die Zeit: «… sein Produkt trägt etwas in sich, das alle gesellschaftlichen Güter gemeinsam haben: die gesellschaftlich notwendige Arbeitszeit, die ihre Herstellung kostete. Alle Güter sind also *gesellschaftlich* gesehen qualitativ vollkommen gleich. Sie unterscheiden sich nur in der Menge gesellschaftlicher Arbeit, welche sie im Produktionsprozeß aufgenommen haben. So wie der Maßstab für die individuelle Arbeitszeit die Arbeitsstunde ist, so muß der Maßstab für die Menge gesellschaftlicher Arbeit, die in

153 «Ausgangspunkte» in GIK 1970, S. 170.
154 A.a.O., S. 171.

den Produkten enthalten ist, *die gesellschaftlich-durchschnittliche Arbeitsstunde* sein.»[155]

Die Betriebe stellen ihren Verbrauch in Arbeitsstunden dar, die ihnen in gleicher Höhe ersetzt werden. Eine Arbeitsstundenberechnung findet bereits heute statt, allerdings immer dem Primat der Mehrwertabpressung unterworfen. Die «Grundprinzipien» schlagen vor, auf diese kapitalistischen Instrumente zunächst zurückzugreifen. Das ist sicherlich unkritisch und spiegelt ein falsches Bild vom proletarischen Klassenkampf wider. Es geht aber an dieser Stelle allein um eine sehr reduzierte Modellrechnung. Die verbrauchten Arbeitsstunden sind auf die Herstellung eines Produkts bezogen. Diese Herstellung lässt sich durch drei Größen erfassen: Produktionsmittel (pm), Rohstoffe (r), Arbeitskraft (a). Auf gesellschaftlicher Ebene: PM + R + A ergeben das Gesamtprodukt.

Angenommen: 100 Millionen Stunden Arbeitszeit sind in PM eingegangen, 600 Millionen in R und 600 M in A, dann stellen letztere den Konsumtionsfonds dar. Die Partizipation der Gesellschaftsmitglieder am Konsumtionsfonds wird über Arbeitsstundenscheine geregelt. Eine Idee aus der frühen Arbeiterbewegung, die man häufig mit Pierre-Joseph Proudhon assoziiert und der Marx mit zwiespältigen Gefühlen gegenüberstand.[156]

Die Rätekommunisten wissen: «Die Kenntnis des Konsumtionsfonds besagt noch nichts weiter über dessen Verteilung. Es ist auch hier möglich, die verschiedene Arbeit durch verschiedene Anteilnahme an den Konsumgütern auszugleichen. Man kann z.B. einem einfachen Arbeiter für jede geleistete Arbeitsstunde nur die Hälfte einer Arbeitsstunde in Konsumgütern realisieren lassen, wie man andererseits einem Ingenieur für jede geleistete Arbeitsstunde drei in Produkten ausgedrückte Arbeitsstunden anrechnen kann.» Sie kommentieren in einer Fußnote: «Das Resultat dieser antagonistischen Verteilung wird

155 A.a.O., S. 174.

156 Nach dem Modell Proudhons würde die Ausgabe der Arbeitszeitscheine über eine allgemeine Tauschbank organisiert werden. Marx vermerkte in den «Grundrissen» eine unbehagliche Ambivalenz: «In der Tat wäre sie entweder die despotische Regierung der Produktion und Verwalterin der Distribution, oder sie wäre in der Tat nichts als ein board, was für die gemeinsam arbeitende Gesellschaft Buch und Rechnung führte.» (MEW 42, S. 89) Es ist klar, dass der rätekommunistische Entwurf auf das «board», eine allgemeine Buchhaltungsstelle, abzielt, die ganz von den Daten abhängig ist, die ihr die Betriebe liefern.

natürlich der Kampf um bessere Arbeitsbedingungen sein. Es ist jedoch in den ersten Phasen der kommunistischen Gesellschaft vielleicht noch notwendig, die Verteilung der Verschiedenheit der Arbeit anzupassen.»[157] Hier wird schlicht die Existenz von Arbeitern und Ingenieuren vorausgesetzt: Als wäre die Existenz von höher- und minderqualifizierten Berufsgruppen eine rein technische Erfordernis und nicht Ausdruck von Macht- und Kontrollbeziehungen und einer Arbeitsteilung, die sich funktional zur Ausbeutung und nicht zur optimalen, soziokratischen Produktion verhält. Die Revolution ist der Kampf gegen diese antagonistische Verteilung, die auf die repressive, hierarchisierende Arbeitsteilung zurückzuführen ist. Klassenkampf ist Kampf gegen die Kontrollpyramide, gegen den Anschein der Neutralität der Manager- und Ingenieursrolle. Der Kampf um bessere Arbeitsbedingungen ist nicht ein Resultat der Arbeitszeitrechnung oder eine Begleiterscheinung, er geht ihr notwendig voraus! An dieser Stelle rächt sich, dass die «Grundprinzipien» sich ganz auf BWL, Betriebswirtschaftslehre, kaprizieren[158], die Prozesse der Produktionsoptimierung bloß sozialistisch umpolen, anstatt generell ihren Sinn, ihre kapitalistische Formbestimmtheit zu hinterfragen. Klassenkampf und die mannigfaltigen Emanzipationsprozesse der Neugestaltung der Arbeitsbeziehungen im Klassenkampf sind die Black Box der «Grundprinzipien».

Stellen wir uns den Konflikt ganz plastisch vor: Wie verhält sich eine Arbeitsstunde, die ein Bauarbeiter auf der Baustelle leistet, zu der, die die Architektin oder die Programmiererin der Einsatzpläne leisten? Letztere Tätigkeiten sind voraussetzungsreicher, was die Länge der Ausbildungszeit angeht, unter Umständen arbeiten Architektin wie Programmiererin mit Soft- und Hardware, die sehr viel bereits geleistete Arbeit voraussetzt. Der Bauarbeiter dagegen arbeitet sich schneller kaputt, die körperlichen Mühen und Zurichtungen sind ungleich größer. Wie also die korrekte Verrechnung der jeweils geleisteten Arbeit vornehmen? Es ist wichtig festzuhalten, dass die Arbeitsstundenrechnung der Rätekommunisten kein gesellschaftlicher Mechanismus ist, um Ungleichheiten abzubauen (oder nur indirekt, indem sie Ungleichheiten offenlegt), sie folgt dem Klassenkampf. Der Klassenkampf besteht darin, dass Bauarbeiter nicht mehr

157 Appel 1935, S. 10 u. 11.

158 Die gesamtgesellschaftliche Perspektive, um im Bild zu bleiben: die VWL, Volkswirtschaftslehre, wird aus der Perspektive der Betriebe extrapoliert.

schuften wollen und Architektinnen und Programmiererinnen ihre Arbeit nicht mehr im Dienst des Kapitals stellen, sondern in den Dienst der Bauarbeiter, denen durch bessere Pläne, bessere Bauweisen, bessere Technologie Zeit und Gesundheit erspart wird. Eine Schwäche der «Grundprinzipien» ist es, dass sie diesen Klassenkampf voraussetzen und ihn als Ausgangspunkt mit all seinen Implikationen (Klassenkampf als Kritik der Kontrollhierarchie, als Kritik des Berufs etc.) nicht stark machen.

Dadurch schreibt sich ein fetischistischer Zug in die «Grundprinzipien» ein. Fetischistisch deshalb, weil er die Produktionsstruktur des Kapitalismus für gesetzt erklärt und sie nur von ihren ausbeuterischen, verschwenderischen, blind prozessierenden Zügen befreien will. Im Kapitalismus existiert aber kein neutraler Produktionsprozess «an sich». Das (stillschweigend) anzunehmen verhindert eine wirklich tiefe Einsicht in die Produktionsstruktur, was Karl Korsch in einem Brief an seinen Freund und Genossen Paul Mattick kritisierte, «weil auch dein Holländer-Programm, wenn auch auf dem Boden der Arbeitswerttheorie und auch sonst auf einem höheren Niveau, das Problem der ‹Komputabilität› der kapitalistischen Produktion nicht als Konsequenz des Warenfetischismus kritisiert, sondern nur utopisch und abstrakt von seinen kapitalistischen Zügen zu reinigen sucht.»[159] Es scheint, als habe Mattick *in the long run* sich diese Kritik zu eigen gemacht. Denn 1970, in seinem Kommentar zu den «Grundprinzipien», schreibt er: «Weiterhin ist es durchaus möglich, dass eine teilweise Zerstörung der Produktionsbasis, durch die mit dem gesellschaftlichen Wandel verbundenen Klassenkämpfe, die Organisation der Verteilung auf Grund der Arbeitszeit ausschlösse, ohne deshalb eine gleiche Verteilung – z.B. durch Rationierung – zu unterbinden. Und diese gleiche Verteilung könnte ohne den Umweg über die Arbeitszeitrechnung durch die Arbeiter selbst direkt sichergestellt werden. Die ‹Grundprinzipien› gehen jedoch von einem ‹regulären› oder ‹normalen› kommunistischen Wirtschaftssystem aus, d.h. einem System, das sich bereits völlig durchgesetzt hat und sich in seiner neuen Gestalt reproduziert. Unter solchen Umständen erscheint eine an Arbeitszeit gebundene Verteilung als überflüssig.»[160] Damit hat er nonchalant die Konzeption der

159 Karl Korsch am 22.11.1938 an Paul Mattick, in Korsch 2001, S. 697. Komputabilität meint Berechenbarkeit; Zurechenbarkeit.

160 «Einleitung» in GIK 1970, S. IX.

«Grundprinzipien» über den Haufen geworfen (was er sicherlich nicht beabsichtigt hatte!): Ein ‹normales› kommunistisches Wirtschaftssystem setzt die vollständige Vergesellschaftung der Produktion voraus – nicht die Existenz von Einzelbetrieben, die untereinander noch in Tauschbeziehungen stecken. Damit wären die Verrechnungen von Arbeitszeitscheinen schlicht redundant. Es hätte der Klarheit gedient, hätten Appel und Canne Meijer die «Grundprinzipien» stärker im gesellschaftlichen Entwicklungsprozess situiert: als Maßnahmen während und unmittelbar nach der Revolution.

Es ist aber zu glatt, die «Grundprinzipien» als ein an sich selbst scheiterndes Unterfangen zu überführen, denn die Perspektive der Aufhebung der Einzelbetriebe und der Produktionsinseln wird durchgehalten und damit die Entwicklung der kommunistischen Gesellschaft. Tatsächlich löst sich die Gesellschaft nicht in Betriebe auf, denn es existieren auch «Betriebe für allgemeine gesellschaftliche Arbeit», AGA-Betriebe. «In den AGA-Betrieben ist das Nehmen nach Bedürfnissen bereits verwirklicht. Mit dem Wachstum des Kommunismus wird dieser Betriebstyp immer mehr ausgedehnt (Lebensmittelfürsorge, Personentransport, Wohnungsfürsorge etc.). Je mehr die Gesellschaft in dieser Richtung wächst, je mehr Betriebe sich in AGA-Betriebe verwandeln, desto weniger wird die individuelle Arbeit das Maß für die individuelle Konsumtion sein.»[161] Das ist die Entwicklungstendenz, die sich nicht diktatorisch aufdrängt, sondern gewissermaßen einschleicht, die kommunistische Gesellschaft!

Auch diese Entwicklung lässt sich buchhalterisch ausdrücken. Die Formel für die öffentlichen Dienste der AGA-Betriebe ist: (PMö + Rö) + Aö. Die Dienste der AGA-Betriebe gehen vom Konsumtionsfonds ab. Daraus errechnet sich schließlich der Faktor des individuellen Konsums (FIK). Die Formel dafür lautet:

$$\text{FIK} = \frac{(\text{A} - (\text{PMö} + \text{Rö}))}{(\text{A} + \text{Aö})}\ .$$

Anders ausgedrückt: Die Rechnung findet komplett in Arbeitsstunden statt. Vom Fonds an geleisteter Arbeit einer Gesellschaft werden die Produktionsmittel und die Rohstoffe für die öffentlichen Dienste abgezogen. Das Ergebnis – eine bestimmte Anzahl von Arbeitsstunden – wird geteilt durch das

161 Appel 1935, S. 14.

Summe von Arbeit und Arbeit für die öffentlichen Dienste. Das Resultat ist der FIK. Mit diesem wird die Wochenstundenzahl der geleisteten Arbeit multipliziert. Dabei kommt die Höhe der Arbeitszeitanweisung für jede Arbeiterin, jeden Arbeiter heraus. Diese Anweisung kann er oder sie in Güter und Dienste eintauschen. Die Buchhaltung ist dabei «der zentrale Punkt des Wirtschaftsprozesses, ohne Macht über die Produzenten oder die einzelnen Betriebe zu haben. Die gesellschaftliche Buchhaltung ist selbst nur ein Betrieb des AGA-Typs. Ihre Funktionen sind: Die Registration des Produktstroms, die Feststellung des FIK, die Ausgabe des Arbeitszeitgeldes, die Kontrolle über Produktion und Verteilung. Die Kontrolle des Arbeitsprozesses ist eine rein technische, die von jedem Betrieb selbst gehandhabt wird. Die von der gesellschaftlichen Buchführung ausgeübte Kontrolle erstreckt sich nur auf die Verrechnung aller Ein- und Ausgänge der einzelnen Betriebe und der Überwachung ihrer Produktivität.»[162]

Um es zu unterstreichen: Kommunismus ist gekennzeichnet durch eine Abnahme des Faktors des individuellen Konsums, dieser Prozess wird durchgehend begleitet von einem System der einfachen Buchhaltung. Eine unromantischere, nüchternere Betrachtung der Assoziation der freien und gleichen Produzenten kann man sich kaum vorstellen! Und diese Nüchternheit ist beabsichtigt. Ihr ist ein hohes Maß an Disziplin eingeschrieben – Kommunismus als Explosion der Leidenschaften, Fest des Begehrens und Umherschweifens: nichts lag den Autoren ferner. Ihnen steckte eine tiefe Ernüchterung über das Versagen der deutschen Rätebewegung und die Involution der russischen Revolution, samt Degradierung der kommunistischen Weltpartei zur Außenstelle der Moskauer Zentrale, in den Knochen. Um ihn zu retten, musste der Kommunismus durch unpersönliche Gesetze begründet werden und in Gesetzen seinen Ausdruck finden, alles andere wäre illusorisch, verschwendete Zeit. Das Dilemma der «Grundprinzipien» besteht darin, dass sie in dieser Form nur unter dem Eindruck der Konterrevolution niedergelegt werden konnten, sie aber zugleich einen Anspruch auf Allgemeingültigkeit behaupten, also über den engen zeitlichen Horizont hinausweisen. Das verführt dazu, bei der heutigen Lektüre allein das Überzeitliche dieser Schrift im Blick zu haben, die pedantischen und hemdsärmeligen Züge fallen dann

162 Appel 1935, S. 16.

umso stärker auf. Sie haben aber ihren Grund und ihre Berechtigung.

Die Abnahme des Faktors des individuellen Konsums, und damit der allmähliche Rückgang der individuellen Arbeitszeitscheine, bedeutet auf der anderen Seite eine Zunahme der AGA-Betriebe, jener gesellschaftlichen Institutionen der allgemeinen Arbeit, die sozialen, kulturellen, gesundheitlichen, pädagogischen Belangen nachgehen. Ihre Arbeit lässt sich nicht «individualisieren», auf einzelne Betriebe reduzieren. Das Fortschreiten des Kommunismus ist ein Fortschreiten der Gesellschaftlichkeit des Individuums. Die starre Betriebsperspektive wird regelrecht dekonstruiert, abgebaut – nicht unter Anleitung der Partei, nicht unter den Maßgaben von Philosophenpriestern, die ein utopisches Menschenbild formulieren, nicht nach Direktiven eines Staates. Diese Durchlöcherung, die schließlich zur Aufhebung der Betriebe als isolierte Produktionsinseln führt, verdankt sich der konsequenten Anwendung des Prinzips der Ökonomie der Zeit, das bereits im Kapitalismus wirksam ist (sonst hätte der Kommunismus kein historisch-gesellschaftliches Fundament und wäre bloß ein Abenteuer des Kopfes). Demnach «stellt sich der gesellschaftliche Reichtum im Kommunismus nicht in wachsender Arbeit, sondern in der dauernden Reduzierung der notwendigen Arbeit durch die den kapitalistischen Schranken entronnenen wissenschaftlichen Entwicklung dar. Die Produktion vergesellschaftet sich zunehmend durch die Einbeziehung stets breiterer Massen in die Produktionsprozesse, die nun nur noch in engster Verbindung und durch die gegenseitige Durchdringung aller Arten von Arbeiten zu existieren vermögen»[163]. Das Medium, besser: das Brennglas, dieser Anwendung ist die allen einsichtige Buchhaltung. Der Gedanke stammt von Marx: «Die Buchführung als Kontrolle und ideelle Zusammenfassung des Prozesses wird um so notwendiger, je mehr der Prozeß auf gesellschaftlicher Stufenleiter vorgeht und den rein individuellen Charakter verliert; also notwendiger in der kapitalistischen Produktion als in der zersplitterten des Handwerks- und Bauernbetriebs, notwendiger bei gemeinschaftlicher Produktion als bei kapitalistischer. Die Kosten der Buchführung reduzieren sich aber mit der Konzentration der Produktion und je mehr sie sich in gesellschaftliche Buchführung verwandelt.»[164]

---

163 «Einleitung» in GIK 1970, S. XIV.
164 MEW 24, S. 137.

Kehren wir zu einem der Ausgangszitate dieses Kapitels zurück: «Die Produzenten mögen meinetwegen papierne Anweisungen enthalten, wofür sie den gesellschaftlichen Konsumtionsvorräten ein ihrer Arbeitszeit entsprechendes Quantum entziehen.» (MEW 24, 358). Für Karl Korsch enthält diese Aussage die zentrale Idee, ja das Programm der «Grundprinzipien». In einem Brief an Paul Mattick kommentiert er: «Hiermit bin ich, wenn man das ‹meinetwegen› nicht durch lange pedantische Ausführung von selbstverständlichen Möglichkeiten ersetzt, so weit einverstanden. Aber dieses ‹Quantum›, von dem Marx da spricht, wird ohne Tausch u. Lohnarbeit bald jeden Sinn verlieren!»[165]

Die Frage muss man den «Grundprinzipien» stellen: Steckt in der Marxschen Lakonie des «meinetwegen», der nolens volens seinem Widersacher, dem Tauschtheoretiker und Arbeitsbank-Apologeten Proudhon für ein kurzes Aufblitzen recht gibt, nicht mehr Realismus als in der «pedantischen Ausführung von selbstverständlichen Möglichkeiten»? Wir haben gesehen, dass hinter dieser Pedanterie der Klassenkampfgedanke nahezu verschwunden ist. Es ist deshalb kein Zufall, dass wir in diesem Kapitel vor allem auf die kürzere Schrift «Ausgangpunkte» eingegangen sind. Denn in den «Ausgangspunkten» sind die klassenkämpferischen Voraussetzungen klarer und deutlicher formuliert. Die Abgrenzung von sozialdemokratischen und bolschewistischen Modellen ist schärfer und prägnanter. Vorgeschlagen wird für jede zukünftige Lektüre der «Grundprinzipien», ihre Ausgangspunkte, sprich: ihre Voraussetzungen, stärker zu berücksichtigen. Das rettet die Schrift. Wem bei der eigentlichen Lektüre die Puste ob der vielen Formalisierungen ausgeht, möge sich an das Marxsche «meinetwegen» halten: Man lasse sich nicht von der Weitschweifigkeit beirren.

Freilich, man kann diese «Pedanterie wohlwollend betrachten, als liebevolle Tüftelei. Das scheint den Geist des ersten und wichtigsten Verfassers doch besser zu treffen: «Jan Appel habe ich 1973 in Maastricht getroffen. Er ist ein Tüftler geblie-

165 Brief vom 15.7.1938, in Korsch 2001, S. 656f. Der Herausgeber Michael Buckmiller kommentiert: «Korsch notierte stenographisch am Rand in seinem Handexemplar [des zweiten Bandes des ‹Kapital›, Anm., FK]: ‹Proudhon mit einem Mal! – Wer hindert sie zu zirkulieren?›» (A.a.O, S. 658). Eine hochinteressante Bemerkung, die auf ein Problem verweist, dem die «Grundprinzipien» zu leichtfertig aus dem Weg gehen: die Frage nach der Zentralgewalt.

ben. Voller Stolz zeigte er mir eine von ihm verbesserte Form des Wankel-Motors, der mit einer sehr geringen Benzinmenge auskommen könne.»[166] Appel war wie Paul Mattick, wie Henk Canne Meijer und Helmut Wagner, ein Arbeiterintellektueller. Schulische Bildung haben diese Leute kaum genossen. Sie haben um ihr Wissen hart gekämpft, ihr Bildungshunger muss riesig gewesen sein. Die «Grundprinzipien» verlieren viel von ihrer Steifheit, wenn wir uns das vor Augen halten.

Anders als die oben Genannten ist Appel ein Arbeiter geblieben. Er hat kein «theoretisches Werk» hinterlassen, hat seine politische Arbeit stets als kollektive, anonyme, ja: illegale verstanden. Über seine Rolle bei der GIK wissen wir im Detail nicht viel, sie war wohl eine zentrale. Schon diese Sätze über ihn wären ihm zu viel gewesen. Seine bekannteste autobiographische Mitteilung ist erstaunlich maulfaul[167] und spart wesentliche Teile seines Lebenslaufs aus. Die folgenden Angaben fußen auf der biographischen Skizze von Hubert van den Berg[168], die so randvoll mit Anekdoten und unwahrscheinlichen Geschichten ist, dass man sie am liebsten als ausgearbeitetes Buch gelesen hätte.

Appel ist in die Weltliteratur eingegangen – durch die wenig schmeichelhaften Bemerkungen, die sein zeitweiliger Genosse Franz Jung in seiner Lebensbeichte «Der Weg nach unten» über ihn machte: «Er weiß alles besser, ein ewiger Nörgler, im persönlichen Verkehr hämisch und verletzend, und wie sehr man ihm auch entgegenkommen mag, er bleibt ständig missvergnügt, wahrscheinlich im Grunde seines Wesens von Misstrauen geprägt.» Leute wie Appel «werden in einer zugespitzteren Entwicklung politischer Unruhe nach oben gespült. Früher mehr als Einzelgänger und Sonderlinge angesehen, werden sie jetzt Mittelpunkt eines Kreises ähnlich Veranlagter.» Er «hatte zudem noch eine besondere Charaktereigenschaft des deutschen Arbeiters aufzuweisen: Er sah nur die Fehler, die Unzulänglichkeiten der andern. Er hätte alles anders gemacht, die russische Revolution, die Erziehung der russischen Massen, die sowjetrussische Anpassung an die internationalen politischen

166 Mergner 1995, S. 217.

167 Appel 2011 (1966). Auf aaap.be finden sich auch Tondateien von Interviews, die er 1978 und 1982 auf Niederländisch gegeben hat: aaap.be/Pages/Jan-Appel.html

168 «Jan Appel – ein deutscher Rätekommunist im niederländischen Exil und Widerstand 1926–1948», in Graf 2001, S. 252–265.

Gegebenheiten, die Disziplin in der roten Armee – alles, was die Russen auf diesem oder jenem Gebiete taten, war falsch; er würde es besser machen.» Kurz: «Typ eines proletarischen Puritaners», immerhin überdurchschnittlich intelligent.[169]

Jung war ein Spielertyp, ein Draufgänger, er ragte heraus und wollte das auch. Seine Urteile sind mit Vorsicht zu genießen. Sie verraten viel über die Spannung, die zwischen einem exemplarischen Vertreter der Boheme, der im Prinzip immer in ein anderes Leben ausbrechen konnte, und einem revolutionären Arbeiter, dem nicht viel anderes übrig blieb, als um sein Leben zu kämpfen, geherrscht haben muss.

Appel stammte aus dem Mecklenburgischen und war seit 1908 in der SPD organisiert. Als Werftarbeiter war er 1918 an dem großen Hamburger Rüstungsarbeiterstreik beteiligt, organisierte sich politisch im Spartakusbund, dann in der KPD. Gewerkschaftlich war er bei den revolutionären Obleuten aktiv und gehörte 1919 zu den Mitgründern der Allgemeinen Arbeiter-Union. Er befand sich zuverlässig auf dem linksradikalen Flügel der Arbeiterbewegung, seine Beteiligung an der Gründung der KAPD war nur konsequent. Die Partei delegierte ihn und Franz Jung im April 1920 nach Moskau. «Es war nicht möglich, auf dem Wege über Land und auch nicht über die Ostsee nach Rußland zu kommen. Der einzige Weg schien mir möglich, mit einem Schiff durch die Nordsee, den Atlantischen Ozean über Norwegen und das Nordkap hinaus ins Nördliche Eismeer, um Archangelsk oder eventuell Murmansk zu erreichen.»[170] Mit dem Genossen Hermann Knüfken, einem Matrosen, entführten sie den Schiffdampfer «Senator Schröder» und schafften es tatsächlich nach Murmansk und schließlich nach Moskau[171]. Ergebnislos verhandelten sie mit dem KomIntern-Vorsitzenden Sinofjew und mit Lenin selbst. Zurück in Deutschland musste Appel in die Illegalität, die Schiffsentführung hatte, nun ja, hohe Wellen geschlagen. Appel blieb Militanter der (zerfallenden) KAPD, war als linkskommunistischer Agitator im französisch-besetzten Rheinland unterwegs, schlug sich 1921 erneut nach Moskau durch, um für die KAPD am III. Kongress der Kommunistischen Internationale teilzunehmen, wurde schließlich bei Essen von der französischen Militärpolizei Ende 1923 im Zuge

169 Alle Zitate in Jung 2000, S. 134f.

170 Vgl. Appell 2011.

171 Siehe dazu Knüfken 2008.

eines bewaffneten Raubüberfalls festgenommen. «Dabei handelte es sich nicht so sehr um eine unmittelbar politische Aktion, sondern – es herrschte eine akute Nahrungsmittelknappheit – vielmehr um einen Versuch, sich Geld und Lebensmittel zu beschaffen.»[172] Er wurde den deutschen Behörden übergeben. Appel blieb bis zu seiner Amnestierung zu Weihnachten 1925 im Knast. Dort entstand nach eingehender Marx-Lektüre der erste Entwurf der «Grundprinzipien».

Wieder draußen trifft Appel auf eine für ihn gefährliche Situation: Als bekannter Linkskommunist fand er keine Arbeit und lief Gefahr in den Fokus der rechtsextremen Feme zu rücken. Während die KPD-Presse ihn als Abweichler attackierte, unterlagen KAPD und AAUD einem Erosionsprozess und waren hoffnungslos zerstritten. «Appel sah den einzigen Ausweg aus dieser prekären Lage in der Emigration. Sein Exil war also teils wirtschaftlich, teils politisch bedingt, wobei auf politischer Ebene nicht nur eine (prä-)faschistische Feme-Justiz, sondern zugleich eine Eskalation von Auseinandersetzungen in der kommunistischen Bewegung eine Rolle spielten. Mitte 1926 verließ Appel Deutschland und ging nach Zaandam, einer linksradikalen, kommunistischen Hochburg in Holland, etwa zehn Kilometer nördlich von Amsterdam gelegen.»[173] Hier traf Appel auf Henk Canne Meijer, nahm die Arbeit an den «Grundprinzipien» im Dialog mit diesem erneut auf und betätigte sich unter deutschen Arbeitsmigranten, von denen es damals zahlreiche gab, erneut als Agitator.

Unmittelbar nach der Machtergreifung der Nazis 1933 verlangten die deutschen Behörden Appels Auslieferung. Ein Kommissar in Amsterdam ermöglichte ihm das Abtauchen. Appel war ein aktiver Widerstandskämpfer, der zahlreichen Untergetauchten Unterschlupf bieten konnte, ohne, wie es in einem späteren Zeugnis zu Gunsten Appels hieß, Geld dafür zu verlangen, wie es häufig vorkam. Die ganze Zeit über war Appel in der GIK aktiv, auch als Widerstandskämpfer. Die Linkskommunisten arbeiteten, ohne Aussicht auf größeren Erfolg, auf die «dritte Front» hin: gegen Kapitalismus und gegen Faschismus – und gegen Stalinismus. Nach 1945 wechselte Appel nicht wie viele seiner rätekommunistischen Genossen zurück zur theoretischen Arbeit. Er engagierte sich in einer Gruppe namens

172 Van den Berg, a.a.O., S. 255.
173 A.a.O., S. 256.

Spartacus, die einen eher parteiförmigen, aktivistischen Ansatz verfolgte.

1948 folgte nach einem Verkehrsunfall seine Enttarnung. Zahlreiche Widerstandskämpfer legten Zeugnis für den illegalen Deutschen ab, dem die Abschiebung drohte. Appel durfte in den Niederlanden bleiben – unter der Bedingung, sich jeder politischen Arbeit zu enthalten. Erst 1969 erhielt er eine permanente Aufenthaltsgenehmigung. 1974 nahm er an der Gründung der Internationalen Kommunistischen Strömung teil, einer bis heute existierenden linkskommunistischen Organisation, die den Rätekommunismus zwar als ihr Erbe ansieht, sich aber nicht in dessen Tradition stellt. Appel starb am 4. Mai 1985 in Maastricht. Wie über Appel angemessen reden? Betrachtet man seinen Lebenslauf in Gänze, sind es jetzt die Äußerungen Jungs, die hämisch und besserwisserisch scheinen. Vielleicht trifft es Pannekoek am besten. 1947 schrieb er an einen Genossen: «Es ist schade, daß Jan bei den Spartacus-Leuten geblieben ist. Ich habe früher auch schon mal bemerkt, wie sehr sein Geist und seine Auffassungen von den Erfahrungen in der großen mitteldeutschen Bewegung, die der Höhepunkt seines Lebens waren, beherrscht wurden; dort hat er seine Ansichten über die Technik der Räteorganisation entwickelt. Er war jedoch zu sehr ein Mann der Aktion, um ausschließlich mit Propaganda zufrieden zu sein. Ein Mann der Aktion sein wollen in einer Zeit fehlender Massenbewegung führt leicht zur Formulierung unsauberer und irreführender Aktionsformen für die Zukunft. Vielleicht ist es jedoch trotzdem gut, daß sie bei Spartacus eine gute Kraft behalten.»[174]

174 Zitiert nach Van den Berg, a.a.O., S. 262.

8 Befreiung in der ‹Todeskrise›: Krisentheorie und proletarische Revolution

«Die kapitalistische Produktion strebt beständig, diese ihre immanenten Schranken zu überwinden, aber sie überwindet sie nur durch Mittel, die ihr diese Schranken aufs neue und auf gewaltigerem Maßstabe entgegenstellen.»
Karl Marx,[175]

«Jetzt also wird der Wohlstand überreif/ und tropft dem Tod in sein verfaultes Maul»
Shakespeare, «Richard III.»

Die Weltwirtschaftskrise hatte keine unmittelbaren Auswirkungen auf die Kampfbereitschaft des weltweiten Proletariats. Ein einfacher Mechanismus – Verelendung der Massen führt zu massenhaften Klassenkämpfen – war nach 1929 nicht zu beobachten. Die räte- und linkskommunistischen Gruppen verharrten weiter im Sektenstadium. Ihr Wiedererstarken, das ein Anknüpfen an die Aufstandsjahre 1920/21 ermöglicht hätte, blieb aus. Es bedurfte einer grundsätzlichen theoretischen Klärung, so grundsätzlich, dass sie nicht im engen Bezirk der Gruppen und Grüppchen angesiedelt sein konnte, sondern die Marx'sche Theorie selbst betraf. Es handelte sich schlicht darum, eine tiefsitzende Enttäuschung aufzuarbeiten. «Die Krise allein, so schien es offensichtlich, führt nicht zum Sturz des Kapitalismus, es sei denn, daß die durch sie verschärften Klassenkämpfe den politischen Umsturz des Systems mit sich bringen. Dies hinge jedoch nicht so sehr von der wirtschaftlichen Situation, als vielmehr von der revolutionären Reife des proletarischen Klassenbewußtseins ab. Die einseitige Betonung des sogenannten ‹objektiven Faktors› im kapitalistischen Zusammenbruch verkenne die unerläßliche Rolle des ‹subjektiven Faktors›, nämlich des auf der Erkenntnis gesellschaftlicher Zusammenhänge beruhenden revolutionären Willens zum Sturz der kapitalistischen Gesellschaft», fasst Paul

175 Ders., MEW 25, S. 260.

Mattick rückblickend die Motivation zur Krisendebatte im rätekommunistische Milieu, wie sie 1933/34 stattfand, zusammen.[176] Anton Pannekoek hatte einer immanent argumentierenden Theorie eine Absage erteilt: «Der endliche Sieg des Proletariats hinge (nach Pannekoek, Anm. FK) von seiner Selbstbewußtseinsentwicklung ab, vom Abstreifen aller reformistischen Illusionen, die sie an den Kapitalismus fesselten, wobei die kapitalistische Krisengesetzlichkeit nur den materiellen Hintergrund abgab», so Mattick (S.13). Aber woraus bestimmt sich die «Selbstbewusstseinsentwicklung«? Die Hebung des Kulturniveaus der Arbeiter war das Credo der großen Bildungsoffensive der Sozialdemokratie nach dem Fall des Sozialistengesetzes (1890). Wie konnte sich das rätekommunistische Ideal davon unterscheiden? Wer das Selbstbewusstsein, das proletarische Klassenbewusstsein, in den Mittelpunkt seiner Agitationsbemühungen stellt, unterstellt es bereits als manipulierbar. «Die starke Betonung des Bewußtseinselements im revolutionären Geschehen enthält jedoch einen unverkennbaren idealistischen Zug», resümiert Mattick 1972. «Hängt die revolutionäre Umwälzung mehr vom Grad der Erkenntnis als vom Zwang der Umstände ab, so ist nicht die Erwartung ökonomischer Katastrophen, sondern die Pflege sozialistischen Bewußtseins das Entscheidende.» (Ebd.) Eben das war seit Jahr und Tag die selbstgestellte Aufgabe der Sozialdemokratie – und ein Motor ihrer Verbürgerlichung.

Es ist aber nicht redlich, Pannekoek in die Nähe alter sozialdemokratischer Postulate zu rücken. Mit seiner vehementen Absage an einen marxistischen Objektivismus – zunächst müsste man eine objektiv gegebene revolutionäre Situation feststellen, um weiter über Klassenkämpfe reden zu können – löste er sich aus den Verstrickungen der «Todeskrisen»-Debatte der KAPD, in der die vermeintlich objektive Analyse kapitalistischer Entwicklungstendenzen jede Überlegung über das selbsttätige Handeln des Proletariats abschnürte. Mit der «Todeskrise» waren endzeitliche, apokalyptische Vorstellungen verbunden. Pannekoek wollte sich von der Fixierung auf die Katastrophe lösen, die fixe Idee eines vollkommenen Zusammenbruchs des Kapitals und einer großen Endschlacht zwischen Titanen (Proleten)

176 Vorwort zu: Korsch Mattick Pannekoek: «Zusammenbruchstheorie des Kapitalismus oder revolutionäres Subjekt» (1973), S. 9. Alle weiteren Zitate aus diesem Reader werden im Folgenden nur nach der Seitenzahl ausgewiesen.

und Göttern (Kapitalmagnaten) konnte nur zu einer fehlgeleiteten Praxis, die in Niederlage und Frustration endete, führen. Die Selbstbefreiung des Proletariats war nicht nur das Ziel, sondern immer schon der Weg. Unter den Revolutionstheoretikern seiner Zeit war Pannekoek der Anti-Apokalyptiker. In seinen späteren Schriften zum Prinzip und zur Strategie der Arbeiterräte dachte er Revolution als Prozess, der – gleichberechtigt zur ökonomischen Umwälzung – eine Kulturrevolution des Proletariats implizierte. Jede schlagartige Eroberung der Staatsmacht, um den Sozialismus von oben zu dekretieren, war ihm ebenso fremd, wie das Warten auf einen historisch vermeintlich optimalen Zeitpunkt des Aufstandes.

Gegen Pannekoek beharrte Mattick allerdings darauf, «die objektiv gegebenen Entwicklungstendenzen des Kapitals zum Ausgangspunkt (der) eigenen theoretischen Betrachtungen zu machen». (S.15) Erst wenn geklärt ist, in welcher Etappe der kapitalistischen Entwicklung sich die jeweiligen Klassenkämpfe entfalten, lassen sich ihr Grund und ihre Reichweite bestimmen. Die Marx'sche Akkumulationstheorie, die Grundlage jeder Theorie der kapitalistischen Entwicklung, entpuppt sich nicht nur als identisch mit einer Krisentheorie, sie ist auch nicht losgelöst von einer kommunistischen Strategie zu verstehen.

Gelernt hatte das Mattick bei Henryk Grossmann (1881–1950). Als Grossmann seine Thesen in Frankfurter Hörsälen ab Ende der 1920er-Jahre vortrug, war Mattick schon längst in die USA ausgewandert. Als Arbeiter hätte er ohnehin weder Zeit noch Zugang zu den Hörsälen einer Universität gefunden. Dennoch war Grossmanns Hauptwerk «Das Akkumulations- und Zusammenbruchsgesetz des kapitalistischen Systems» (1929) das einschneidende Lektüreerlebnis Matticks schlechthin. Das Buch systematisierte die Marxschen Skizzen zu einer einheitlichen Krisentheorie. Grossmann stammte aus der jüdisch-sozialistischen Arbeiterbewegung Polens und Galiziens, und wurde akademisch durch die «Wiener Schule» geprägt: durch ihre spezifische Mischung aus methodologisch abgesicherter empirischer Forschung (später voreilig als Positivismus diskreditiert) und sozialistischem Ethos. Grossmann war ab Ende 1925 einer der zwei Hauptassistenten von Karl Grünberg, dem Direktor des Frankfurter Instituts für Sozialforschung[177], und bis 1933

177 Der andere Hauptassistent war Friedrich Pollock, engster Freund von Max Horkheimer.

vielleicht der produktivste Theoretiker des Instituts. In der Emigration setzte die Entfremdung vom nun immer mehr durch Max Horkheimer geprägten Kreis ein, seine Forschungen zur Dogmengeschichte der ökonomischen Lehre, zur frühbürgerlichen Philosophie und den Formierungsepochen des Kapitalismus rückten an die Peripherie der Institutsarbeit. Zudem blieb Grossmann geschworener Kommunist. Es kam schließlich zum Zerwürfnis, für Grossmann eine bittere Erfahrung. Bereits schwerkrank entschied er sich zur Rückkehr aus dem Exil nach Ostdeutschland, wurde 1949 SED-Mitglied und trat eine Professur für Politische Ökonomie an der Universität Leipzig an, die er kaum ein Jahr noch ausfüllen konnte. Mattick war de facto sein einziger treuer Schüler, in den 1930er-Jahren hatten sie zumindest schriftlichen Kontakt. Zu einer Vertiefung der Zusammenarbeit kam es nach Grossmanns Ankunft in den USA nicht. Im Gegenteil. Grossmann hielt die Rätekommunisten – Matticks späterer Frau Ilse Hamm, die mit Grossmann in New York Kontakt hatte, zufolge – für «hopelessly sectarian».[178] Mattick vermutete, dass professorale Eitelkeit und Klassendünkel sich hinter diesem vernichtenden politischen Urteil verbargen.[179]

Das Neue bei Grossmann, gemessen an allen bisherigen marxistischen Krisendebatten, war ein schlichter Gedanke: Krisen sind streng als Ausdruck der Überakkumulation von Kapital zu verstehen, sie entstehen durch ungenügende Verwertung

---

178 Roth 2015, S. 203. ‹Sectarian› bedeutet nicht nur sektiererisch, sondern auch konfessionell. Sollte die Überlieferung Hamms authentisch gewesen sein, könnte sie eine interessante Nuance aufweisen: Die Rätekommunisten wären aus Sicht Grossmann nicht unbedingt sektiererisch gewesen, sondern – religiös.

179 Matticks Biograph Gary Roth, der hier aus einem Brief Matticks vom August 1941 an seinen Freund und Förderer, den Künstler Fairfield Porter zitiert: «Mattick wasn't at all surprised to hear this about Grossman: ‹In America, I have probably more than anybody else (however little that might be) done to make him popular›. Mattick had not heard from Grossman since the latter's arrival in the United States: ‹I am not an academician, have no degrees, no training, no connections.› He surmised that Grossman ‹thinks it below himself to bother with such a person any further›. Grossman feared an association with anyone who might jeopardise his legal status, a reason that Mattick found unintelligible: ‹my political activity is so unimportant and meaningless that for somebody else to be afraid of knowing me for this reason, could only indicate a possession by fear that approaches the ridiculous›.» Weil Mattick so viel für ihn getan hatte, schließt Roth, musste Grossman Gründe für den ausbleibenden Kontakt erfinden, wie etwa Matticks angebliches Sektierertum. (Roth 2015, S. 203f.)

von Kapital. Damit werden die Krisenursachen in der Produktion selbst verortet und nicht mehr auf das Problem der Disproportionalität, auf die ungleiche Verteilung des Mehrwerts zwischen den Klassen, reduziert. Er analysierte die Krise als «überreifen Wohlstand» (Wohlstand einer antagonistischen Gesellschaft, nicht der Arbeiterinnen und Arbeiter). Sie entstehen aus dem Erfolg des Kapitalismus, nicht aus seinen «Unzulänglichkeiten».

Worin bestehen dieser Erfolg und seine Widersinnigkeit? Eine immer stärker zunehmende Zahl von Produktionsmitteln wird von einer immer geringeren Zahl von Arbeitern in Bewegung gesetzt. Der Anteil des konstanten Kapitals pro (Arbeiter-)Kopf nimmt zu. Damit wird zwar die Arbeitskraft immer produktiver, nimmt ihr Gebrauchswert, Mehrwert zu schaffen, immer stärker zu. Gleichzeitig erdrückt die stärker zunehmende Masse des konstanten Kapitals diesen in Profit umgesetzten Produktivitätsfortschritt. Daraus resultiert eine eigentümliche, sich selbst konterkarierende Dynamik des Kapitals, die in der Literatur als tendenzieller Fall der Profitrate bekannt ist.

Die Profitrate resultiert aus dem Verhältnis von unbezahlter Mehrarbeit m zur Gesamtsumme des vorgeschossenen Kapitals c+v. c ist konstantes Kapital – Immobilien, Maschinen, Geräte, Rohstoffe, kurzum: die Produktionsmittel. v ist variables Kapital, die menschlichen Arbeitskräfte bzw. der Lohn, mit dem sie aufgewogen werden. Die menschliche Arbeitskraft besitzt die Fähigkeit, mehr zu produzieren, als sie zu ihrer eigenen Reproduktion benötigt. Folglich ist es v, das vom Kapital beständig unter Druck gesetzt wird.

Deutlicher wird das, wenn wir im nächsten Schritt v explizit zu allen Größen im Bruch ins Verhältnis setzen. Also statt m:(c+v), jetzt:

$$\frac{\frac{m}{v}}{\frac{c+v}{v}},$$

Im Doppelbruch zeigt sich, dass die Profitrate das Verhältnis der Mehrwertrate m/v (Verhältnis von unbezahlter zu bezahlter Arbeit) zur Wertzusammensetzung des vorgeschossenen Kapitals (c+v)/v ist, also das Verhältnis von Exploitationsgrad zur organischen Zusammensetzung des Kapitals. Marx will darauf hinaus, dass es zwar möglich ist, die Ausbeutung der Arbeitskräfte immer weiter auszudehnen, dass aber dabei die Wertzusammensetzung des Kapitals sich zugunsten des konstanten Kapitals verschiebt. Die Fortschritte, die dem Kapitalisten in puncto Ausbeutung gelingen – die Arbeit wird immer produktiver –, werden tendenziell dadurch zunichte gemacht, dass er immer mehr in konstantes Kapital investieren muss. Jeder neu geschaffene Arbeitsplatz wird so immer teurer, die Investitionskosten schießen in die Höhe, die verausgabte Arbeit muss stets noch produktiver werden. Das wird sie aber nur, wenn es wieder neue Maschinen gibt, die die Arbeitskraft besser, geschickter, kurz: noch effektiver anwenden. Und schon erhöht sich abermals Faktor c. Das ist die Überakkumulation von Kapital.[180] Ein Teufelskreislauf, der paradoxerweise auf den Erfolg der Ausbeutungsmethoden zurückzuführen ist – es ist dieser Erfolg, der seine Schranke markiert, denn der Erfolg impliziert proletarisches Elend und Hochentwicklung der Produktivkraft Arbeit, Voraussetzungen der proletarischen Revolution. In Theorie übersetzt: «Die Marx'sche Akkumulations- und Zusammenbruchstheorie ist zugleich die Praxis der proletarischen Revolution, eins drückt das andere aus; wo diese Totalität nicht besteht, existiert auch nur die Untauglichkeit zur geschichtlich gestellten Aufgabe.» (S. 102) Das schrieb Mattick 1933, es blieb für ihn sein Leben lang gültig.

180 Das «Gesetz» ist auch unter Sozialisten alles andere als unumstritten, erst recht wenn man es isoliert betrachtet. Michael Heinrich, einer der aktuell maßgeblichen Exegeten der Marxschen Theorie, bestreitet vehement dessen Kohärenz. Denn es ist durchaus möglich, dass bereits nur eine kleine Änderung im Verhältnis von konstantem zu variablen Teil, von Maschinen zur lebendigen Arbeitskraft, zu einem ungleich größeren Sprung in der Produktivität führt. (Heinrich 2004, S. 151). Es liegt keine strenge Determinierung vor! Marx hat das im ersten Band des «Kapital» selbst beschrieben: «Die Abnahme des variablen Kapitalteils gegenüber dem konstanten, oder die veränderte Zusammensetzung des Kapitalwertes, zeigt jedoch nur annähernd den Wechsel in der Zusammensetzung seiner stofflichen Bestandteile an. Wenn zum Beispiel heute der in der Spinnerei angelegte Kapitalwert zu 7/8 konstant und zu 1/8 variabel ist, während er Anfang des 18. Jahrhunderts ½ konstant und ½ variabel war, so ist die Masse von Rohstoff, Arbeitsmitteln usw., die ein bestimmtes Quantum Spinnarbeit heute produktiv konsumiert, vielhundertmal größer als im Anfang des 18. Jahrhunderts. Der Grund ist einfach der, dass mit der wachsenden Produktivität der Arbeit nicht nur der Umfang der von ihr vernutzten Produktionsmittel steigt, sondern deren Wert, verglichen mit ihrem Umfang sinkt. Ihr Wert steigt also absolut, aber nicht proportionell mit ihrem Umfang.» (MEW 23, S. 651)

Grossmann wollte nun keine ökonomischen Gesetze bestätigen, sondern ihre Dynamik nachvollziehen. Er schaute sich die Teilung der Profitmasse an – in den Lohnfonds der Arbeiter, den Konsumfonds der Kapitalisten und den Akkumulationsfonds, der nötig ist, um das konstante Kapital zu erhalten und es wachsen zu lassen. Das Verhältnis dieser drei Größen verschiebt sich immer mehr zu Ungunsten des Lohn- und Konsumfonds. Grossmann konnte das anhand offizieller Wirtschaftsdaten belegen. Die Akkumulation wird dann unmöglich, wenn der für sie nötige Teil der Profitmasse schneller wächst als die Profitmasse selbst – umgedreht: im Vergleich zum notwendigen Akkumulationsfonds fällt. Ist die Profitmasse schließlich so groß wie dieser Fonds, wird nicht weiter investiert: Investitionen versprechen keinen Profit mehr. Sein Akkumulationsmodell skizzierte er Mattick in einem Brief von 1933: «Damit jedoch die organische Zusammensetzung in dem angewachsenen Kapital auch steigt, *muß aus der Mehrwertmasse ein relativ stets größerer Teil für Akkumulationszwecke* verwendet werden. Daher wird der *konsumable* Teil des Mehrwerts, der für die zusätzlichen Arbeiter (av) und für die Konsumtion der Kapitalisten selbst (k) bestimmte Teil absolut und relativ stets kleiner […]. Bekommen die Arbeiter den bisherigen Anteil av, dann bleibt nicht genügend für die Kapitalisten. Wenn diese ihren Anteil k sichern wollen, dann bleibt nicht genügend für die Arbeiter.»[181] Das ist nach Grossmann der harte Grund des Klassenkampfes, der zu einer revolutionären Zuspitzung führen kann: «Es wird gerade zwischen den Arbeitern und Kapitalisten um die Verteilung des Mehrwerts gekämpft. Er reicht nicht aus, um *beides* sicherzustellen: ein genügendes Lohnniveau *und* eine erforderliche Akkumulation. Eines kann nur auf Kosten des anderen geschehen. Daher die Verschärfung der Klassenkämpfe.»[182] Das Entscheidende ist nicht der Kampf um Löhne an sich, sondern um das, was sich dahinter verbirgt und ihn determiniert. Mattick 1934: «Nicht der Klassenkampf bestimmt in *letzter Instanz* die Löhne der Arbeiter, sondern diese bestimmen ihren Klassenkampf. Die Kapitalbewegung ist stärker als die Lohnbewegung. Deshalb muß die Lohnbewegung zur revolutionären werden.» (S. 68)

Viele seiner Kritiker unterstellten Grossmann einen mechanistischen Objektivismus. Eine groteske Fehleinschätzung, denn

---

181 Grossmann 1969, S. 87.
182 Ebd.

Grossmanns Buch endet auf einer explizit politischen Note: «Aus unserer Darstellung der Kapitalakkumulation ist erst die Tatsache zu verstehen, warum auf den höheren Stufen derselben der Kampf um die Verteilung der Revenue nicht bloß ein Kampf um bessere Lebenshaltung der am Kampf beteiligten Klassen, sondern ein *Kampf um die Existenz des kapitalistischen Mechanismus selbst ist*; erst jetzt wird uns verständlich, warum auf den hohen Stufen der Kapitalakkumulation jede ernstere Lohnerhöhung immer mehr auf steigende Schwierigkeiten stößt, warum jeder große ökonomische Kampf sich notwendig in eine Existenzfrage des Kapitalismus, also in eine *politische Machtfrage verwandelt*. (Siehe englischer Bergarbeiterkampf, 1926.) Der Kampf der Arbeiterklasse um die Forderungen des Alltags verbindet sich so mit ihrem Kampf um das Endziel. Das Endziel, um welches die Arbeiterklasse ringt, ist somit nicht ein auf spekulativem Wege, ‹von außen› in die Arbeiterbewegung hereingebrachtes Ideal, dessen Verwirklichung unabhängig von den Kämpfen der Gegenwart der ferneren Zukunft vorbehalten ist, sondern es ist, wie das hier vorgetragene Zusammenbruchsgesetz zeigt, das Resultat, das sich aus den unmittelbaren Klassenkämpfen des Alltags ergibt und durch diese Kämpfe eine beschleunigte Realisation findet.»[183]

Das war nichts anders als der theoretische Nachvollzug der Massenstreiks nach der Jahrhundertwende, es war auch – unbeabsichtigt – die Antwort auf die quälenden, ergebnislosen Strategiedebatten im räte- und linkskommunistischen Milieu nach 1921. Mattick hatte denn auch diese Überlegungen in seinen frühen programmatischen Schriften direkt angewendet – als Kritik der Gewerkschaften: «Mit der Überakkumulation des Kapitals ist die geschichtlich objektive Grenze der reinen Gewerkschaftsbewegung erreicht. In der Endphase der bürgerlichen Gesellschaft kann durch keine Organisation irgendetwas an der Tatsache geändert werden, dass die Verelendung der notwendige Endpunkt der kapitalistischen Entwicklung ist. Auf Basis der kapitalistischen Produktionsweise kann das Proletariat nur verelenden. Alle Organisationen, die nur innerhalb des kapitalistischen Systems für die ‹Interessen› der Arbeiter eintraten, müssen zu Grunde gehen.» (S.111f.) Oder sich zu halbstaatlichen Institutionen wandeln.

183 Grossmann (1929) 1967, S. 602f.

Bei Grossmann entdeckte Mattick, wie im Materialismus objektive und subjektive Momente zusammenfallen, und begriff diese Verschränkung dialektisch: «Die Massenerhebung kann sich nicht aus dem ‹Intellekt-Bewußtsein› heraus entwickeln; die kapitalistischen Lebensverhältnisse schließen diese Möglichkeit aus, da das Bewußtsein letztenendes doch immer nur das der bestehenden Praxis ist. Und doch, die materielle Lebensnotwendigkeit der Massen zwingt sie zu Handlungen, als wären sie tatsächlich revolutionär erzogen; sie werden ‹Tat-bewußt›.» (S. 69) Aus diesem «Tat-Bewusstsein», das noch ganz verstrickt ist in die Wucht des Krisenprozesses des Kapitals, lässt sich für die Arbeiter*innen Freiheit schöpfen. Die Tat produziert ihr eigenes Bewusstsein, was sie über das Kapital hinausweisen läßt. Die Krisentheorie in revolutionärer Absicht würde die notwendig begrenzten und in der Konsequenz immer destruktiven Möglichkeiten des Kapitals zur Krisenüberwindung aufzeigen und dagegen die schrittweise Entgrenzung der zunächst noch immanenten proletarischen Aktionen.

Wer war Paul Mattick? Vielleicht der exemplarische Arbeiterintellektuelle des 20. Jahrhundert. Geboren wurde er 1904 in eine Arbeiterfamilie, die schon bald von Pommern nach Berlin zog. Der Vater war linker Sozialist. Prägend für Matticks Gefühl von Zusammenhalt waren aber die Gleichaltrigen, die vielen Kinder und Jugendlichen, mit denen er aufwuchs. Die Arbeiterkinder hielten zusammen und wehrten sich listig und spielerisch gegen die Zumutungen der kapitalistisch verwüsteten Arbeiterquartiere Berlins. Mattick ging früh in die Fabrik, wurde Metallarbeiter. Seit 1918 war er sozialistisch organisiert, bald schon in der KAPD. Der deutsch-amerikanische Rätekommunist hat nie eine Autobiographie geschrieben.[184] Für ihn, der beharrlich dem wohlfahrtsstaatlichen, keynesianisch geläuterten Nachkriegskapitalismus die gleichen destruktiven Krisentendenzen nachwies, die Marx hundert Jahre zuvor analysiert hatte, waren das unerhebliche Details. Aber einiges blieb hängen, und Mattick war sich bewusst, was daran alles andere als nebensächlich war. 1923 nahm er als militanter Arbeiter an einem wilden

184 Deshalb ist das Arbeitsgespräch, das er 1976 mit Michael Buckmiller führte, und das erst fast vierzig Jahre später unter dem Titel «Die Revolution war für mich ein großes Abenteuer» veröffentlicht werden konnte, nachgerade eine Sensation: Es dokumentiert detailliert die autobiographischen Stationen, die den Zeitraum bis 1940 umfassen – Matticks aktivistische Phase.

Streik bei Klöckner-Humboldt Deutz, dem Maschinenbauer im rechtsrheinischen Teil Kölns, teil. Der Streik war wüst, es wurde viel kaputt gemacht, die Arbeiter drohten den Betrieb zu besetzen. «Als wir mit unseren Forderungen zuletzt an den Direktor der Deutz-Maschinenbau herankamen, zum Schluss, als wir die Leute bereits auf den Hof geholt und alles zerstört hatten, da machte ich die eigenartige Entdeckung, dass die Arbeiter, als wir das Zimmer des Direktors betraten, ihre Mützen abnahmen. Das war das erste, was ich bemerkte. Ich nahm meine Mütze nicht ab, wir hatten alle Mützen auf. Aber wie die Arbeiterräte dort eintraten, nahmen sie alle ihre Mütze ab und standen ganz verlegen in der Ecke.»[185] Die alte Autorität stellte sich, jedenfalls für die meisten Arbeiter, sofort wieder her, vor dem Direktor waren sie Bittsteller. Die Militanz, die Wut, der Klassenhass: für diesen Moment, in dieser Situation wieder vergessen. Diese Begebenheit erzählt viel über das Beherrscht-Werden, über den Aufstand und die Sehnsucht, dass alles ganz anders werden muss. Aber wie weit trägt diese Sehnsucht?

Paul Mattick war 1926 in die USA ausgewandert, auch aus Enttäuschung über die gescheiterte Räterevolution, aber vor allem aus jugendlichem Überschwang. Vermutlich stand er als Kommunist auf den schwarzen Listen der Unternehmen, was seine Wiedereinstellung verhinderte. Er schlug sich in Köln mit windigen Jobs und kleineren Gaunereien durch und ließ sich von Konrad Adenauer persönlich (!), damals Kölns Oberbürgermeister, die Überfahrt in die USA bezahlen. Hitlers Machtergreifung machte seine Rückkehr unmöglich. Das Ausmaß der Zerstörung Berlins schreckte ihn nach 1945 vor der Rückkehr endgültig ab. Um Mattick gruppierte sich fast zwanzig Jahre lang der unabhängige radikale Flügel der amerikanischen kommunistischen Bewegung. Er war zunächst bei den anarcho-syndikalistischen Wobblies aktiv, ab 1930 federführend in der Arbeitslosenbewegung Chicagos. Für kurze Zeit war Mattick einer ihrer maßgeblichen Aktivisten in den unter der Wirtschaftskrise taumelnden USA.

«Es gab damals nicht nur in Chicago einen eigenartigen Zustand, sondern auch in anderen Orten, da viele Geschäftsleute, die bankrott gemacht hatten, ihre Läden einfach schlossen. Wir übernahmen einfach diese leeren Läden, wir gingen rein, zerbrachen die Schlösser und benutzten diese Läden als Versamm-

185 Mattick 2013, S. 39.

lungslokale. Aus bankrotten Kinos holten wir uns die Kinositze für Vorträge, klauten sie einfach und brachten sie in die Lokale. Es gab in Chicago ungefähr fünfzig bis sechzig Lokale von der Sorte, die Tag und Nacht für Arbeitslose offen waren, und diese konnten kommen und wenn sie nichts zum Schlafen hatten, konnten sie in den Lokalen übernachten. So waren die Läden immer voll von Leuten, und die Organisation existierte sozusagen in Permanenz, Tag und Nacht.»[186] Rätestrukturen bildeten sich spontan, für kurze Zeit kamen die Organisation des praktischen Lebens und die gegenseitige theoretische Schulung in der Hoffnung auf einen großen Aufstand zusammen. «Wir sind systematisch zu allen Bäckern und Schlachtern gegangen und haben von denen verlangt, uns Nahrungsmittel zu geben. Irgendwie waren sie verängstigt und so kamen sie mit großen Tüten. Wir hatten richtige Küchen in den Läden, wo Tag und Nacht gekocht wurde und wo Leute essen konnten. Wir waren zu unserem Erstaunen imstande, mittels der hektographierten Flugblätter und der Agitation eine Demonstration im Geschäftsviertel […] zu organisieren. Über eine Million Menschen kamen dorthin.[187] Die Polizei war nicht darauf gefasst, sie hatte keine Vorstellung. Das war eine ungeheure Menschenmenge. Die Polizei hatte alle zwanzig Schritt einen Polizisten überall in den Straßen aufgestellt, aber diese waren binnen fünf Minuten so umringt, dass sie außerstande waren, überhaupt nach ihren Revolvern zu greifen. Sie standen so wie in einer Sardinenbüchse. Jeder Polizist war isoliert zwischen den Menschen, so machten sie nur freundliche Gesichter und sonst gar nichts, obwohl Straßenbahnen umgeworfen und Autos angesteckt wurden.»[188]

Mattick und seine Leute organisierten Trupps und Diskussionen, um zu verhindern, dass Arbeitslose als Streikbrecher angeheuert wurden. Bis etwa 1932 erlebte er in Chicago noch einmal beide Seiten einer Aufstandsbewegung: Die Selbstorganisierung – und ihren raschen Zerfall, wenn es gelingt, diese Bewegung zu integrieren. Es gelang: Die umfassenden Hilfsprogramme von Roosevelts New-Deal-Kapitalismus, verbunden mit einer politischen Ideologie des Ausgleichs und der Gemein-

186 Ebd. S. 70.

187 Die Zahl ist deutlich übertrieben, man geht heute von 25.000 bis 50.000 Teilnehmer*innen aus. Allerdings war die Demonstration das große Ereignis jener Tage in Chicago, sie hinterließ wohl einen Eindruck, als wären eine Million an ihr beteiligt.

188 Ebd. S. 71.

schaftlichkeit, sorgten für die Eingliederung der Arbeitslosen in Beschäftigungsprogramme und später für die Anerkennung der Gewerkschaft als Ordnungsfaktor in den Betrieben.[189] Dass die Auseinandersetzung mit dem Wohlfahrtsstaat und dem Umverteilungskapitalismus keynesianischer Prägung später derart in den Mittelpunkt seiner Überlegungen rückte – fast obsessiv –, hat hier ihren Ursprung. Mattick ahnte schon früh, dass die Belebung der Nachfrageseite durch Aufträge der öffentlichen Hand, billiges Geld (Zinssenkungen) und Sozialprogramme für Arbeitslose einen geringen Effekt (wenn überhaupt) auf die Profitrate hatten, aber warum genau? Letztlich sanierte sich der amerikanische Kapitalismus erst durch Zweiten Weltkrieg.

Theoretische Aufarbeitung war also nötig. Ab 1935 organisierte er in Chicago und dann in New York die «International Council Correspondence», die zugleich Zeitung und politische Gruppe war. Die Gruppe hatte etwa 50 Mitglieder und hielt die Anstrengung, regelmäßig ein Theorieorgan herauszubringen, bis 1943 durch.[190] Das zunehmende antikommunistische Klima in New York trieben Paul und Ilse Mattick und ihren Sohn Paul Junior schließlich in die Einöde von Vermont, wo die Matticks in Windham County (40.000 Einwohner auf zweitausend Quadratkilometer) sechs Meilen außerhalb der Kleinstadt Jamaica sich ein Häuschen bauten. Ilse arbeitete in den 1950er- und 1960er-Jahren unter der Woche in Cambridge, Massachusetts, als Kinderpsychologin. Paul Mattick schreinerte Dachstühle und schrieb an seinem großen Buch über Keynes, «Marx und Keynes».

Der Staat nimmt aktiv, nicht bloß den Rahmen absteckend, an der Ökonomie teil, das ist Matticks Ausgangspunkt. Seine fixe Idee ist, dass die bürgerlichen Krisenlösungsversuche nach dem Zweiten Weltkrieg tatsächlich die Krisen verschärfen, indem sie sie gleichsam aufstauen. Dass Mattick sich seit Beginn der 1950er-Jahre für einen sehr langen Zeitraum, etwa 15 Jahre, dieser Arbeit widmet, ist sofort verständlich: Mit Keynes stellt ein erzbürgerlicher Theoretiker die Krise in den Mittelpunkt seines Denkens, wie Marx geht er von der langfristigen sinken-

189 Eine Aufarbeitung der Arbeitslosenbewegung leistet Mattick in «Arbeitslosigkeit und Arbeitslosenbewegung in den USA. 1929–1935» (1936). Er schrieb die Studie für das Institut für Sozialforschung, das aber vor einer Veröffentlichung aus politischen Gründen zurückschreckte. Sie erschien erst 1969 als historisches Dokument.

190 Ein digitales Archiv aller Jahrgänge liegt vor unter aaap.be/Pages/International-Council-Correspondence.html

den Rate der Kapitalbildung aus. Gelingt es Keynes, diese Krise theoretisch zu meistern und daraus praktische Schritte zu ihrer Behebung zu folgern, ist tatsächlich der Marxismus als Theorie der Krise und in dieser Folge Theorie der Revolution überwunden. Jenseits von Antikommunismus und Stalinismus sieht Mattick in der Nachkriegszeit eine ganz andere Gefahr: Ist es dem Bürgertum vielleicht doch möglich, sich theoretisch – und dann auch praktisch – am eigenen Schopfe aus dem Sumpf zu ziehen? Gelingt ihm die Einsicht in die innere Struktur kapitalistischer Krisen und kann es daraus lebensverlängernde Maßnahmen ableiten?

Mattick schreibt in der Kenntnis, dass der überentwickelte Kapitalismus zu seiner eigenen Revitalisierung nicht davor zurückschreckt, nahezu sämtliche Elemente des Sozialismus in sich aufzunehmen. Die Nazis feierten Kostümfeste der Arbeiterbewegung, und die Bolschewisten verkündeten die Einführung der Planwirtschaft, während die liberalen Demokratien des Westens sich zum Wohlfahrtsstaat mauserten und das gesellschaftliche Solidarprinzip propagierten.[191] Jede Idee des Sozialismus schien aus ihrem ursprünglichen System herausgebrochen und «viel besser» von seinen Feinden verwirklicht. Jede – bis auf das fundamentale Verständnis, dass die Emanzipation der proletarischen Massen nur durch sie selbst geschehen kann. In dem Maße, in dem der Sozialismus sich verbürgerlichte und in den Extremformen dieser Bewegung sich nazifizierte und bolschewisierte, verschwand die Idee der Selbstorganisierung und Selbstbefreiung. Sie war der Kern der Marxschen Kritik, weswegen es für Mattick nie einen Grund gab, von seiner ursprünglichen rätekommunistischen Orientierung abzuweichen.

Mattick sieht Keynes' entscheidenden – vom Bourgeois-Standpunkt aus gesehen: notwendigen – Fehler darin, dass er von der Warenproduktion für den Konsum ausgeht, während für Marx Produktion der Waren zum Zweck der Kapitalbildung stattfindet. Keynes bleibt an der Oberfläche gesellschaftlicher Phänomene. Kapital ist ihm kein Selbstzweck, sondern ein Mittel. Die Krisenlösung besteht vereinfacht darin, den Konsum zu stärken – und zwar so, hier fangen die Verrenkungen an, dass darüber die Wirtschaft wieder in Schwung gerät. Aus sich kann

191 Zu diesem Komplex herausragend: Wolfgang Schivelbusch, «Entfernte Verwandtschaft: Faschismus, Nationalsozialismus, New Deal 1933–1939» (2005).

das Kapital als politische Ökonomie das nicht leisten, also greift der Staat ein. Es entsteht ein gemischtes Wirtschaftssystem, wie Mattick es ausdrückt, in dem Marktstrukturen neben staatlichen Planungsvorhaben – auf Dauer nicht konfliktfrei – koexistieren. Matticks zentraler Gedanke, den er wieder und wieder seinen Lesern einhämmert, lautet deshalb:

«Das Kapital (d.h. die Produktionsmittel) ist und bleibt Eigentum einer bestimmten Klasse, unbeschadet des Umfangs der Kapazitätsausnutzung. Der Staat kann auf diese produktiven Ressourcen nur durch Einkäufe Einfluss nehmen; um das zu bewerkstelligen, muss er sich zunächst Geldmittel durch Steuern und Anleihen verschaffen. Will der Staat die Wirtschaft stabilisieren, so darf die Produktion, deren Steuerung er übernimmt, nicht der Produktion der privaten Unternehmen schaden. Er verlegt sich deshalb auf Bereiche, die dem Privatkapital keine Konkurrenz machen, sonst würde er die effektive Nachfrage im privaten Sektor im selben Maße verringern, wie er sie durch seine eigene Unternehmung erhöht. Um einen Rentabilitätsschwund der Einzelkapitale zu vermeiden, muss er sich auf die nichtrentable Produktion beschränken. Das Endprodukt dieser staatlichen Produktion (nützliche oder verschwenderische Arbeiten der öffentlichen Hand) ist nicht für den Markt bestimmt. Sicherlich steigern diese Unternehmungen die Produktion insgesamt, da man ja hier zu einem Endprodukt – ohne Warencharakter – nur kommt, indem die vorgelagerten Produktionsstufen eingeschaltet werden: Rohstoffproduktion, Konsumgüterproduktion für die zusätzlichen Arbeitskräfte, Ergänzung und Erneuerung des Maschinenparks. Gleichwohl stößt man immer nur auf Produkte, die zum Selbstkostenpreis erstellt wurden, ohne dass sie auf dem Markt zu Marktpreisen erhältlich sind. Verkäufe aller Warenarten sind im Endprodukt erhalten; es gibt jedoch keine Käufer für dieses Produkt. Wenn der ‹Käufer›, der Staat, Geldmittel aus Steuern oder Anleihen ausgibt, so entspricht das genau dem Fonds, der ihm zufließt von den Verkäufern aller der Waren, die Bestandteil staatlicher Produkte und Dienstleistungen sind. Genauer gesagt, er transformiert das Geld der Verkäufer in Arbeiten der öffentlichen Hand.»[192]

192 «Akkumulation, Wert, Wirtschaftsentwicklung. Über die Komponenten der Marxschen Ökonomiekritik», in Mattick 1975, S. 111.

Eine Münchhausiade. Der Staat, der dem Kapital als deus ex machina gegenübertritt, kann dies nur, weil ihm über die Steuern finanzielle Mittel aus dem Verwertungsprozess zur Verfügung stehen.

«Die Steuern sind ein Teil der Revenue, die sich über die Transaktionen auf dem Markt realisiert; sie werden vom Kapital abgezogen und verringern daher die Profite, wobei es unwichtig ist, ob diese konsumiert oder wieder investiert werden. Werden sie jedoch ‹gespart›, dann besteht das Kapital in Geldform als Privatschatz; in dieser Hinsicht wirkt es nicht ‹kapitalistisch›. Ebenfalls nichtkapitalistisch ist die Wirkungsweise, die ihm der Staat verleiht, wenn er das Kapital zu nichtrentablen Zwecken gebraucht. Anstelle einer Schatzbildung ohne kapitalistische Nutzung haben wir hier eine Dienstleistungs- und Güterproduktion ohne kapitalistische Nutzung. Die Steuern, die der Staat für seine Käufe benötigt, werden der Wirtschaft abverlangt und fließen in sie zurück. Die Wirtschaft erhält ihre Geldmittel auf dem Wege von Käufen der öffentlichen Hand zurück und liefert dem Staat dafür Güter und Dienste. Es handelt sich um eine sozusagen nicht über den Preis gesteuerte Zuteilung von Gütern und Diensten durch den Staat. Mit der Zunahme solcher Maßnahmen hört die Produktion teilweise auf, kapitalistisch zu sein; sie bezeichnen den Verfall des kapitalistischen Systems als eines, das auf dem Profit der Privatunternehmen beruht. Die Mittel, die für die Schuldenfinanzierung in Anspruch genommen werden, fließen ebenfalls wieder in die Wirtschaft zurück als Zahlung der staatlich geregelten Produktion. Diese Ausgabe, die stetig zunimmt, bildet die Staatschuld.»[193]

Der Staat vergrößert das Produktionsvolumen, trägt aber nicht originär zur Kapitalakkumulation bei. Er weicht in gesellschaftliche Sphären aus, die noch nicht kapitalisiert gewesen sind und entzieht sie so dem Kapital. Er zerstört Märkte, macht Industrien von sich abhängig und zersetzt langfristig die Grundlagen der Kapitalakkumulation. Auch seine eigenen, denn damit die Steuerpolitik kein Nullsummenspiel bleibt (was er dem Kapital in Form von Steuern abzweigt, gibt er als Zahlung für Güter und Dienstleistungen wieder zurück), muss er Schulden machen.

193 Ebd., S. 111f.

Der Staatsinterventionismus kann das grundsätzliche Problem nicht lösen: Die Krisen entstehen letztlich aus einem Mangel an akkumulierbarem Mehrwert. Mit jeder neuen Investition vergrößert sich zwar absolut die Masse des Mehrwerts, nimmt aber relativ gesehen ab, weil die organische Zusammensetzung des Kapitals steigt – um immer mehr Mehrarbeit, also Mehrwert aus der Arbeitskraft zu pressen, beansprucht das technologische, industriell-maschinelle Kommando immer größeren Einsatz von Investitionen. Produziert der Staat selber, dann ist er ein Kapitalist unter den anderen. Als Staat kann er bloß umverteilen, was schon produziert ist.

In den «privatöffentlichen» Feldern wie Wohlfahrtsleistungen, Rüstungsproduktion und Infrastruktur schafft der Staat Nachfrage. Er gibt dafür Geld aus, was er durch Aufnahme von Schulden, die Erhöhung von Steuern oder eine Kombination aus beidem generiert. Dadurch saugt der Staat Mehrwert aus dem privaten Sektor ab, andererseits bleibt der öffentliche Sektor unprofitabel, weil in ihm keine Selbstverwertung des Gesamtkapitals stattfindet. Die Profite, die dort entstehen, sind Zombie-Profite, real erscheinen sie als wachsende Staatsverschuldung. Der private Sektor muss höhere Steuern zahlen oder Staatsanleihen zeichnen, damit der Staat das Geld hat, um im öffentlichen Sektor zu investieren. Der Staat verschuldet sich immer mehr, während der öffentliche Sektor Güter herstellt, die erstens nur partiell Investitionsgüter sind (Waffen, Wohlfahrt… bei Investitionen in die Infrastruktur sieht es allerdings anders aus) und zweitens dem Markt entzogen sind, weil ihr einziger Abnehmer der Staat ist. Damit sind sie für die Akkumulation nicht brauchbar. Die keynesianische Interventionspolitik, angetreten, die Krise zu überwinden, erweist sich als eines ihrer treibenden Momente. Der Keynesianismus bewahrt das Kapital nicht vor der Zerstörung seiner Grundlagen und erspart dem Proletariat nicht die Revolution.

Das Akkumulationsmodell von Mattick impliziert bereits den totalitären Staat, auch wenn dieser nominell weiter als Demokratie bestehen kann. Ab einem bestimmten Grad der Krise schreitet der Staat ein, und es setzt schon eine gigantische Machtkonzentration voraus, dass er überhaupt einschreiten kann. Er verschafft den Kapitalen Aufträge der öffentlichen Hand, die aber keine gesamtgesellschaftliche Akkumulation aus sich stiften können, allein das Produktionsvolumen wird aufgebläht. Dadurch findet eine schleichende Enteignung des produktiven Kapitals statt und ein immer größer werdender Sektor von Zombiefirmen und -branchen entsteht. Es wächst ein wahrer Monsterkapitalismus heran, der politisch immer mehr auf die nackte Kontrolle über die Arbeiterklasse abzielt – oder auf andere, integrativere Modelle setzt wie das der Volksgemeinschaft, der innerstaatlichen Feinderklärung oder des nationalen Verteidigungskrieges, in denen Terror und Solidarität sich verschränken.

Matticks Keynes-Kritik, eigentlich eine Analyse des gesamten westlichen Nachkriegskapitalismus, war bahnbrechend. Hier, und nicht in einer allgemeinen Kritik des Verblendungszusammenhangs, war die Fundierung einer revolutionären Theorie zu finden! Mattick erlebte nach 1968 einige Jahre des Ruhms, den er stoisch ertrug. Er währte nicht lange, denn all die begeisterten Mattick-Rezipienten schienen zwei Sachen überlesen zu haben. Mattick dachte nicht mehr in kurzen Zeitperioden. Für ihn waren Krisen prinzipielle Möglichkeiten der Neukonstituierung einer autonomen proletarischen Bewegung. Einer exakten Prognose verweigerte er sich, geradezu abwehrend schrieb er 1972 seinen spontaneistischen Adepten ins Stammbuch, «daß man weder von dem gegebenen Klassenbewußtsein, noch von den objektiv gegebenen ökonomischen Bedingungen Schlüsse auf die unmittelbare weitere Entwicklung ziehen kann. Läßt sich aus den ökonomischen Vorgängen heraus nichts Bestimmtes über die Entwicklung des Klassenbewußtseins sagen, so ist auch umgekehrt der gegebene Stand des Klassenbewußtseins kein Maßstab für den weiteren Gang der Geschichte» (S.15).

Aber noch viel wichtiger für ihn war, dass er *nicht* für die Intellektuellen schrieb, die ihn für einige Jahre nach 1968 zum wichtigsten marxistischen Krisentheoretiker erklärten. Seine Theorie blieb streng auf die möglichen Aktionen einer neuen Arbeiterbewegung bezogen. Er empfahl den Arbeiterinnen und Arbeitern «die ausschließliche Bezugnahme auf ihre eigenen direkten Interessen, ohne Rücksicht auf den Stand der kapitalistischen Wirtschaft. Durch Streik und direkte Aktion sollten die Arbeiter in der Krise wie in der Prosperität versuchen, ihre Lebenslage auf Kosten des Mehrwerts zu verbessern oder wenigstens versuchen, es dem Kapital unmöglich zu machen, die Krise auf Kosten der Arbeiter zu überwinden. Der Klassenkampf, der das Kapital an seinem Lebensnerv, dem Profit, bedroht, wird notwendigerweise zu einem politischen Kampf.»[194] Eine akademische Diskussion, etwa um Modifikationen des Keynesianismus oder um die Anschlussfähigkeit seiner Theoreme, interessierte ihn nicht. So etwas nimmt der Betrieb einem übel. Als Mattick am 7. Februar 1981 in Cambridge, Massachusetts, nach schwerer Krankheit starb, waren seine Schriften bereits aus der Diskussion der Linken verschwunden.

194 Aus der Diskussion nach dem Hannoveraner Vortrag «Weltwirtschaftskrise und Arbeiterbewegung», in Mattick 1976, S. 32.

9 Das verdiente Ende der Sozialdemokratie: Durchbruch zum Faschismus

«Vor allem mußte aber die Arbeiterklasse für die Durchführung des totalen Krieges gewonnen werden; ohne ihren Einbau in den modernen Militarismus können keine Kriege mehr ausgefochten werden.»
Willy Huhn, 1946[195]

«Der Nationalsozialismus konnte nur auf den Schultern der vorhergehenden Arbeiterbewegung zu einer solchen Macht gelangen.»
Anton Pannekoek, 1941/42[196]

«So beruhigte sich der soziale Nationalismus der Sozialdemokraten von 1914 im Nationalsozialismus von 1933.»
Karl Korsch, 1941[197]

Die Faschismusanalysen des Rätekommunismus beginnen in den 1930er-Jahren noch als Theorie für den direkten Klassenkampf. «Der faschistische Staat ist ein moderner Staat», hatte es Karl Korsch 1931 in seinen «Thesen zur Kritik des faschistischen Staatsbegriffs» umrissen, «er bedeutet keine Rückkehr zu vorbürgerlichen Staatsstrukturen. Der Korporativstaat hat nichts zu tun mit dem ‹Ständestaat›. – Der Faschismus als ‹Gegenreform›.»[198] Das war eine Kritik an allen Vorstellungen, der Faschismus stelle einen Rückfall in vorbürgerliche Herrschaftsformen dar («Ständestaat»), sei gegenüber der parlamentarischen Demokratie reaktionär und wenig mehr als die Selbstbehauptung rückständiger Schichten und schwacher Kapitalfraktionen in der – und gegen die – kapitalistische Konkurrenz. Wäre das der Fall, dann wäre eine Einheitsfront aller

195 Ders., «‹Militaristischer Sozialismus›. Ein Beitrag zur Enthüllung der nationalsozialistischen Ideologie» (1946), in Huhn 2017, S. 775.
196 Pannekoek 2008, S. 180.
197 Ders., «The Fight for Britain, the Fight for Democracy and the War Aims of the Workings Class» (1941), in Brenner 1965, S. 78.
198 Korsch 1974, S. 245.

Antifaschisten resp. aller Demokraten geboten, dann hätten Proletarierinnen und Bürger das gleiche Kampfziel: Abwehr des Faschismus. Korsch betonte dagegen die Modernität des Faschismus. Er ist keine Revolte gegen den bürgerlichen Klassenstaat, sondern seine Reformierung – die «Gegenreform» zu allen sozialdemokratischen Maßnahmen des sozialen Ausgleichs, seine Opfer sind nicht «wir aufrechten Demokraten», sondern immer noch das Proletariat. Um ihn zu verstehen, darf man nicht von der Schwäche bestimmter Teile der (Agrar-)Bourgeoisie und den Ängsten der Kleinbürger ausgehen, die der Faschismus mobilisiert. Ausgangspunkt ist vielmehr die Stärke des Kapitals, sein Drang zur imperialistischen Expansion und seine Überlebensstrategie, die Krise, in die es sich selbst manövriert hat, auf den Rücken der Arbeiterinnen und Arbeiter abzuwälzen. Korschs zentrale Aussage «Der faschistische Staat ist ein moderner Staat» ist erster Leitsatz für die hier vorgeschlagene Rekonstruktion der rätekommunistischen Faschismus- und NS-Analyse. Der zweite stammt von Anton Pannekoek: «Der Faschismus war die Antwort der kapitalistischen Welt auf die Herausforderung des Sozialismus.»[199]

Beide Sätze sind kämpferisch und an ein kämpfendes Proletariat gerichtet. In ihnen klingt die Hoffnung nach, dass sich die antifaschistische Haltung des Proletariats zu einer antikapitalistischen radikalisieren ließe: Im Februar 1934 wagte das Wiener Proletariat den bewaffneten Aufstand gegen die Faschisierung der österreichischen Gesellschaft; wenig später wehrten sich die Amsterdamer Armen und Arbeitslosen militant gegen die Kürzung von Sozialleistungen («Jordaanoproer»); 1936 kämpfte die spanische Revolution gegen den Faschisten Franco. Ebenfalls gegen eine aggressive Rechte siegte in Frankreich die von Streiks und proletarischer Militanz getragene Volksfrontregierung. In den USA erfasste eine mächtige Streikwelle die gesamte große Industrie, um die Ausgrenzung moderner Gewerkschaften aus den Betrieben zu beenden und zu unterbinden, die Folgen der Krise weiter zur ausschließlichen Angelegenheit der Arbeiterinnen und Arbeiter zu machen. Keines dieser Ereignisse war wirklich offensiv-sozialistisch oder – siehe Spanien – von Dauer. Sie zeigten aber, dass das globale Proletariat trotz seiner schrecklichen Niederlagen in der Sowjetunion, in Deutschland und Italien noch nicht tot war. Daran knüpften

199 Pannekoek 2008, S. 161.

sich Hoffnungen, auch im rätekommunistischen Milieu. Sie zerstoben binnen weniger Jahre, ja Monate.

Anfang 1940 schrieb Heinz Langerhans in seinen «Theses on War», einem innerhalb der holländisch-amerikanischen Gruppen zirkulierenden Papers: «Es ist einer der wichtigsten Unterschiede der gegenwärtigen Situation zu der Situation von 1914–1918, dass am Anfang des gegenwärtigen Krieges kein Zusammenbruch von mehr oder weniger ideologischen Prinzipien, kein 4. August steht. Für die Vorkriegs-Arbeiterbewegung galt es noch als ein allgemeiner Gesichtspunkt, alle Militärausgaben abzulehnen. Man ließ sich höchsten zu einem Kuhhandel: ‹Soziale Rechte für Kanonen› herbei. Für die Nachkriegs-Arbeiterbewegung wurde es mehr und mehr, und nach 1933 ohne Ausnahme, selbstverständlich, die Aufrüstung mitzumachen.»[200]

Es gab keinen Verrat. Konnte man nach jenem 4. August 1914, als der Reichstag einstimmig die Kriegskredite bewilligte, von einem Scheitern der Arbeiterbewegung sprechen, weil die SPD sich als unwillig erwies, an ihren eigenen Antikriegsbeschlüsse und internationalistische Schwüre festzuhalten, so galt dies für den 1. September 1939 nicht mehr. Um Faschismus und Nationalsozialismus zu verstehen, musste man den Rahmen, ihn unmittelbar als Problem des Klassenkampfes zu behandeln, verlassen. Faschismus und NS galt es in die Analyse der Entwicklung des kapitalistischen Systems zu integrieren. Zu dieser Entwicklung trug die Arbeiterbewegung wesentlich bei. Wer jetzt nach 1939 die Geschichte des Kapitalismus schrieb, musste auch die des Faschismus schreiben – und die der Arbeiterbewegung. Um Horkheimer («Wer aber vom Kapitalismus nicht reden will, sollte auch vom Faschismus schweigen.») zu variieren: Wer von den faschistischen Konsequenzen der kapitalistisch-bürgerlichen Integration der Arbeiterbewegung nicht reden will, sollte auch von ihrem Reformismus und Revisionismus schweigen. Der Clou ist, die Kritik des Reformismus ins Verhältnis zur faschistischen Integration zu setzen.

Faschismus und Nationalsozialismus – wie auch in einem weiteren Sinne «New Deal«-Kapitalismus und Bolschewismus – sind Spielarten des sich totalitär entwickelnden Kapitalismus. Dieser beruht auf der Integration der Arbeiterbewegung – nicht der Arbeiterklasse, denn die Klassenstruktur der Gesellschaft

200 Langerhans 1940, S. 1.

bleibt bestehen, vertieft sich sogar! – und seiner Wendung ins aggressiv Imperialistische. Beides bedingt sich – keine Integration ohne Imperialismus; kein Imperialismus ohne Integration. Beides findet sein Urmuster in der Katastrophe von 1914, dem Ausbruch des Ersten Weltkriegs und dem Zusammenbruch des offiziellen Marxismus. Zentral hierbei ist die Rolle der Sozialdemokratie. Der Rätekommunismus verstand sich stets als Kritik der Arbeiterbewegung, das ist auch der Ausgangspunkt für die Kritik am Faschismus: Was haben die Arbeiter und ihre offiziellen Führer selbst dazu beigetragen? Es lag nie in der Absicht der Rätekommunisten, eine Gesellschaftsgeschichte von Faschismus und NS zu schreiben.[201] Deshalb sollte man ihre Faschismusanalyse nicht überlasten. Der Antisemitismus etwa findet keinen zentralen Stellenwert in der Darstellung (bei Pannekoek hingegen durchaus – dazu später).

Dieser Mangel trifft auf eine Stärke, auf die wir, die wir sensibilisiert sind für die tiefe Verwurzelung des Antisemitismus in allen Manifestationen des Nationalsozialismus, nicht verzichten sollten: Die Ursprünge von Faschismus und NS dort zu suchen, wo sie laut den parlamentarisch-demokratischen Antifaschisten auf keinen Fall gesucht werden dürfen: In der Herausbildung des modernen Kapitalismus, der wesentlich auf der Gleichberechtigung («Sozialpartnerschaft») der Arbeiterbewegung im kapitalistischen Gefüge beruht.

Die Sozialdemokratie entschied sich nach 1890 gegen die Idee der Revolution und für den Klassenkampf, nicht aus moralischer Schwäche, sondern aus einer realistischen Einschätzung der Lage. In Klassenkämpfen war unmittelbar mehr zu gewinnen – man opferte die Zukunft der Bewegung dem Tageserfolg der Partei –, mit jedem gewonnenen Klassenkampf weitete sich der Horizont der bürgerlichen Gesellschaft. Die Arbeiter «lernten in Begriffen der bürgerlichen Demokratie zu denken; sie fingen an, von sich selbst als Konsumenten zu sprechen; sie wollten an den Errungenschaften von Kultur und Zivilisa-

201 Die Fragestellung Willy Huhns ist da sehr präzise: «Man muß […] die Frage von der sozialökonomischen Seite her aufrollen, d.h. von den Fundamenten des nationalsozialistischen Hauses ausgehen. Diese bestehen aber in einer militarisierten Gesellschaft und damit auch in einer ‹totalen› Kriegswirtschaft. Man darf also nicht nach der Dauer des NS fragen, sondern man muß untersuchen, wie dauerhaft die auf den Totalkrieg zugeschnittenen politisch-ökonomischen Formen sind!» («Bilanz nach zehn Jahren», 1939, in Huhn 2017, S.741)

tion teilnehmen. […] Statt das Ende der kapitalistischen Wissenschaft zu fordern, verlangte man nach Wissenschaftlern aus der Arbeiterklasse; statt das kapitalistische Recht abzuschaffen, wünschte man die Ausbildung von Juristen aus der Arbeiterklasse …».[202]

Das ist nicht weniger als Selbstbetrug, denn die Siege der Arbeiterbewegung waren nichts im Vergleich zu den Gewinnen der Kapitalistenklasse: Die Klassenkämpfe zwangen das Kapital zu einer Steigerung der Formen der relativen Mehrwertgewinnung – nicht mehr über die offensichtliche, repressiv wirkende Ausdehnung des Arbeitstages, sondern über die Verfeinerung der Produktivkräfte, seit den 1920er-Jahren unter dem Label «Rationalisierung» firmierend. Zwar stiegen die Löhne absolut, sanken aber gemessen an den Produktivitätszuwächsen des Kapitals. Produktivitätszuwächse sind aber nichts anderes als neue, technologische Formen der Ausbeutung.

Paul Mattick hatte 1939 in seiner Abrechnung mit dem offiziellen Marxismus, den in den Jahren zwischen 1895 (Friedrich Engels' Tod) und 1914 (Ausbruch des Weltkriegs) keiner anderer so repräsentierte wie Karl Kautsky (1854–1938), diese Dialektik beschrieben. Es war der Weg der sozialdemokratischen Ideologie «von Marx zu Hitler». «Unter den Bedingungen einer wachsenden Formierung des Kapitals führten verbesserte Arbeitsbedingungen und ein Anstieg der Kosten der Arbeit zu einer Umwandlung der Arbeitskämpfe in eine Verstärkung kapitalistischer Expansion. Wie der kapitalistische Wettbewerb dienten die Arbeiterkämpfe als Antrieb für weitere Kapitalakkumulation und verstärkten kapitalistischen ‹Fortschritt›.» (ebd., S. 48)

Er legt entsprechend die Gegenfinalität des Klassenkampfes frei: «So diente selbst der Klassenkampf der Arbeiter zwar nicht den Bedürfnissen der individuellen Kapitalisten, aber des Kapitals. Die Siege der Arbeiter wandten sich immer gegen die Sieger. Je mehr die Arbeiter gewannen, um so reicher wurde das Kapital. Die Kluft zwischen Löhnen und Profiten wurde mit jedem Anstieg des Gewinnanteils der Arbeiter größer. Die scheinbar wachsende Bedeutung der Arbeit war tatsächlich eine zunehmende Schwächung ihrer Position im Verhältnis zum Kapital.» (ebd., S, 49) Damit war die erste Etappe – chrono-

202 Mattick, «Karl Kautsky: Von Marx zu Hitler» (1939) in: AGWA, Bd. 13, Fernwald/Annerog 1994, S. 49.

logisch befinden wir uns in den Jahren vor 1914 – hin zum späteren Faschismus abgeschlossen: Klassenkampf als direktes Mittel, sich in die bürgerliche Gesellschaft hineinzukämpfen und ihre Formen – Formen der Abhängigkeit und Unterdrückung – proletarisch umzudeuten (etwa als «proletarische Kultur»); Klassenkampf als indirektes Mittel der Steigerung der Mehrwertabpressung. Sollte das Proletariat doch irgendwann mehr, gar: alles, wollen, sollte es über die Stränge schlagen und die Revolution fordern, bedeutete dies den Untergang der alten Arbeiterbewegung und ihrer Institutionen, eine unmittelbare Gefahr für die Partei- und Gewerkschaftshierarchien. In der Sozialdemokratie begann sich spätestens 1916/17 eine regelrechte Revolutionsphobie auszubreiten. Aus der Ideologie des Klassenkampfes als Mittel zur Sozialpartnerschaft wurde der Pakt mit den Mächten des Militärs und des Großkapitals, um gegen aufmüpfige Arbeiterinnen die Perspektive der gesamtgesellschaftlichen Planung unter Bändigung aller ihrer Kräfte aufrechtzuerhalten. Mattick lakonisch: «Es ist die alte Politik von Kautsky, im Austausch für Millionen tote Arbeiter in den kommenden kapitalistischen Schlachten Konzessionen von der Bourgeoisie zu fordern.»[203]

Diese sozialchauvinistische Politik wirkte aber in einer krisenhaften Situation des Weltkapitals – «Die durch die Zweite Industrielle Revolution gestellten Aufgaben waren auf liberalem Niveau nicht zu bewältigen. Sie hatten revolutionären Charakter.»[204] – gleichzeitig stabilisierend wie beschleunigend. Sie stabilisierte den nationalen Kapitalismus und beschleunigte seinen imperialistischen Drang. «Die moderne Arbeiterbewegung hatte in ihren lokalen und Generalstreiks in Rußland (z. B. 1905), in Italien (z. B. 1904) und in Deutschland auch durch die mächtige Entfaltung der Gewerkschaften neue Energien der sozialen Organisation enthüllt, deren militärische Bedeutung jedem einsichtigen Kopf klar war und die für den Kriegsfall nutzbar zu machen jedem weitsichtigen Nationalisten und weitblickenden Militär als Aufgabe vor Augen stand. Diese Aufgabe war unlösbar, solange die sozialistische und die gewerkschaftliche Bewegung dem Staate feindlich gegenübertraten. Der Staat mußte den Arbeitern näherkommen, und er tat dies auf

203 Ebd., S. 60.

204 Heinz Langerhans, «Krieg und Faschismus», in Langerhans 2004, S. 27.

sozialpolitischem Gebiet in Deutschland, wodurch tatsächlich eine Mehrheit der Gewerkschaften und der Sozialisten ‹staatsbejahender› wurde. Die deutsche Kriegswirtschaft war bekanntlich nicht nur durch Hindenburg und Ludendorff, sondern auch durch Legien charakterisiert», so Willy Huhn 1939.[205]

Mit Legien war Carl Rudolf Legien (1861–1920) gemeint, der seit 1913 als Gewerkschaftsführer an allen korporatistischen Abkommen mit Militär und Kapital federführend beteiligt war. «Im modernen Krieg ist der Arbeiter als Produzent der Waffen und der Kriegsmittel so wichtig wie der Soldat, der sie anwendet und verbraucht. Das große Problem des modernen Krieges ist es also, wie man ihn wirtschaftlich sichert, d.h. aber in erster Linie, wie man ihn arbeitspolitisch sichert.»[206] Moderne Kriege, das wurde 1914 schockhaft klar, werden nicht mehr primär durch Taktik und Strategie entschieden, also durch die Entwicklung der Kriegskunst, sondern durch die Produktivkräfte. Durch ihre massenhafte Konzentration, die äußerste Anspannung ihrer Entwicklungspotenziale – und negativ gesprochen: durch ihre Zerstörung. Auch in modernen Kriegen mögen Heere noch in offener Feldschlacht geschlagen werden, aber entscheidend ist die Zerstörung ihrer Infrastruktur, die Zerstörung der Räume, in denen sie sich bewegen. Seit dem Ersten Weltkrieg verweisen die Kriege direkt auf die ökonomische Potenz einer kriegführenden Nation. Die Zelle dieser Potenz sind aber die Arbeiterinnen und Arbeiter. «Im gleichen Ausmaß, wie die Gesellschaft sich im Imperialismus militarisierte, hat sich der Militarismus vergesellschaftet. Der gleiche historische Prozeß, der die Gesellschaft nach militärischen Gesichtspunkten durchorganisierte, führte auch zur restlosen Unterordnung des Militärs unter die allgemeinen Gesichtspunkte der bürgerlichen Gesellschaft. Im Nationalsozialismus wie im Bolschewismus und Faschismus decken sich heute die Begriffe Militarismus und (Staats-)Sozialismus!»[207]

205 Huhn 2017, S. 729.

206 Ebd.

207 Ebd. S. 736. Und an anderer Stelle: «Die stete sorgfältige Organisation und Vorbereitung der industriellen und wirtschaftlichen Mobilmachung ist die eigentliche Waffe der kapitalistischen Gesellschaft, fürchterlicher als das Kriegsflugzeug und der Tank. Der industriellen und wirtschaftlichen Mobilmachung ist bei jeder entwickelten fabrikindustriellen kapitalistischen Macht mit gesetzlichen und anderen staatlichen Vorkehrungen intensiv der Weg gebahnt.» (Huhn 2017, S. 778) Anders gesagt –

Damit war die zweite Etappe abgeschlossen: Die Integration der Arbeiterbewegung führte nicht nur zu ihrer Verbürgerlichung, sondern beschleunigte im Angesicht des Krieges die Militarisierung der gesamten Gesellschaft. Damit wurden aber auch – wie sich im Revolutionsjahr 1918 zeigte – Krise und Zerfall dieser Gesellschaft beschleunigt. Die Arbeiterklasse drohte sich in wilden Streiks, Hungerrevolten, Massendesertationen an der Front, schließlich offenen Sabotageaktionen und Aufständen als revolutionäre Klasse neu zu konstituieren. Die dritte Etappe ist eröffnet: Abwendung der Revolutionsgefahr durch (Selbst-)Verstrickung der Arbeiterbewegung in «nationale Aufgaben». Heinz Langerhans analysierte 1934 diesen Übergang von der zweiten zur dritten: «Der Aktionszerfall der Arbeiterbewegung, der die Voraussetzung des Sieges nationaler Revolutionen bildete, war nicht so sehr Folge einzelner revolutionärer Niederlagen, sondern vor allem Folge der Lähmung und Zersetzung, die die tatsächliche Verknüpfung von Arbeiterbewegung mit sozialreformerischen und politischen revolutionären Aufgaben, also die tatsächliche Verknüpfung von bürgerlicher und proletarischer Revolution bewirkte. Da die Arbeiterbewegung bis 1914 in Lohnkämpfen, Tarifverhandlungen, Wahlschlachten und Sozialpolitik tatsächlich den Rahmen der auf Lohnarbeit und Kapital beruhenden Staats- und Gesellschaftsform an keiner Stelle zu durchbrechen sich angeschickt hatte, da neben diesem tatsächlichen ‹Tageskampf› das ‹Endziel›, wie man es nannte, als die zugehörige Ideologie höchstens die Vorstellung ‹politischer Revolution› enthielt, und da proletarisch-revolutionäre Minderheiten, transzendierende utopische Unterströmungen, unter diesen Umständen selber nur eine weitere ideologische Ergänzung zu den tatsächlichen innerkapitalistischen Lohnarbeiteraktionen abgeben konnten – mit einem Wort: da die in dem revolutionären Zyklus 1850–1917 angesammelten Revolutionsenergien mit nationalen Aufgaben beschäftigt waren, traten die Arbeiter völlig unvorbereitet in eine Situation ein, in der sie nur weltrevolutionär siegen konnten.»[208]

Jeder Umweg, den der proletarische Kampf nimmt, um aus einer vermeintlichen oder tatsächlichen Schwäche heraus mit

und ungebrochen gültig: Die Trennung von Kriegs- und Friedensökonomie, von Produktivkraftfortschritt und Imperialismus ist eine Illusion.

208 Heinz Langerhans, » Die nächste Weltkrise, der Zweite Weltkrieg und die Weltrevolution» (1934), Langerhans 2004, S. 20.

dem «kleinen Übel» gegen das große zu paktieren, also mit den Bürgerlichen gegen den Faschismus, mit den Sozialdemokraten gegen die Mächte des Ancien Regime, mit den Faschisten gegen «Versailles», mit Stalin gegen den Imperialismus, weil erst der Sieg gegen das große Übel den Kampf gegen das kleine mögliche machte, führt zur Niederlage des Proletariats. Denn das große Übel reproduziert sich im kleinen, dieses erweist sich als Vermittlungs- und Übergangsform zu jenem. Der Übergang zu «klassenlosen Ersatzformen», konkret: zum Antifaschismus und zur sozialistischen Realpolitik (à la: die Sowjetunion ist zwar ein degenerierter Arbeiterstaat, aber immer noch ein Arbeiterstaat), bedeutet immer eine Aufgabe autonomer Kampfpositionen der Klasse und damit ihre materielle wie geistige Selbstentwaffnung. Weil die Arbeiterbewegung ihr selbstbestimmtes Handeln aufgab, wurde es überhaupt möglich, den ‹militärisch-industriellen› Komplex, wie er sich nach 1914 herausgebildet hatte, total, die Gesellschaft voll umfassend und sie tief durchdringend zu reaktivieren. «Der Nationalsozialismus ist demzufolge tatsächlich eine ‹totale› historische Reprise, die nur möglich war auf Grund der politischen Schwäche der deutschen Arbeiterklasse in der Zeit von 1918/19 und ihrer Uneinigkeit im entscheidenden Jahre 1932», fasst Willy Huhn diese verhängnisvolle Konstellation zusammen.[209]

Sicher, nationalsozialistische Rhetorik und Politik richteten sich direkt gegen die legalen Kampfpositionen der Arbeiterbe-

209 Huhn 2017, S. 776. Diesen Text von 1946 veröffentlichte Huhn in der Ost-Berliner Zeitschrift «Aufbau», listigerweise unter den Augen der sowjetischen Besatzungsbehörden. Mit «dem entscheidenden Jahr 1932» spielt Willy Huhn auf den «Preußenschlag» an: Am 20. Juli 1932 wurde die geschäftsführende sozialdemokratisch Regierung Preußens durch eine Notverordnung des Reichspräsidenten Hindenburgs abgesetzt und kommissarisch durch den ultrarechten Kanzler Franz von Papen, Wegbereiter Hitlers, ersetzt. Formal legal war es tatsächlich ein Staatsstreich, der die letzte große sozialdemokratische Bastion in Deutschland schleifen und den Föderalismus aufheben sollte. Beides Voraussetzungen des wenig später folgenden Durchmarschs Hitlers. Unter der Hand war der Preußenschlag ein Testlauf, mit welchem Widerstand von Seiten der Arbeiterbewegung bei weiteren autoritären Staatseingriffen zu rechnen wäre. Wie sich herausstellte: mit gar keinem. Sozialdemokraten und Gewerkschaften reagierten nicht mit einem Aufruf zum Generalstreik, die KPD rückte nicht von ihrer antisozialdemokratischen Rhetorik ab, um eine Aktionseinheit herzustellen. Die gespaltene, geschwächte, immer mehr von Arbeitslosigkeit bedrohte Klasse ergriff nicht von sich aus die Initiative.

wegung, wie sie sich vor allem in der Tarifpolitik manifestierten. Nur so versicherten die Nazis sich der Unterstützung eines großen Teils der Industrie. Die Rolle der Sozialdemokratie ist zwiespältig: Einerseits formierte sie die Arbeiterbewegung und über ihre mächtigen Einflusskanäle auch die Klasse zu kriegswilligen Staatsbürgern, erklärte beginnend schon im Ersten Weltkrieg den widerspenstigen revolutionären Teil der Bewegung unversöhnlich zum Hauptfeind, bildete in ihren Abkommen mit dem Militär und den Monopolen totalitäre Formen des nationalen Militärsozialismus aus und umflorte sie in zahlreichen ideologischen Pamphleten. Andererseits wirkte sich ihre Position für die Rekonstruktion des deutschen Kapitals in der Krise der Weimarer Republik als Blockade aus. SPD und Gewerkschaften blieben an Klassenpolitik gebunden, die Vollendung der Volksgemeinschaft oblag anderen Kräften. Diese Ambivalenz (die Sozialdemokratie als Vorbereiterin, aber schließlich auch als Opfer des NS) kann man nicht auflösen, aber doch kontextualisieren, wenn man, wie Willy Huhn, den politisch-ideologischen Aspekt – etwa die SPD als Stütze der demokratischen Politik – nicht mit der tatsächlichen Dynamik sozialer Formen verwechselt: «Wir sehen nicht auf die Ideologie, sondern auf die Realität, d. h. nicht auf die ‹Staatsauffassungen›, ‹Marxismus-Leninismus-Stalinismus›, ‹Rassismus›, ‹Korporativismus› usw., sondern nur auf jene Verschmelzung und Durchdringung so vieler bis dahin getrennter gesellschaftlicher Funktionen, wie z.B. der politischen und wirtschaftlichen, ideologischen und militärischen, wie sie sich im kriegswirtschaftlichen System des ‹totalen Staates› zum ersten Mal in der Geschichte zusammenfinden.»[210] Anders gesagt: Die Kritik der Sozialdemokratie umfasst mehr als Verurteilung ihrer offen konterrevolutionären Politik 1918–23. Huhn nahm sie in seinem Werk in Angriff.

Er nimmt in der Geschichte des Rätekommunismus und überhaupt in der antibolschewistischen und antisozialdemokratischen Arbeiterbewegung eine Sonderrolle ein: Willy Huhn war, zwangsweise, ein Einzelgänger, der sich seine enzyklopädischen Kenntnisse über – nicht nur – Militarismus und Kriegssozialismus im Selbststudium aneignete – und das unter der Herrschaft des NS selbst, in den Jahren von 1933 bis 1939. Seine Forschungen und Literaturstudienverlaufen parallel zu den Arbeiten von Mattick, Korsch, Langerhans oder Pannekoek, ob-

210 Huhn 2017, S. 730.

wohl keinerlei Austausch bestehen konnte. Aus der Metaperspektive betrachtet sind die Arbeiten Huhns der Beweis, dass die jeweils individuell angewandte materialistische Methode genauer: die rätekommunistisch-materialistische zu den gleichen Ergebnissen kommt. «Eine radikale, permanent selbstkritische Neuorientierung der Arbeiterbewegung, jenseits von Sozialdemokraten, Stalinisten und der zwischen ihnen vergeblich vermittelnden Sekten, war zeitlebens Huhns politische raison d'être», schrieb sein Schüler Christian Riechers 1981 über ihn.[211] Huhn hatte das mit Mattick oder Korsch gemein.

Er wurde am 11. Januar 1909 in einem deutsch-nationalen Elternhaus geboren. Seit 1919 lebte die aus Metz stammende Familie in Berlin, Huhn blieb der Stadt bis an sein Lebensende verbunden. Der Tod seines Vaters 1929 war für den inzwischen gelernten Buchhändler eine Befreiung, Huhn engagierte sich im sozialistischen «Zentralverband der Angestellten», ging als marxistischer Sozialist 1931 in die SAP (Sozialistische Arbeiterpartei), einer Linksabspaltung der SPD, die übrigens auch Willy Brand zu ihren Mitgliedern zählte. Binnen weniger Jahre absolvierte Huhn einen Intensivkurs in Marxismus und Geschichte der Arbeiterbewegung. Wichtig war dafür sein Kontakt zu den halb landestinen Roten Kämpfern um Karl Schröder, einer aus der Asche der KAPD entstandenen rätekommunistischen Arbeitsgemeinschaft, die sich in der SPD organisierte. Über die Roten Kämpfer, die ihr Netzwerk bis 1936 aufrechterhalten konnten, dürfte er mit den Schriften der holländischen Rätekommunisten in Kontakt gekommen sein.

1933 und 1934 war er wegen politischer Arbeit zeitweise inhaftiert, danach verordnete er sich – und den wenigen Diskussionszusammenhängen, in denen er noch aktiv sein konnte –, strikte Zurückhaltung: keine halsbrecherischen politischen Aktionen, stattdessen Aufarbeitung der Katastrophe des Nationalsozialismus. Das Manuskript «Bilanz nach zehn Jahren», unmittelbar vor Kriegsbeginn 1939 fertiggestellt, ist Frucht dieser Arbeit. Anhand einer genetisch sich entfaltenden Kritik von Sozialdemokratie, Bolschewismus, Faschismus und Nationalsozialismus verfolgt er die Aufhebung kapitalistisch-bürgerlicher Formen der Politik wie der Ökonomie in Kriegswirtschaft und Imperialismus. Dieses faszinierende Manuskript – der ständigen Angst, von der Gestapo entdeckt zu werden, abgerungen – ist

211 Riechers 2009, S. 350.

der Nukleus seines Werks, das nach 1945 in einer kaum übersehbaren Masse von Essays, Vorträgen, ausgreifenden Manuskripten, Exzerpten, Materialsammlungen mündete, die wenigsten davon zu Lebzeiten veröffentlicht.[212] Sein Werk ist die vollständig durchgeführte Kritik – philosophisch, historisch, soziologisch – der zeitgenössischen Arbeiterbewegung aus rätesozialistischer Sicht. Gleichzeitig ist es mit allen Makeln des Einzelgängerdaseins geschlagen – Redundanz, abwegige Konsequenzen, Polemiken, die ins Leere gehen. Er versteigt sich bisweilen in einen rabiaten und obsessiven Antizionismus, der mehr über die Isolation und Verzweiflung des Autors als über den Gegenstand erzählt.

In der Nachkriegszeit ist Huhn, bis 1948 in Ostdeutschland, dann wieder in Westberlin, im Windschatten von SPD und SED als Volkshochschul-Lehrer aktiv, wieder halbklandestin knüpft er an rätekommunistische Netzwerke an und ist von 1950–1952 Chefredakteur der Zeitschrift «pro und contra», der er in diesen Jahren den rätekommunistischen Stempel aufdrückt, ihr Motto: «Weder Ost noch West – eine ungeteilte sozialistische Welt». Weil er in der Artikelserie «Der Sieg der Konterrevolution im Januar 1919» (1951)[213] die Verantwortung der SPD für die Niederschlagung der Revolutionsbewegung nachweist und die Partei damit an den Anfang der deutschen Entwicklung zum Faschismus stellt, wird er, der sich aus strategischen Gründen der Partei angeschlossen hatte, 1953 ausgeschlossen. Da die SPD den Bildungssektor Westberlins dominiert, kommt das einem Berufsverbot gleich. Er baut sich einen eigenen Studienkreis auf und gewinnt unter jungen, sozialistisch orientierten Studierenden einige Schüler. Sein Einfluss auf den Berliner SDS in dieser Zeit, bis etwa Mitte der 1960er-Jahre, ist nicht zu unterschätzen. «Sie bewundern an Willy Huhn seine enzyklopädische Kenntnis der deutschen, russischen und jüdischen Arbeiterbewegungen und der ihre Geschichte beharrlich begleitenden Ideologeme und zaghaften theoretischen Selbstaufklärungsversuche», erinnert sich Christian Riechers.

212 Auch die 2017 erschienene, vorzüglich zusammengestellte Werkausgabe «Auf der Suche nach Rosas Erbe. Der deutsche Marxist Willy Huhn (1909–1970)» bringt nur einen kleinen Teil der im Amsterdamer Institut für Sozialgeschichte archivierten Manuskripte, die unter dem Schlagwort «Willy Huhn Papers» aufgelistet sind (search.iisg.amsterdam/Record/ARCH00591).

213 Wieder in Huhn 2017, S. 485ff.

«Für gewöhnlich ignorieren sie dabei in cooler Macho-Manier seine Frau Lisa, die als politischer Mensch an den Diskussionen mit Kenntnis der Umstände und Personen teilnimmt, durch deren Lohnarbeit als städtische Verwaltungsangestellte sie dem fortdauernd Arbeitslosen […] bei einem sehr labilen Gesundheitszustand das wissenschaftliche Arbeiten überhaupt ermöglicht.»[214] Willy Huhn stirbt am 11. Februar 1970. Die didaktische Qualität seiner Marxismus-Kurse vermittelt sich noch heute, die Darstellung von Marxschen Gedanken ist von keinem Opportunismus angekränkelt. Auf Huhns Abgründe muss aber hingewiesen werden. In seiner ausführlichen biografischen Einleitung zur Huhn-Edition geht Herausgeber Jochen Gester auf einen 1942 für einen Freund geschriebenen Essay ein, in dem Huhn die «geschichtliche Notwendigkeit des Ostfeldzugs» legitimiert und «unseren» Sieg über Russland, dem «Koloss auf tönernen Füßen» herbeifantasiert. Ein schwarzer (brauner?!) Text, in dem Konformismus, zu dem Huhn gezwungen war, und persönliche Desorientierung, marxistischer Geschichtsdeterminismus der vulgärsten Sorte und die in der (deutschen, nicht-bolschewistischen) Linken zähe Russland-Feindschaft eine trostlose Liaison eingehen. Dieser Essay ist nicht konstitutiv für sein Werk – aber er ist eben auch kein Ausrutscher.[215] Später war sich Huhn im Klaren, dass er der Nazi-Propaganda auf dem Leim gegangen war.

Wegweisend hingegen bleibt seine «Bilanz nach zehn Jahren», dort hatte er die ökonomisch konstitutiven Elemente des Nationalsozialismus aufgezählt: «… die Form der Kriegführung im imperialistischen Krieg (Masseneinsatz), die wirtschaftlichen Erfahrungen des Weltkrieges (die Materialschlacht) und die hierzu notwendige kriegswirtschaftliche Organisation, die hierdurch geförderte monopol- und trustkapitalistische Durchdringung von Staat und Wirtschaft und damit die Aufhebung der einstigen liberalen Trennung politischer und ökonomischer Funktionen und schließlich die durch die Sozialdemokratie und die freien wie nationalen Gewerkschaften zum ersten Male gelöste Frage der Organisation, Führung und Beeinflussung der proletarischen Bevölkerung im Falle des Krieges!»[216] Heinz Langerhans nannte die Aufhebung der liberalen Trennung von

214 Riechers 2009, S. 353f.
215 Huhn 2017, S. 97ff.
216 A.a.O., S. 731.

Staat und Wirtschaft sowie die vollständige sozialpolitische Einbeziehung des Proletariats «Staatssubjekt Kapital»: «Die Weltkrisen haben Kapital und Staat, jene beiden Seiten des gesellschaftlichen Grundverhältnisses Lohnarbeiter-Kapitalisten zu einem einzigen Schutzpanzer eingeschmolzen, um deren Fortbestand zu sichern.» Und weiter: «Die herrschende Klasse hat durch Blutauffrischung aus dem Mittelstand ein neues Gesicht angenommen und unterwirft mit den Mitteln der politischen Revolution und der Sozialreform die Arbeiterklasse und alle übrigen Schichten weitgehenden Veränderungen.»[217] Deshalb muss man zu dem Schluss kommen, wie Paul Mattick 1938 ernüchtert feststellt: «Heute allerdings ist es offensichtlich, daß die einzig objektiv mögliche kapitalistische Reform die faschistische Reform ist». Sie ist als Enteignung wie Verwirklichung alter Ziele der reformistischen Arbeiterbewegung zu verstehen: «So erfüllte, um nur einige Beispiele zu nennen, nicht die Sozialdemokratie, sondern Hitler den von den Sozialisten lange gehegten Wunsch nach dem Anschluß Österreichs; nicht die Sozialdemokratie, sondern der Faschismus verwirklichte die gewünschte staatliche Kontrolle von Industrie und Banken; nicht die Sozialdemokratie, sondern Hitler erklärte den Ersten Mai zum gesetzlichen Feiertag. Ein sorgfältiger analytischer Vergleich dessen, was die Sozialisten tatsächlich zu tun wünschten, aber nie taten, mit der aktuellen Politik seit 1933, wird jedem objektiven Beobachter zeigen, daß Hitler nichts anderes realisierte als das Programm der Sozialdemokraten, aber ohne die Sozialisten.»[218]

Damit sind alle Etappen zurückgelegt, die zum Triumph des Nationalsozialismus führten – sie sind aber nicht dieser selbst. Denn zum offenen radikalfaschistischen Durchbruch in Deutschland konnte es erst durch die Weltwirtschaftskrise kommen, nur in ihr und durch sie entfaltete sich der militaristisch-destruktive und dann antisemitische Charakter der faschistischen Tendenz. Anton Pannekoek hatte das, sicherlich vereinfachend, aber zur Klarheit vereinfachend und zum Weiterdenken anregend, am «klassenkämpferischen Charakter» des deutschen Faschismus gezeigt. «Die deutsche ‹Revolution› von 1933 – vom Nationalsozialismus stolz als solche bezeichnet – war die Revolte des

217 Heinz Langerhans, «Die nächste Weltkrise...», in Langerhans 2004, S. 19.

218 Mattick 1939, S. 61.

deutschen gegen das amerikanische Kapital, gegen die Herrschaft des Goldes, gegen das Gold als einer Form des Kapitals. Sie besann sich auf die Tatsache, daß die Arbeit die Grundlage des Kapitals ist, daß Kapital Herrschaft über die Arbeit und daher Gold nicht nötig ist. Die wahren gesellschaftlichen Voraussetzungen für den Kapitalismus, eine zahlreiche und geschulte Arbeiterschaft und eine hoch entwickelte Technik und Wissenschaft, waren in Deutschland vorhanden. Also warf der Nationalsozialismus die Tributpflicht ab [gemeint sind die Reparationszahlungen nach dem Versailler Vertrag, FK], wies die Ansprüche des ausländischen Goldes zurück und organisierte die kapitalistische Produktion auf der Grundlage von Waren und Arbeit. So konnte in der Inlandspropaganda noch immer von einem Kampf gegen Kapital und Kapitalismus geredet werden. Denn Kapital ist Geldkapital, ist Gold, das in Amerika, in England und in Frankreich herrschte, wie es zuvor in Deutschland geherrscht hatte. In dieser Denkweise klaffte die Trennungslinie zwischen den spekulierenden und ausbeutenden Wucherern und Finanzkapitalisten auf der einen Seite und den tüchtig und redlich arbeitenden Arbeitern und Unternehmern auf der anderen Seite.»[219] Damit war der Antisemitismus gesetzt und aus seiner kleinbürgerlichen, mittelständlerischen Verkapselung gesprengt, er motivierte den nationalen Klassenkampf gegen das Goldkapital und ließ sich für seine Radikalisierung, seine deutsch-imperialistische Steigerung weiter einsetzen, ein sich verstärkender Prozess bis zur offenen Vernichtungsraserei. Pannekoek notierte zum Antisemitismus: «Sobald in den perversen Mißbrauch umgeschlagene kleinbürgerliche Grobheit mit der Erfindungsgabe des modernen Kapitalismus versehen wird, kennt die Grausamkeit gegen die machtlosen Opfer kein Maß mehr...»[220]

Man kann das mit Otto Rühle die Dialektik des «faschistischen Menschen» nennen, der danach strebt, ein Übermensch zu sein, nach heroischer Größe, Distanz von allen banalen, schrecklich langweiligen, niederdrückenden Zeitumständen sich sehnt und dadurch sich umso mehr in das kapitalistische System der Arbeitsteilung verstrickt, das nur die eine Größe kennt: Erfolg in der imperialistischen Staatenkonkurrenz. Der faschistische Mensch «ist in der Fülle seiner Fähigkeiten, Begabungen

219 Pannekoek, S. 169.
220 Ebd., S. 175.

und Leistungskräfte, die er zur Überfülle steigern wollte, so zerspalten, zerstückelt, zersetzt, dass er zum Atom geworden ist, zu einem in seiner Winzigkeit wertlosen Partikelchen in einer unendlichen Welt. Alle persönlichen Besonderheiten sind fortorganisiert. Alle individuellen Züge sind klischeehaft verflacht. Alle subjektive Originalität ist aus der Leistung ausgemerzt. Der letzte Rest der Persönlichkeitsideals und der autonomen Persönlichkeit hat sich auf den Befehl reduziert».[221] Ein Zustand, der nur mit Gewalt, die man sich selbst und vor allem anderen antut – allen, die abweichen und als Volksfeinde markiert sind. Rühle spricht vom «sadistisch-masochistischen Zynismus»: «Dieser Zynismus reißt die idealistische Verbrämung fort, mit der das demokratische System die erschreckende Fratze des Kapitalismus verhüllt hatte, um das Klein- und Mittelbürgertum durch den Glauben an die Allgemeinheit der kapitalistischen Interessen in seiner Gefolgschaft zu halten.»[222] Korsch schließlich beschrieb die besondere Qualität der entfesselten faschistisch-nationalsozialistischen Gewalt als ein Umschlag, ein Nach-Innen-Schlagen imperialistischer Gewalt: «...rücksichtslose Gewalt war für jede geschichtliche Phase der kapitalistischen Kolonisation charakteristisch. Neu an der totalitären Politik ist in dieser Hinsicht nur, dass die Nazis jetzt auch auf ‹zivilisierte› europäische Völker die Methoden anwandten, die bisher für außerhalb der sogenannten Zivilisation lebende ‹Eingeborene› oder ‹Wilde› reserviert blieben.»[223]

221 Rühle 1941, S. 15.

222 Otto Rühle, » Weltkrieg – Weltfaschismus – Weltrevolution» (1940), in Rühle 1971, S. 134.

223 Ders., «Notes on History» (1942), in Brenner 1965, S. 82. Korsch nimmt hier die «Rede über den Kolonialismus» (1950/55) Aimé Césaires vorweg, der hatte bitter resümiert, «dass im Grunde das, was er [der christlich-humanistische Bürger, Anm. FK] Hitler nicht verzeiht, nicht das Verbrechen an sich, das Verbrechen am Menschen, dass es nicht die Erniedrigung des Menschen an sich, sondern, dass es das Verbrechen gegen die weißen Menschen ist, dass es die Demütigung der Weißen ist und die Anwendung kolonialistischer Praktiken auf Europa, denen bisher nur die Araber in Algerien, die Kulis in Indien und die Neger Afrikas ausgesetzt waren». (Césaire 2010, S. 81) Es ist nahezu ausgeschlossen, dass Césaire, Dichter und antikolonialistischer Aktivist auf Martinique, Korschs Essay kennen konnte. Korschs Überlegungen sind auch ein nicht eingelöstes Versprechen: Ein in den 1950er- und 1960er-Jahren konsequent fortgeführter rätekommunistischer Diskurs hätte das Potenzial gehabt, die eurozentrische Beschränktheit dieser Theorie – Fixierung auf das Industrieproletariat – hinter sich zu lassen.

Die analytische Anstrengung bestand nun darin, diese Entwicklung zwar als Sonderfall der Krise zu betrachten – schließlich gab es keinen amerikanischen Nationalsozialismus oder französischen Bolschewismus –, der dennoch nur durch diese Krise zu beschreiben ist. Der Sonderfall markiert keinen Bruch mit dem Kapitalismus (das wäre die Legitimation für gemeinsame antifaschistische Aktionen mit der Bourgeoisie) noch seine Überwindung (das wäre die Legitimation des Faschismus selbst). Die Rätekommunisten hielten daran fest: «Der Faschismus ist die Politik des Großkapitals in Bedrängnis. Er wurde auch nicht bewußt planmäßig aufgebaut, er entstand, nach vielem Tasten im Unbestimmten, als praktische Tat: die Theorie folgte erst später nach.»[224] Dem Faschismus wurde weder der Gefallen getan, ihn zu einem besonderen sozialen System zu adeln, noch der, ihm eine wie auch immer herausfordernde Theorie zuzubilligen. In beiden Haltungen läge schon der zukünftige faule Kompromiss mit den faschistischen Machthabern.

Der Faschismus war nicht das Ende der Geschichte. Aber was bedeutete er dann? Otto Rühle ging so weit, ihm eine positive Dialektik zu unterstellen, er blieb darin ganz ein Sozialist des 19. Jahrhunderts, der der Konterrevolution fortschrittliche Tendenzen unterstellt, weil jene diese unterbinden will, dadurch paradoxerweise aber die Voraussetzungen weiteren Fortschritts schafft: Der Faschismus, so Rühle, «ist das letzte oder vorletzte Glied in der Kausalkette, die die entscheidenden Bedingungen des Übergangs zum Sozialismus schaffen hilft. Zu diesen Bedingungen gehört anscheinend unvermeidlich die Beseitigung der Nationen, die Expropriation des Privateigentums, die Auflösung des überlieferten sozialen Klassenverhältnisses, die Schaffung wirtschaftlicher und politischer Großräume, die Zerstörung der nach liberal-demokratischen Methoden zustande gekommenen Machtverhältnisse. Alles Aufgaben und Missionen, deren Durchführung nur durch einen Weltkrieg möglich ist. In diesem Krieg spielt sich der Todeskampf der alten Welt ab.»[225] Rühle soll solche Überlegungen über Mittelsmänner illegalen Genossen in Dresden mitgeteilt haben. Wäre das der Fall gewesen, dann hätten sie einen klar bestimmbaren Sinn: den Illegalen

224 Pannekoek 2008, S. 162.

225 Rühle, «Weltkrieg ...», in Rühle 1971, S. 92. Diesen brutal-deterministischen Zug bei Rühle – und auch bei Willy Huhn – hat Gerhard Hanloser analysiert (vgl. Hanloser 2011).

Mut zusprechen, dass auch der alles dominierende NS vergänglich ist und er durch eine antiautoritär-sozialistische Revolution allein deshalb überwunden werden kann, weil er gezwungenermaßen selbst schon die Hindernisse beseitigt. Rückt man Rühles Spekulationen in einen allgemeineren Rahmen, verblassen sie. Die Dialektik wirkt angesichts der realen Gewalt des Faschismus schwächlich – und sie erwies sich nach 1945 ohnehin als gänzlich unzutreffend. Die neue Welt hatte viel mit der alten zu tun.

Der Abschluss der materialistischen Analyse des Faschismus ist innerhalb der rätekommunistischen Selbstverständigungsprozesse nicht gelungen. Es blieb dabei: In der Analyse konnte der Arbeiterklasse, wenn sie es denn hätte hören wollen, nur noch mal verdeutlicht werden, wie groß ihre Anstrengungen hätten sein müssen, um ihn – und damit den Kapitalismus – zu stürzen. Es «besteht in Ländern mit einer starken faschistischen Diktatur die schwerste Aufgabe der Arbeiter darin, sie im direkten Kampf zu stürzen», schrieb – schon rückblickend – Anton Pannekoek. «Dort ist die Diktatur bereits weit darin fortgeschritten, das auf seine Selbstständigkeit pochende Kleingewerbe und damit zugleich die bürgerlichen Ideen zu beseitigen. Der Geist ist bereits auf die Industrieorganisation gerichtet, der Gemeinschaftsgedanke ist gegenwärtig, obwohl die Praxis eine reine Farce ist. Der harte Druck, der alle in dasselbe Sklavengeschirr zwingt, die Produktion regelt, den Verbrauch einteilt, das Leben uniformiert, weckt Ressentiments und Wut , die wiederum durch noch härtere Unterdrückung niedergehalten werden. Weil alle physische und eine gewaltige geistige Kraft in den Händen der Machthaber liegt, verlangt der Kampf von den Arbeitern höchste Hingabe und Mut, klare Einsicht und Einheit. Das Gleiche gilt, wenn der Kapitalismus darin Erfolg haben sollte, zur einzigen, absolut herrschenden Macht auf der ganzen Welt zu werden.»[226]

Man spürt die Ambivalenz: Pannekoek sieht, dass der Faschismus sehr wohl für eine Vereinheitlichung und Zuspitzung der Klassensituation sorgt. Wer die faschistische Repression bekämpft, bekämpft direkt das ganze System. Er sieht aber auch, dass dies noch lange nicht die Kampfbedingungen insgesamt erleichtert und die Erfolgsaussichten steigert. Und er schreibt den Satz, der für unsere heutige Situation gilt: «Das Gleiche

226 Pannekoek 2008, S. 183.

gilt, wenn der Kapitalismus darin Erfolg haben sollte, zur einzigen, absolut herrschenden Macht auf der ganzen Welt zu werden.» Die sozialdemokratisch-liberale Restauration des Kapitalismus nach 1945 – als systemimmanente Aufhebung des Faschismus – macht keinen kommunistisch-revolutionären Klassenkampf leichter.

Wer sich auf die Faschismusanalyse des Rätekommunismus einlässt, muss sich auf die radikale Revision der Geschichte der Arbeiterbewegung einlassen und gleichwohl der Emanzipation, der Selbstbefreiung der Klasse verpflichtet bleiben. Für viele Linke mit ihren oft nur halb- oder unbewusst gefühlten Verstrickungen in die sozialdemokratisch-bolschewistisch-trotzkistische Organisationsgeschichte dürfte das noch immer eine Zumutung darstellen, denn der antifaschistische Kampf setzt früher ein: «Im Lichte der Gegenwart erschienen die ‹ultra-linken› Gruppen in Deutschland und Holland als die ersten antifaschistischen Organisationen, die in ihrer Auseinandersetzung mit den kommunistischen Parteien den zukünftigen Kampf der Arbeiterklasse gegen die faschistische Form des Kapitalismus mit antizipierten. [...] Sie widersetzten sich dem Konzept der Parteidiktatur und Staatsherrschaft, suchten die Rätebewegung zur direkten Bestimmung ihres Ziels zu bewegen und prägten den Kampf der deutschen Linken gegen die Sozialdemokratie und den leninistischen Flügel der KPD.»[227]

227 Mattick, «Otto Rühle und die deutsche Arbeiterbewegung» (1945), in Mattick 1975, S. 23f.

10 «Oproer» und Neustart: Die Radikalisierung der Theorie

«Eine neue Arbeiterbewegung wird in ihrer Propaganda das Wort Kommunismus kaum mehr nötig haben, und zwar weil der allgemeine Begriff ‹Kommunismus› konkrete Formen annimmt.»
Gruppe Internationale Kommunsiten, 1935[228]

«Der witzige holländische Trotzkist Sneevliet war es, der die Gruppe Internationale Kommunisten Hollands (GIK) in den dreißiger Jahren einmal, mit jener ihn auszeichnenden Prägnanz, als ‹die Klosterbrüder› des Marxismus bezeichnete. Die Charakteristik war, selbstverständlich, eine Karikatur, aber eine geistreiche, und darum wurde sie gerade im Kreis der Gruppe gebührend geschätzt», schreibt Cajo Brendel in seinen persönlichen Erinnerungen an die GIK.[229] Er kam, kaum 20-jährig, mit ihnen 1934 in Kontakt, von dann an hatte er sich dem Rätekommunismus verschrieben.

Henk Sneevliet (1883–1942) ist eine der großen Gestalten der holländischen Linken: Er war seit der Jahrhundertwende in der Arbeiterbewegung aktiv, gehörte zu den ersten Kommunisten des Landes und war als KomIntern-Funktionär ein Reisender in Sachen Weltrevolution – er soll an der Gründung der Kommunistischen Partei Chinas beteiligt gewesen sein. Schon früh, 1923, stand er auf Seiten Trotzkis und der linken Opposition in der UdSSR, aber er bewahrte sich auch gegenüber Trotzki seine Unabhängigkeit. Die von ihm mitinitiierte Marx-Lenin-Luxemburg-Front war während der deutschen Besatzung der Niederlande eine der wichtigsten linken Widerstandsgruppen und vereinigte die gesamte antistalinistische Linke, auch Rätekommunisten arbeiteten in diesem Bund mit. Sneevliet, einer

228 «Das Werden einer neuen Arbeiterbewegung», Rätekorrespondenz Nr. 8/9, April/Mai 1935, S. 10.

229 «Die ‹Gruppe Internationale Kommunisten› in Holland. Persönliche Erinnerungen aus den Jahren 1934–1939», in ders., «Die Revolution ist keine Parteisache. Ausgewählte Texte», hg. von Andreas Hollender et al., Münster: Unrast 2008, S. 34-45, hier S. 34; der Text stammt von 1974.

der Organisatoren des Februarstreiks 1941, mit dem die niederländische Arbeiterbewegung gegen die Nazi-Repressionen und die Judenverfolgung aufbegehrte, galt den Nazis und ihren Kollaborateuren als Staatsfeind Nr. 1. Kurz nach seiner Gefangennahme im April 1942 wurde er hingerichtet.

Die Rede von den Klosterbrüdern war gleichzeitig Spott wie Auszeichnung. Wer konnte sie besser einschätzen, als dieser erfahrene, unabhängige linke Aktivist, der zudem theoretisch beschlagen war? Die GIK vereinigte strenge theoretische Arbeit mit einer fundamentalen Kritik an jeder bisherigen Praxis der Arbeiterbewegung. Sie war aber kein Intellektuellenzirkel, wenngleich sie die intellektuelle Arbeit hochhielt, diente nicht der Profilierung einzelner Mitglieder und betrieb niemals Nabelschau. Alle Veröffentlichungen verstanden sie als Ausdruck kollektiver Diskussionsprozesse, sie erschienen grundsätzlich ungezeichnet. Obwohl die Gruppe fast ausschließlich niederländisch besetzt war, veröffentlichte sie ihre wichtigsten Publikationen in deutscher Sprache – Ausdruck der Verbundenheit mit der deutschen Arbeiterbewegung, die für sie im Kern immer noch die antiautoritäre Rosa Luxemburgs geblieben war, und dem Internationalismus. Die Rede von den Klosterbrüdern, die die «Ordensschwestern» nicht unterschlagen soll!, trifft es ziemlich gut: Die GIK muss anderen Linken weltabgewandt vorgekommen sein, tatsächlich waren sie sich ihrer Position in der Welt sehr bewusst. «Weit davon entfernt, dass sie dem theoretischen Studium eine politische Wirkung *opferte* oder seinetwegen darauf *verzichtete*, war es im Gegenteil so, dass sie *grundsätzlich* sich davon [von Politik, FK] enthielt», so Brendel.[230]

Die GIK dechiffrierte die politische Emanzipation der Arbeiterklasse als eine bourgeoise Verballhornung sozialer Bedürfnisse der Klasse und setzte dagegen die uneingeschränkte soziale Befreiung. Jede Spielart des Parlamentarismus lehnte sie ab. Zwischen 1934 und 1937 konnten sie in 22 Ausgaben die Rätekorrespondenz herausgeben. Diese Publikationsreihe ist der Kern des Rätekommunismus, hier wird die Theorie exemplarisch formuliert – weder als abstrakte Utopie, wie das in vielen KAPD-Manifesten und Flugschriften der Fall war, noch als Rückschau und Bilanz, sondern als Kritik im Handgemenge.

230 A.a.O., S. 36.

Die Gruppe Internationale Kommunisten konstituierte sich im Herbst 1927.[231] Herman Gorter war am 15.9. dieses Jahres verstorben, sein Tod stand symbolisch für das Ende der Massenpolitik der Rätekommunisten. Die KAPD, ihre niederländische Schwesterpartei KAPN und die Allgemeine Arbeiter-Union waren wenige Jahre zuvor der Versuch gewesen, eine dezentrale, internationalistische Massenorganisation aufzubauen, die der Sozialdemokratie und den moskautreuen Kommunisten in offener Feldschlacht gegenüber treten sollte. Der Zerfallsprozess hatte bereits früh, 1921, eingesetzt und war spätestens Ende 1923 abgeschlossen. Übrig blieben zahlreiche Sekten. Gorter, der berühmte Dichter, der Lenin auf Augenhöhe begegnete, verkörperte diese utopischen Hoffnungen der Jahre um 1920/21 schlechthin.

Die Spaltungen machten sich an strategischen Fragen – Einschätzung der Krise des Kapitalismus – und solchen der Organisation fest: Welches Verhältnis nimmt die Partei zur Selbstorganisation der Arbeiterinnen und Arbeiter in den Betrieben ein? Die Leistung der GIK besteht darin, diese Fragen auf eine grundlegende theoretische Analyse hin zuzuspitzen: Sie gipfelt in dem Pamphlet «Das Werden einer neuen Arbeiterbewegung», das in der «Rätekorrespondenz Nr. 8/9, April/Mai 1935» erschien.[232] Fragen der Organisation und Strategie sind, wenn sie verabsolutiert und als das Primäre in der Betrachtung der sozialen Wirklichkeit gesetzt werden, Scheinfragen, so das Resultat der Schrift. Sie verschleiern den tatsächlichen Verlauf von Klassenauseinandersetzungen und unterwerfen sie einer mystifizierenden Betrachtungsweise. Der zentrale Satz lautet: «Sie», die Linken, ob Bolschewisten, Trotzkisten oder Sozialdemokraten, «meinen, dass die Arbeiterklasse machtlos sei durch ihre Gespaltenheit, während in Wirklichkeit die noch stets zunehmende Zersplitterung durch die immer deutlicher werdende Ohnmacht entsteht.» (S. 1)[233]

231 Chronologische Daten sind unter aaap.be/Pages/Group-GIC.html nachzulesen.

232 Alle Zitate aus dem Pamphlet werden im Folgenden nur mit der Seitenzahl des Originals angegeben, das als Scan hier abrufbar ist: aaap.be/Pdf/Rätekorrespondenz/Rätekorrespondenz–1935-08-09.pdf

233 Dem Text merkt man in der Syntax und auch der Wortwahl bisweilen an, dass er nicht von einem Muttersprachler geschrieben wurde. Grammatikalische Fehler sind stillschweigend korrigiert.

Der Satz dreht die Perspektive um. Nicht mehr in der «richtigen» Organisation wird der Schlüssel zum Verständnis der Lage der Arbeiterbewegung und ihrer Erfolgsaussichten gesucht[234], sondern umgekehrt: Je mehr um die Organisation gestritten wird, desto größer ist das Ausmaß von Ratlosigkeit und Ohnmacht. Es muss um das angemessene Verständnis dieser Ohnmacht gehen und darum, ob in dieser Situation der größten Schwäche bereits die ersten Ansätze zu ihrer Überwindung zu entdecken sind. Wenn diese Fragen nicht geklärt sind, wird jede Form der Einheitsfront vergeblich sein.

Woher rührt die Ohnmacht? «Erstens ist die alte Bewegung völlig auf die schrittweise Verbesserung der Lebenslage im Rahmen des Kapitalismus gerichtet.» Und zweitens rührt sie aus der «gewaltige(n) Macht des Kapitals. [...] Früher waren die Kapitalisten in viel geringerem Maße organisiert. Darum konnten die Arbeiter auch etwas gegen die Unternehmer ausrichten, wenn sie in ihrem Berufe die Arbeit niederlegten. Dadurch waren es fast immer kleine Gruppen, die im Kampfe standen, und darum waren auch die Gewerkschaften und Berufsvereine die angewiesenen [sic!] Führer dieser Bewegungen.» (S. 1f.) Die Arbeiterbewegung war befangen in Berufen und Industriezweigen, die Bedürfnisse der Klasse äußerten sich de facto als zünftlerische und ständische Interessen. Als kleine Gruppe, Inhaber eines Berufes, zu dem ein spezifisches Fachwissen gehörte, das man im Arbeitskampf dem Kapital vorenthalten konnte, war es einige Jahrzehnte früher noch möglich, die Kapitalisten unter Druck zu setzen. Das ist im Zeitalter der Trusts, Kartelle und Monopolisten vorbei. Das Kapital besitzt zu viele Ausweichmöglichkeiten und Reserven, um durch Nadelstiche zum Einlenken gezwungen zu werden. «Die Gewerkschaften trachteten darum, die Streiks zu vermeiden» (S. 2) – und die Sozialpartnerschaft zu organisieren. Sie wurden zu den Garanten der Integration der Arbeiterklasse und konnten im Gegenzug gewisse Lohnsteigerungen und Sozialgesetze erstreiten. Kurzum: «Das Kapital bildet dadurch einen so mächtigen Block, dass die auf einzelne Berufe beschränkten Streiks der Arbeiter dagegen wirkungslos abprallten.» (ebd.)

---

234 Die Organisationsfrage stand im Mittelpunkt der Streitigkeiten zwischen KAPD und AAU, die sich noch in den Organisationen selber fortsetzten. «Das Werden...» ist auch als eine implizite Kritik an dieser frühen rätekommunistischen Streitfrage zu verstehen.

Der zeitgenössische Hintergrund dieses Textes ist der Faschismus. «...in Wirklichkeit sagt die Arbeiterklasse nichts, sie tut nichts und stellt sich auf keinen Standpunkt. Sie ist nicht ‹für› und nicht ‹gegen›. Als aktive Klasse besteht sie nicht. Sie besteht wie jedes tote Ding, also passiv. Als lebendes, aktives Wesen besteht sie erst, wenn sie in Bewegung und zum Bewusstsein ihrer selbst gekommen ist.» (S.3) – die Passivität ist das Traumbild des Faschismus, das sich im Jahr der Veröffenlichung der GIK-Schrift, 1935, als verwirklicht erwies. Wie kann in dieser aufgezwungenen Versteinerung die Klasse zum «Bewusstsein ihrer selbst» gelangen? Dafür liefert die Bourgeoisie selbst die Voraussetzungen, denn: «... die Besitzenden behandeln die Arbeiter ohne Frage als totale Klasse.» (S.2f.). Aus der Perspektive des Monopolkapitals ist jede Form des Klassenkampfs bereits ein Kampf der ganzen Klasse. Der Klassenkampf, und hebt er noch so borniert an, trägt in sich die Tendenz zur Erweiterung. In seinen Fabriken und Industriekomplexen, in seinen Mega-Städten und schier endlosen Produktionsketten hat das Kapital selbst für eine Verallgemeinerung der proletarischen Situation gesorgt. Die Bourgeoise «fürchtet die Revolution mehr, als die Arbeiter denken».[235] (S. 5) Sie «macht (aus) jedem Widerstand einen politischen Machtkampf» (ebd.). Die Arbeiterbewegung muss den Sinn dieses Machtkampfes verstehen lernen – dass die Klasse, egal wie zersplittert ihre Aktionen sein mögen, von der Gegenseite immer als ganze begriffen wird und die Gefährlichkeit des Klassenkampfes der Bourgeoise nicht nur für eine Branche, sondern für das gesamte Kapitalverhältnis gilt. Aber sie darf sich diesen Machtkampf nicht zu eigen machen, denn: «Das Ziel im Kampf ist eine Funktion der Kraftentfaltung.» (S.4). Es kommt auf die Kraftentfaltung an, nicht darauf, wel-

235 Daher der präventiv konterrevolutionäre Charakter des Faschismus. Er war keine Reaktion auf eine revolutionäre Arbeiterklasse, «sondern gerade gegen ihre reformistische Betätigung, die auf einer bestimmten Stufe des Monopolkapitals und bei einer bestimmten Zuspitzung der Krise unerträglich wird für die Bourgeoisie, die bereits um ihre ökonomische Existenz kämpft, sich durch ihre eigenen ökonomischen Widersprüche an ihrer Substanz angegriffen sieht. Wenn der Reformismus, der immerhin von einer ganzen Klasse getragen und geduldet worden ist, auf einer bestimmten Stufe eine kapitalistische Funktion innehat, so bildet er doch zugleich einen inneren Widerspruch des Kapitalismus». Aus einem Diskussionsbeitrag zu «Das Werden...», in «Rätekorrespondenz Nr.10–11, Juli-August 1935», S.23, zitiert nach dem Original: aaap.be/Pdf/Rätekorrespondenz/Rätekorrespondenz–1935–10–11.pdf

che politischen Ziele formuliert – und dann «realpolitisch» operationalisiert – werden.[236] ‹Kraftentfaltung› ist hier zu verstehen als Gradmesser der Widerständigkeit, der Gradmesser davon, «dass im Klassenkampf der Gegenwart und Zukunft Hunderttausende, ja Millionen aufmarschieren müssen, um den Machtapparat der besitzenden Klasse zu erschüttern. Auch dies weiß die große Masse sehr gut, und sie weiß ebenso gut, dass noch kein geistiges Band, kein Lebensprinzip vorhanden ist, wodurch die Millionen als Einheit in den Kampf geworfen werden.» (S.8) Dieses Lebensprinzip ist der Kommunismus: «Der Kommunismus ist so gesehen nichts anderes, als die Selbstbefreiung der Massen, sie müssen selbstbewusst, d.h. in diesem Sinne kommunistisch sein.» (S.9). Das geistige Band ist das Selbstbewusstsein der Klasse, das Wissen, dass sie, die Arbeiterinnen und Arbeiter es sind, die die Kriegs- und Repressionsmaschine stoppen können.

Das Wissen um den Kommunismus ist auf dieser Stufe der Zersplitterung und der Passivität noch ein negatives: Die Arbeiter wissen in dieser Situation nur, was sie nicht können, was ihnen fehlt. Die Kraftentfaltung, die bewusstseinsbildend wirkt, ist deshalb kein Produkt einer theoretischen Anstrengung oder eines geschickten organisatorischen Schachzuges, sie erwächst allein aus den noch zaghaften, vereinzelten, blindwütigen Klassenaktionen. Die Klassenaktionen, dessen ist sich die GIK sicher, werden vorläufig in Niederlagen enden, diese wurzeln in dem Einfluss der Reste der alten Organisationen, in der Vorstellung, dass die Arbeiterbewegung Forderungen aufstellen muss, die anschließend politisch-rechtlich durchgesetzt werden. Im Faschismus kommt das Kapitalverhältnis zu sich selbst, es wird totalitär. «Die demokratische Periode ist praktisch international abgeschlossen. Legale Organisationen können nur noch versuchen, beginnende Klassenaktionen so schnell wie möglich einzudämmen.» (S.11) Schlimmer noch: «Der Versuch zur Beherrschung der Produktivkräfte durch Intellektuelle und Mittelschichten nimmt die Form der nationalen Beherrschung der Arbeiterklasse an, er endet im Nationalsozialismus. […] Nicht die Produktivkräfte werden gezähmt, sondern die einzige Kraft, die dazu im Stande ist, wird völlig unterworfen und dadurch (wer-

236 «Die Arbeiterklasse handelt nicht, um die eine oder andere Theorie zu verwirklichen, sondern um diese oder jene Missstände, die unerträglich geworden sind, aus dem Wege zu räumen.» (S. 3).

den) die Gegensätze im internationalen Maßstab verschärft.» (S. 12)

Unsere These, dass die Theorie des Rätekommunismus darin besteht, die Hürden der Selbstbefreiung aufzuzeigen, die man als so grundlegend erkennen muss, dass tatsächlich nur die Selbstbefreiung, das Vertrauen auf die eigenen Kräfte, das Ablehnen jeder Klassenkollaboration bleibt, wird hier «rein» vorgeführt.[237] Der Zustand der größten Passivität der Klasse fällt zusammen mit der Erkenntnis der Totalität des Kapitalverhältnisses. «… noch niemals in der Geschichte der Menschheit stand eine unterdrückte Klasse einem so mächtigen Feinde gegenüber […] Und doch muss die Arbeiterklasse diesen gewaltigen Streit ausfechten, weil er nicht zu umgehen ist und es keine andere Macht gibt, die es kann.» (S. 11)

Dieser Standpunkt wird nicht erkenntnistheoretisch gewonnen, sondern ist Resultat praktischer Erfahrung. So sehr die GIK die totalitäre Wucht des Faschismus vor Augen hat, so sehr stürzt sie sich auf die ersten neuen Klassenaktionen. Vor allem auf den «Jordaan Oproer» vom Juli 1934 – er ist das spezifisch holländische Schlüsselerlebnis der Rätekommunisten. Das Amsterdamer Jordaan-Viertel, am westlichen Rand der Innenstadt gelegen, war damals eines der Elendsquartiere der Stadt (davon ist heute nichts mehr zu spüren, es ist durch und durch touristisch, längst gentrifiziert). Wenn etwas über den Jordan gegangen ist, dann ist es vorbei, kaputt gegangen, zerstört. Wer in Amsterdam über den «Jordaan» ging, genauer: über die Prinsengracht, landete im Subproletariat. Das setzte sich am 4. und 5. Juli 1934 gegen die Kürzung der Arbeitslosenunterstützung zu Wehr. Eine Demonstration eskalierte zur Straßenschlacht, die Polizei setzte scharfe Munition ein. Insgesamt sollten fünf Menschen sterben, alles Demonstranten, und 56 schwer verletzt werden (darunter acht Polizisten).[238] Die Bewohner riegelten ihr Viertel ab, errich-

237 In einem Diskussionsbeitrag zu den GIK-Thesen hatte Paul Mattick diesen Gedanken reformuliert: «Die alte Arbeiterbewegung ist der Macht des Kapitals nicht gewachsen, ja mehr, sie selbst wurde Teil und Ausdruck dieser kapitalistischen Macht. … Der Klassenkampf gegen das kapitalistische System in seiner radikalsten Form wurde damit zur einzigen objektiven Möglichkeit. Die reformistische Betätigung wurde selbst als Phrase unmöglich.» («Probleme der neuen Arbeiterbewegung» in Rätekorrespondenz Nr. 15, März 1936, S.7, zitiert nach dem Scan des Originals:
http://aaap.be/Pdf/Rätekorrespondenz/Rätekorrespondenz-193615.pdf)

238 Angaben nach nl.wikipedia.org/wiki/Jordaanoproer

teten Barrikaden, es folgten Straßenkämpfe bis zum 9. Juli, die spontan koordiniert waren und deren Erfolg sich nicht dem Geschick einer Partei oder Gewerkschaft verdankten. In der kleinen Welt des Jordaan-Viertels konnten die Rätekommunisten den Verlauf eines realen Klassenkampfes teilnehmend beobachten und sahen sich bestätigt: die Plötzlichkeit des Ausbruchs; die harte, scheinbar übertriebene Gewaltreaktion der Staatsapparate; die Abwesenheit einer politischen Führung; die rasche Eroberung und Sicherung des eigenen Gebietes; Plünderungen, also Missachtung von Privatbesitz; die Entstehung von Aktionsausschüssen, Embryonalformen der Räte[239]. Die Arbeiterklasse kann «nicht handelnd auftreten, ohne die Grenzen des Privatbesitzes zu durchbrechen», so das Resümee der GIK (S.13).

Die Haltung der GIK ist nicht insurrektionalistisch, versessen auf den Augenblick des Aufstandes, in dem sich schlagartig ganz neue menschliche Beziehungen ergäben und die Bourgeoisieherrschaft zwar blutig, aber letztlich wie ein Kartenhaus in sich zusammenfiele. Aufstände in Vierteln, das Zerstören der Symbole staatlicher Gewalt, das Plündern von Läden und die Errichtung von Barrikaden: Sie reichen nicht aus, sind selbst nur ein Durchgangsstadium der Entfaltung der Klassenmacht. «In den Massenbewegungen zeigt sich im Prinzip, was später einmal in der ganzen Gesellschaft Wirklichkeit werden wird. Es offenbart sich in ihnen, dass die Massen mit ihrer Klassenkraft nichts beginnen können, wenn sie nicht zugleich die Produktivkräfte sich dienstbar machen. Beides gehört zusammen.» (S.14) Der Aufstand muss sich auf das Territorium der Fabrik, der Produktions- und Distributionsstätten ausdehnen.

An dieser Stelle bricht die Analyse der GIK ab, es hätte die Analyse der Arbeitsbeziehungen folgen müssen, der untergrün-

239 «Pannekoek hatte seine Grossmann-Kritik mit der These beschlossen, dass der Zusammenbruch des Kapitalismus die Selbstbefreiung des Proletariats bedeute, dass die Arbeiter selbst, als Masse, den Kampf zu führen hätten und sich dazu in neuen Kampfformen zurechtfinden müssten. Die Aktionsausschüsse der ‹wilden› Streiks boten sich der GIK als die wirklichen Ansätze zu solchen neuen Kampf- und Organisationsformen dar. Sie entstanden damals im Laufe fast aller Arbeiterkonflikte und hatten ihre eigene Geschichte. Nur ganz primitiv zuerst, bildeten sie in dem Maße, wie sich die ‹wilden› Streiks notwendigerweise vermehrten, immer deutlicher auf Seiten der Arbeiter das Mittel, mit dessen Hilfe sie sich – so wie sie es wollten, aber von ihren ‹Führern› vergeblich verlangten – gegen Lohnabbau oder gegen Verschlechterung des Arbeitsklimas wehren konnten.» Cajo Brendel, a.a.O., S.42.

digen Organisierungen in der Fabrik, der Sabotage, mit der die Arbeiterinnen und Arbeiter sich gegen die permanente Zumutung der Verdichtung des Arbeitstages zu Wehr setzen. Das ist die Schwäche des Papiers: Letztlich wird die Entfaltung der Klassenmacht nur abstrakt bestimmt. «Als Klasse können wir unsere Kräfte nur in dem Maße bewusst anwenden, so weit wir es verstanden haben, sie in den Arbeiterräten zu kristallisieren» (S.19), heißt es – es ist mehr eine Proklamation denn eine wirkliche Bestimmung. Der Teufel steckt im Detail: «... so weit wir es verstanden haben». Was bestimmt das Ausmaß oder die Reichweite des «so weit«?

Der Text bleibt aber nicht bei der Anrufung der Räte stehen, sondern stellt hartnäckig die Frage nach den Widerständen. Haben «der National-Sozialismus in Deutschland und der Faschismus in Italien nicht die Massen in Bewegung gebracht und dabei keinen Rätegedanken getragen, vielmehr ein ihm entgegengesetztes Prinzip, nämlich die Herrschaft des ‹Führers› über die Massen durchgesetzt?» Das ist das Dilemma der gesamten Linken der 1930er-Jahre: Der Faschismus gewann seine Schwungkraft gerade nicht als elitäre Bewegung, sondern als Massenbewegung. Eine schlichte Apologie der Massen verbietet sich. «Und eine zweite Frage erhebt sich: Wird die wachsende, wirtschaftliche Not, die immer schärfere Ausbeutung durch die herrschende Klasse, zu einem Kampf um die Produktionsmittel, zu einem Kampf um die Beherrschung der Produktivkräfte durch die Arbeiter führen? Hat nicht die Erfahrung in Deutschland und Italien gezeigt, dass die anhaltende Verschlechterung der Lage der Arbeiter die Massen nicht nach links, sondern nach rechts getrieben hat? Ist nicht eine Welle von Nationalismus und Militarismus, von Vernichtung von allem, was an Arbeiterbewegung erinnert, über die Massen gekommen? Kurz, ist nicht die Gedankenwelt der Arbeitermassen mehr (als) zuvor kapitalistisch orientiert? Und müssen wir nicht feststellen, dass in den faschistischen Ländern die Arbeitermassen alle Kräfte einsetzen, um die kapitalistische Wirtschaft zu retten?» (S.19) Es spricht für die GIK, dass sie diese Fragen stellt. Die Möglichkeit zum Aufstand bedeutet noch nicht, dass der Aufstand nicht doch eine reaktionäre, faschistisch-manipulative Wendung nimmt. Gerade die von Rätekommunisten aufmerksam beobachtete amerikanische Gewerkschaftsbewegung überschritt, trotz ihrer Militanz und subjektiven Radikalität, nie die Grenze zur sozialistischen Aktion, die Gewerkschaftsbosse bekannten sich zum Schutz des Privateigentum und zur New-Deal-Politik Roosevelts, die Basis folgte ihnen in großen Teilen. Aber unter der Hand wuchert die Krise fort, auch der Faschismus entgeht der Krisentendenz des Kapitals nicht. Für die Arbeiter bedeutet dies: «Sie [die Kapitalisten und ihre Agenten, Anm. FK] können nur noch leben vom Sterben der Massen.» (S. 19) In der Krise, die den Faschismus genauso betreffen wird wie den einstmals liberalen Kapitalismus, eröffnen sich wieder die Handlungsmöglichkeiten der Arbeiter.

Erst nach diesem Durchgang kann das Ergebnis formuliert werden: «Die Auffassung, dass die Arbeiterräte nur in der Revolution selbst entstehen, muss darum als verkehrt zurückgewiesen werden. Bei jeder Bewegung, die aus der Arbeiterklasse hervorgeht, muss die Herausbildung von Arbeiterräten zum Kernpunkt der Bewegung werden.» (S. 21) Und erst daran anknüpfend werden organisatorische Fragen diskutiert. Die GIK formuliert ein Prinzip der Arbeitergruppen. Die Aufgabe dieser Gruppen ist eine vermittelnde, sie sind weder der Kern der Klasse noch die Antizipation der Räte (noch sollen sie in den Räten überhaupt eine Rolle spielen). Ihre Rolle besteht allein in der Klärung theoretischer Fragen und der Radikalisierung der neu entstehenden Bewegung. Die Radikalisierung treibt über die Propaganda für den Kommunismus hinaus: Entweder die Praxis der neuen Klassenkerne ist kommunistisch – dann braucht es die Schlachtlosung vom Kampf für den Kommunismus nicht – oder sie ist es (noch) nicht. Dann wäre die Rede vom Kommunismus erst recht eitel. Kurzum: Die Organisationen der neuen Arbeiterbewegung sind jene, «die die Selbstbewegung der Massen durch die Arbeiterräte zum Prinzip erheben». (S. 21)

Aus dem Prinzip der Arbeitergruppen folgt noch ein weiterer Bruch mit der früheren Vorstellungswelt der Rätekommunisten. Die Vorstellung von oder vielmehr Sehnsucht nach einer idealen Organisation ging einher mit moralischen Vorstellungen – etwa soziale Homogenität der Mitglieder, Misstrauen gegen Führer. Das alles schlug sich nieder in einem ostentativen Antiintellektualismus. Die GIK stellt dagegen die theoretische Arbeit in den Mittelpunkt: «Die ungenügende, theoretische Grundlage wird gerade darum für neue Gruppen so gefährlich, weil sie zu unbesonnenen Handlungen und zwecklosen Aktionen führt. «Wenn die Ungeduld, und nicht die Einsicht, zum Ratgeber für das Handeln wird, dann versucht man, die Arbeiter in alle möglichen Aktionen hineinzutreiben, und erwartet dadurch, durch das künstliche Auslösen von Aktionen, dass ihnen schon der Führerglaube ausgetrieben wird. Dies wird zuletzt zu einer bewusst angewandten Methode, um die Arbeiterklasse zu ‹revolutionieren› und zum Klassenkampf zu ‹erziehen›.» (S. 25) Aus dem Abenteurertum entsteht die neue Führerschicht. Gerade davor soll die theoretische Arbeit bewahren. Der Intellektuelle ist eine kollektive Figur.

«Das Werden einer neuen Arbeiterbewegung» markiert den wichtigsten Einschnitt in der rätekommunistischen Theoriebildung, weil der Text die Geschichte der rätekommunistischen Bewegung selbst reflektiert: Die Frage nach der richtigen Organisationsform wird als Scheinfrage entlarvt, Relevanz gewinnt sie (wenn überhaupt) erst nach dem Durchgang der Analyse durch die Zerfallsprozesse der alten Arbeiterbewegung und die Widerstände, die sich der neuen entgegenstellen. Die theoretische Arbeit wird dagegen für zentral erachtet und mit dem Antiintellektualismus gebrochen. Dass die Räte in der Analyse den zentralen Platz einnehmen, ist erstmals theoretisch fundiert. Der Dogmatismus ist aber nicht restlos überwunden. Die Perspektive, dass die Klasse *handeln wird*, wird nicht in Frage gestellt.

Der Charakter einer Handlung kann nicht a priori festgestellt werden, seine Bewertung bedarf der konkreten, empirisch gesättigten Analyse. Diese kommt in dem Papier, auch als Perspektive der weiteren Gruppen-Arbeit, zu kurz. Das sind die Reste eines alten Dogmatismus, an dem sich Paul Mattick rieb, obgleich er der Arbeit zugestand, die «allgemeinen wesentlichen Prinzipien der rätekommunistischen Bewegung» zusammengefasst zu haben: «Die proletarische Klasse ist selbst ein Produkt des Kapitals, sie bildet sich und wächst mit dem Wachstum des Kapitals, sie ist schwach und wird stärker; im Auf und Ab der kapitalistischen Wirtschaft wird sie zur Aktivität gezwungen und passiv gemacht, sie handelt revolutionär und reaktionär aus Notwendigkeit. Aber in allen Situationen ist sie stets ‹an sich› da und versucht ‹für sich› zu wirken. Man täte besser, statt diese begrenzten Formeln zu benutzen, zu untersuchen, aus welchen Gründen die Arbeiterklasse in den verschiedenen Situationen einmal revolutionär auftrat und das andere Mal völlig passiv blieb.»[240]

Die GIK, die auch auf Esperanto veröffentlichte und sich dem Projekt einer Universalsprache verpflichtet sah, hatte im Kern vielleicht zwanzig Mitglieder, hauptsächlich in Amsterdam. Sie bildete darüber hinaus ein Netzwerk aus verschiedenen Gruppen, die in ganz Holland aktiv waren. Vor allem muss man Henk Canne Meijer erwähnen, dem Autor von «Das Werden einer neuen Arbeiterbewegung».[241] Wie Jan Appel oder Paul Mattick war Canne Meijer ein Arbeiterintellektueller, übrigens geboren im Jordaan-Viertel und später in De Pijp,[242] einem anderen Amsterdamer Proleten- und Arme-Leute-Viertel, ansässig. Wie seine beiden Genossen formulierte er den Marxismus konsequent vom Arbeiterstandpunkt: Das Moment der Selbstbefreiung, die selbstbewusste, eingreifende, unbefangene Praxis, war immer mitgedacht bei der Durchdringung der objektiven Entwicklungsgesetze des Kapitals. Canne Meijer wurde darüber zur «Seele der GIK» (Cajo Brendel): «Nur sehr, sehr wenigen Leuten bin ich in meinem Leben begegnet, die so sehr wie er im Stande waren, die schwierigsten Probleme derart zu erläutern, dass sie wirklich jedem verständlich wurden. Ursprünglich Metall-Arbeiter, wurde er später Volksschullehrer, zeichnete sich aber auch in der Gruppe durch seine didaktische Begabung aus, aus der unzählige Genossen Nutzen gezogen haben.»[243] Canne Meijer zog sich in der Nachkriegszeit aus dem aktiven Geschehen zurück, die Freundschaften blieben bestehen, er vermittelte für Jüngere den Kontakt zum alten Pannekoek.

Die GIK selber bestand seit dem Zweiten Weltkrieg nicht mehr – oder besser: nicht mehr in dieser Form. Rätekommunisten nahmen, wie bereits erwähnt, an der Widerstandsgruppe Marx-Lenin-Luxemburg-Front teil und beteiligten sich ab 1944 am linkskommunistischen Spartacus-Bund.[244] Organisationsver-

---

240 «Probleme der neuen Arbeiterbewegung», a.a.O., S. 9.

241 Die Daten seiner Biographie sind mittlerweile gut dokumentiert: aaap.be/Pages/Henk-Canne-Meijer.html Darunter auch ein Brief mit Selbstauskünften an Paul Mattick von 1930 oder 1931: aaap.be//Pdf/Henk-Canne-Meijer/Henk-Canne-Meijer-Autobiography.pdf

242 An die südliche Innenstadt grenzend; auch das ein Viertel, in das zu ziehen sich heute keine Normalverdienerin mehr leisten kann.

243 Cajo Brendel, a.a.O., S. 40f.

244 Ausführlich dazu: Philippe Bourrinet, «Holländischer Rätekommunismus: Von den ‹Groepen van Internationale Communisten› zum ‹Spartacusbond›», in: AGWA, Nr. 13, 1994, S. 9–46.

suche in der Nachkriegszeit, die sogar auf gesamteuropäischer Ebene stattfanden, zersplitterten an sich selbst. Es schien, als ob die holländischen Rätekommunisten in ihrem Mikrokosmos das nacherlebten, was sie zehn Jahre zuvor der gesamten (alten) Arbeiterbewegung konstatierten: die Unmöglichkeit, die eigene Ohnmacht durch eine geschlossene, «starke» Organisation wettzumachen.

11 Die geistige Aktion: Materialismus als Tätigkeit

«Die Menschen machen die Geschichte nicht nach Willkür, aber sie machen sie. Ihr Geist muss aktiv auftreten.»
Anton Pannekoek, 1910[245]

Als 1927 die erste deutsche Ausgabe von Lenins «Materialismus und Empiriokritizismus» erschien, war das ein merkwürdiges Ereignis. Das Buch mit dem Untertitel «Kritische Bemerkungen über eine reaktionäre Philosophie» war 1908 auf Russisch erschienen und diente der Abrechnung mit einer philosophischen Strömung in der russischen Sozialdemokratie, den Machisten, Anhängern des Physikers und Philosophen Ernst Machs (1838–1916), damals Empiriokritizisten genannt. Wenig von diesem Streit drang in die westeuropäische Arbeiterbewegung, niemand artikulierte in all den Jahren ein Interesse an einer Übersetzung, und 19 Jahre später konnte man beim besten Willen nicht annehmen, es gäbe noch Machisten, die man mit der ganzen Autorität des Parteiführers hätte niederkämpfen müssen. Warum dann die Übersetzung? Ein Jahr zuvor war jemand anderes niedergekämpft worden: nämlich die Linke innerhalb der kommunistischen Weltbewegung und die linke (Arbeiter-) Opposition in Sowjetrussland. Die kommunistische Bewegung war seitdem offiziell «leninistisch». Lenin selbst war kein Leninist gewesen, er hätte diese Adelung seiner politischen Strategie und klassenkämpferischen Positionen zu einer eigenen Lehre strikt abgelehnt. Er hatte seinen eigenen Werken keine dauernde Wirkung beigemessen, sie waren Handreichungen im dringlichen Kampf um die richtige Parteilinie und verfielen mit dem jeweiligen Sieg seiner Linie. Als 1920 die zweite russische Auflage von «Materialismus und Empiriokritizismus» erschien, verzichtete Lenin auf jede Rückschau, Einordnung oder Aktualisierung und überließ diese einem beflissenen Parteiarbeiter.

245 Ders.: «Dietzgenismus und Marxismus», In Zeitungskorrespondenz, Nr. 145, 12. November 1910, http://aaap.be/Pdf/Zeitungskorrespondenz/Zeitungskorrespondenz–145.pdf, auch in Bock 1975, S. 132.

Er hatte an seinem Buch, quantitativ gesehen sein Hauptwerk, kein besonderes Interesse mehr. Wenn die Sieger der Parteikämpfe nach Lenins Tod 1924, und das war vor allen anderen die Fraktion Stalins, die kommunistische Weltbewegung spätestens seit 1926 als offiziell «leninistisch» deklarierten, war damit gesetzt, dass die Schriften Lenins Staatsphilosophie waren.

Das war der Grund für die Übersetzung von «Materialismus und Empiriokritizismus». Die dort dokumentierte Auseinandersetzung mit innerparteilichen Gegnern – in einem polemischen und grobianischen Stil gehalten (das wird Stalin aufgefallen sein) – dient nicht der Erhellung des Kampfes gegen die kommunistische Linke 1926, ist nicht als Parabel zu lesen. Denn die Machisten waren «Rechtsabweichler», standen dem westeuropäischen Revisionismus à la Bernstein nahe. Nein: «Materialismus und Empiriokritizismus» wurde dem Ausland vorgelegt als Staatsphilosophie, als Beweis der unumschränkten Autorität Lenins. Vielleicht spielte dabei Mussolini eine Rolle: Der faschistische Diktator, dessen Macht ebenfalls seit 1926 als unantastbar erschien, gab sich philosophisch, kokettierte mit Hegel und Nietzsche und kündigte eine eigene Staatsphilosophie an. Es ist nicht abwegig, die Neuausgabe nicht im Zusammenhang mit (eingebildeten oder realen) Problemen der Arbeiterbewegung zu verstehen, sondern als Konkurrenzstreit zweier Diktaturen.

Der Übersetzung war kein besonderer Erfolg beschieden, die Rezeption blieb aus, die Anerkennung Lenins als Philosoph auf dem Thron auch. Das zieht sich durch die gesamte Geschichte des «Leninismus». Die kuriose Lenin-Begeisterung der letzten Jahre, die allerlei neomarxistische Hipster erfasst hat (Slavoj Zizek!), sparte sich den Bezug auf das Buch. Lenins wutschnaubender Ton berührt peinlich, die Weigerung, immanent zu argumentieren und die philosophischen Schnitzer, ja: die Unfähigkeit, den Gegenstand der Kritik überhaupt korrekt wiederzugeben, sind augenfällig.

Das führt zu dem nächsten merkwürdigen Ereignis: Warum veröffentlichte Anton Pannekoek elf Jahre nach dem erfolglosen Erscheinen mit «Lenin als Philosoph»[246] eine Streitschrift,

---

246 Alle Seitenzahlen im Text verweisen auf diese Schrift. Sie ist von Pannekoek auf «Juli 1938» datiert und erschien unter dem Pseudonym J. Harper als «Nr.1 der Bibliothek der Rätekorrespondenz», der Zeitschrift der deutsch-holländischen rätekommunistischen Linken, im Original auf Deutsch. Die erste Auflage, 500 Stück, verkaufte sich rasch, in den USA strebte Paul Mattick umgehend eine englische Veröffentlichung

die das Leninsche Werk entzauberte?[247] Wieso der große gedankliche und argumentative Aufwand? Welchen Ertrag sollte diese Schrift für die rätekommunistische Theoriebildung bringen können? 1938 war den Rätekommunisten klar, dass es für sie keine praktisch-dringlichen Interventionsmöglichkeiten mehr gab, dass es folglich nicht mehr galt, Pamphlete und Tagesanalysen zu schreiben, sondern am Nullpunkt der Bewegung die Grundlagen für eine theoretische Neubesinnung zu legen.

Genau das war «Lenin als Philosoph», eine kritisch reflektierte Darlegung des historischen Materialismus – in dichter Auseinandersetzung gewonnen mit dem bürgerlichen Materialismus des 19. Jahrhunderts, der kritischen Materialismus-Revision durch Ernst Mach und schließlich des bürgerlich-proletarischen Materialismus-Hybrids Lenins.[248] Aus der immanenten, nachvollziehenden Kritik der Polemik Lenins entwickeln sich die Prinzipien des historischen Materialismus, deren explizite Darstellung Pannekoek einen so großen Wert beimisst, dass sie den Großteil des Textes ausmachen. Die Auseinandersetzung mit Lenin folgt erst im siebten (von neun) Abschnitten. Vielmehr verfolgt Pannekoeks Arbeit die epistemische Durchdringung der Räte-

an, die dann erst nach dem Zweiten Weltkrieg, 1948, realisiert wurde: Pannekoek schickte Mattick seine eigene – handschriftliche – Übertragung ins Englische, die Mattick abtippte und von dem Linguisten Zellig Harris redigieren ließ. Von der 2000er-Auflage gelangten 1.000 Stück in den Vertrieb, längst nicht alle Exemplare wurden verkauft, nur die Hälfte der ursprünglichen Kosten reingeholt (Informationen nach Roth 2015, S. 176 und S. 232f.). Pannekoek bestand auf dem Pseudonym, weil der Autorenname – er war ja ein bekannter Astronom – nicht vom Inhalt ablenken sollte, er wies jeden Autoritätsfetischismus zurück. Die erste offizielle deutsche Ausgabe (jetzt unter Pannekoeks Namen) folgte 1969 in der Europäischen Verlagsanstalt, mit einem biographischen Vorwort von Paul Mattick und der instruktiven Rezension von Karl Korsch (November 1938), von der später noch die Rede sein wird. Diese Ausgabe wurde, erweitert u.a. um die «Thesen zum Bolschewismus» der GIK, 1991 im ça-ira-Verlag aufgelegt. Wir zitieren nach dieser Ausgabe.

247 Karl Korsch, der zu diesem Zeitpunkt bereits eine lange Strecke der Kritik an sozialdemokratischen und bolschewistischen Marx-Verballhornungen hinter sich gebracht hatte, bemerkte: «Wirklich die erste klare u. begründete philosophische Auseinandersetzung mit Lenin u. dem Leninismus.» (Brief an Paul Mattick vom 24.8.1938, in: Korsch 2001, S. 664)

248 Pannekoek geht auch auf Machs philosophischen Zeitgenossen Richard Avenarius ein, weil Lenin auf ihn eingeht. Da die wichtigsten Argumente des «Empiriokritizismus» schon in der Lehre Machs enthalten sind, wird hier auf die Darstellung Avenarius' verzichtet.

theorie. Indem er zeigt, dass der historische Materialismus den dogmatischen Standpunkt in der Argumentation verlässt– die Einnahme eines Gegenstandpunktes –: «Nur dadurch, daß man aufzeigt, inwieweit, weshalb, unter welchen Bedingungen jene Anschauungsweise notwendig war, kann man sie überwinden mit dem Nachweis, daß jene Bedingungen nur zeitweilig vorhanden waren.» (S. 83); und indem er weiter zeigt, dass dieser Materialismus die Verdinglichungsformen der bürgerlichen Gesellschaft, «die zu absoluten Wesen verhimmelten abstrakten Begriffe, die Materie, die Kräfte, die Kausalität in der Natur, die Freiheit, den Fortschritt in der Gesellschaft» (S. 150), aufzulösen in der Lage ist, weil dieser die proletarische Revolution antizipiert, legt Pannekoek den Blick frei auf soziale Verkehrsformen, die diese vorgeordneten und verdinglichten Strukturen, die Vermittlung über jene Abstrakta, hinter denen sich nur die nackte Herrschaft der Bourgeoisie verbirgt, nicht mehr nötig haben. Diese Verkehrsformen konstituieren sich in den Räten.

«Die Richtigkeit seiner [des Menschen, Anm. FK] Schlüsse, die die Bedingung seines Lebens ist, wird [...] durch die Tatsache seines Lebens selbst gesichert. Weil das Denken eine zweckmäßige Anpassung des Lebens ist, kommt ihm Wahrheit zu. [...] Immer ist die Praxis des Lebens die schonungslose Probe auf die Richtigkeit des Denkens.» (S. 68) Daraus folgt: «Wahrheit des Denkens, sagte Marx, ist nichts andres als Macht, Herrschaft über diese wirkliche Welt.» (S. 70) Denken ist wesentlich gesellschaftliche Praxis, nichts Abgeleitetes, kein Reflex, keine Widerspiegelung, und das bedeutet zugleich: Denken ist etwas Materielles, unmittelbar Kreatürliches, «Denken ist ein leibliches Vermögen» (S. 68). In diesen einfachen Bestimmungen ist bereits der ganze Gegensatz zum Leninschen Denken enthalten, das die Subjektivität der Materie abstreitet. Aber noch ist Pannekoek mit seinen einfachen Bestimmungen nicht am Ende, sie müssen den Übergang zu den Fetischformen dieser Gesellschaft offenlegen. Wenn also obiges Wahrheitskriterium gilt, dann gilt auch: «Dem Denken kann keine Wahrheit zukommen, wo der Mensch mit seinem Kopf die Welt nicht beherrscht». Gemünzt auf die bürgerliche Gesellschaft heißt das: «Wo – wie Marx [...] in ‹Das Kapital› darlegte – das Produkt seiner Hände über seinen Kopf emporwächst zu einer Macht, die er nicht beherrscht, die ihm als Ware und Kapital als ein eigenes gesellschaftliches Wesen gegenübertritt, das ihn beherrscht oder gar vernichtet, da unterwirft sich sein Denken dem Glauben an mystische höhere Wesen, da zweifelt er an der Fähigkeit seines Geistes, die Wahrheit zu erkennen.» (S.70) Die Fetische werden gestürzt im proletarischen Klassenkampf, der historische Materialismus konnte sich erst ausbilden, als das Proletariat sich selber in seinen ersten Kämpfen organisierte und über diese Kämpfe – ihre ersten Erfolgen, ihre Niederlagen – reflektierte. Der Marxismus als Kritik der Fetischformen realisiert sich ausschließlich als Praxis: «So ist der Marxismus nur als Theorie der proletarischen Revolution eine Realität und zugleich eine lebendige Kraft in den Köpfen und Herzen des revolutionären Proletariats. Das schließt ein, daß er nicht eine feste unveränderliche Disziplin und Glaubenslehre sein kann.» (S. 72)

In dieser emphatischen Engführung von Denken und Aktivismus, von Geist und Materie – «Die Naturforscher betrachteten durchweg die unveränderlichen Substanzen, die Materie, die Energie, die Elektrizität, die Schwerkraft, den Weltäther, das Gravitationsgesetz, das Entropiegesetz, als die Grundelemente der Welt selbst, die Wirklichkeit, die es zu erforschen gilt. Vom Standpunkt des historischen Materialismus sind sie die Produkte, die die schaffende Gehirnarbeit aus dem Stoff der Naturerscheinungen formiert hat.» (S. 80) – drückt sich viel von Pannekoeks eigener geistiger Sozialisation aus. Pannekoek stieß erst zur Arbeiterbewegung – etwa 1900 –, als er bereits in Astronomie promovierte, er brachte die Kenntnis der Praxis des Naturwissenschaftlers ein und eine philosophische Grundbildung, die kantianisch geprägt war, also die Leistung des Subjekts in der Konstitution der Welt betonte. Der neu erworbene Materialismus musste sich daran messen, was Pannekoeks eigene Praxis war, als Naturwissenschaftler war ihm nicht so sehr die Darstellung der objektiven Welt das Problem, als vielmehr «die materialistische Darstellung auch des Erkenntnisprozesses».[249] Er kam schließlich zur Einsicht, dass letztere materialistische Darstellung ebenso Teil der objektiven Welt ist und nichts, was ihr äußerlich wäre.

Der Katalysator dieser Einsicht war die Philosophiekritik Josef Dietzgens (1828–1888). Dietzgen war 1852 Mitglied des Bundes der Kommunisten und später der Internationalen Arbeiterasso-

249 Karl Korsch, «Zur Philosophie Lenins. Einige ergänzende Bemerkungen zu Anton Pannekoeks kürzlich erschienener Kritik von Lenins ‹Materialismus und Empiriokritizismus›», in Pannekoek 1991, S.159.

ziation und der Sozialdemokratischen Arbeiterpartei. Er las die Schriften von Marx und Engels, 1869 erschien sein Hauptwerk «Das Wesen der menschlichen Kopfarbeit». Dietzgen galt als «Arbeiterphilosoph», weil er beruflich Lohgerber war und keine Universität besucht hatte. Tatsächlich war er ein selbstständiger Handwerker, der 1869 die Gerberei seines Onkels in Siegburg erbte und zuvor bereits Leiter einer Regierungsgerberei in Russland war. Dietzgen hatte die grundlegende Idee, das Denken im Sein und das Sein im Denken zu finden – es seien keine sich gegenüberstehenden Entitäten. In Dietzgens Worten: «Wir unterscheiden zwischen Denken und Sein. Wir unterscheiden den sinnlichen Gegenstand von seinem geistigen Begriff. Gleichwohl ist doch auch die unsinnliche Vorstellung sinnlich, materiell, d.h. wirklich [...]. Wenn man nur das Greifbare materiell nennt, dann ist der Gedanke immateriell. Dann ist aber auch der Duft der Rose und die Wärme des Ofens immateriell [...]. Der Geist ist wirklich, ebenso wirklich wie der greifbare Tisch, wie das sichtbare Licht, wie der hörbare Ton.»[250] Der Gedanke ist fast schon schmerzhaft einfach: Die Vorstellung, das Materielle sei irgendetwas Hartes, etwas, woran man sich beispielsweise den Kopf stößt, blamiert sich vor materiellen Tatsachen, die nicht greifbar, nicht handfest sind. Dafür aber kann man sie hören, riechen, fühlen, kurz wahrnehmen. So wie man den Gedanken wahrnimmt, wenn man ihn ausspricht, ihn diskutiert, ihn überhaupt erst bildet aufgrund bestimmter sinnlicher Erfahrungen. Er ist ebenso eine materielle Tatsache. Pannekoek: «Die ganze Welt ist Material für die Denktätigkeit, alles Geistige so gut wie das Sichtbare und Tastbare. Das Geistige ist auch wirklich vorhanden und dient daher selbst wieder als Objekt zur Begriffsbildung; die geistigen Erscheinungen werden im Begriff des Geistes zusammengefaßt. Denken und Sein bilden zusammen eine einzige zusammenhängende Welt des Seins, wo das Sein das Denken bestimmt und das Denken, in der menschlichen Tätigkeit, auf das gesamte Sein zurückwirkt.» (S. 86)

Mag sein, das Pannekoek Dietzgen stärker machte, als dessen Philosophie tatsächlich war (Marx und Engels betrachteten sie wohlwollend, adaptierten sie aber niemals als fixen Bestandteil ihrer ideologiekritischen Auseinandersetzung[251]). Sie lieferte

250 Zitiert nach Bock 1992, S. 114.

251 Es stellt sich durchaus die Frage, ob eine materialistische «Erweiterung» des Erkenntnisprozesses um eine Beschreibung desselben nicht

ihm genug Inspiration, um die Praxis des Naturwissenschaftlers – und darüber hinaus der wissenschaftlichen Erschließung der gesamten Welt – besser zu verstehen und aus ihr alle Mystifizierungen auszutreiben: «Die Naturforscher sahen [...] in der Gravitation die ‹Ursache› der Planetenbewegungen; die Anziehungskraft war wie ein kleiner geheimnisvoller Kobold, ein geistiges Wesen, das die Vorgänge lenkte; das Gesetz war ein irgendwie in der Natur vorhandenes Gebot, dem die Körper zu gehorchen haben. In Wirklichkeit ist die ‹Ursache› hier die kurze Zusammenfassung, die ‹Wirkung›, die Vielheit der Einzelerscheinungen. Das Gesetz ist der Inbegriff aller der verwickelten Erscheinungen, aus denen das menschliche Denken es abstrahiert hat. [...] Die Anziehungskraft als ein besonderes Etwas, das die bewegenden Körper lenkt, besteht nicht in der Natur, sondern nur in unserem Kopfe. Sie hat ebensowenig eine besondere Existenz in der Außenwelt als Vorschrift oder spezielle Eigenschaft [...]» (S. 91). Es handelt sich darum, die Regeln, die wir bei der Beobachtung von Erscheinungen in der Natur formuliert haben, nicht zu eigenständigen Wesenheiten aushärten zu lassen, sie zu verdinglichen. Es sind Konstruktionen unseres Kopfes, und alle Schwierigkeiten der Anwendung, sind Widersprüche, in die wir uns selbst verwickelt haben. Pannekoek leugnet nicht die Realität der Außenwelt – er zeigt wie sehr Außen- und Innenwelt sich durchdringen. Gerade das ist eine vollständige Anerkennung unserer Abhängigkeit von der Natur: «Spricht man von Naturgesetzlichkeit, so wird oft darunter dasselbe verstanden, was man mit einem andren Wort Na-

---

auf eine Redundanz hinausläuft. Wenn Marx und Engels und mit ihnen die Kommunist*innen es vermögen, die Realität vollständig zu erfassen – vollständig heißt: ihre Geschichtlichkeit, ihr Werden und Vergehen zu begreifen –, wozu bräuchte es dann noch eine gesonderte Erkenntnistheorie, was wäre ihr Gewinn? Tatsächlich, das fiel Pannekoek schon 1910 in seiner Apologie des «Dietzgenismus» auf, gewinnt diese überhaupt erst an Gewicht, wenn diese vollständige Erfassung zu scheitern droht, wenn sie sich etwa als Projekt von Intellektuellen erweist, das an der tatsächlichen Praxis der Arbeiterinnen und Arbeiter – haarscharf – vorbeigeht, einer Praxis, die in den Massenstreiks eine immer größere proletarische Subjektivität entfaltete. «Was geht in dem Geiste der Proletarier vor, welche Ideen leben und entstehen darin, die ihre Aktionen bestimmen werden?», fragte deshalb Pannekoek. «Darauf kommt es jetzt an. Daher muss sich jetzt die Aufmerksamkeit immer mehr der Wissenschaft zuwenden, die uns das Wesen des Geistes verstehen lässt, und dafür weniger der Lehre, die die Menschen als das Produkt der wirtschaftlichen Verhältnisse darstellt», in: Bock 1975, S. 132.

turnotwendigkeit nennt. Von einer Notwendigkeit in der Natur reden, heißt einen menschlichen Ausdruck auf sie anwenden; sie ist eine schiefe Bezeichnung, insofern damit der Gedanke eines äußeren Zwanges verbunden ist. Noch schiefer ist die in den bürgerlichen Schriften oft angewandte Bezeichnung *Determinismus*: als ob die Zukunft von vornherein irgendwo von irgendjemand festgelegt sei. Eher mag dann das Wort Notwendigkeit hinreichen, um anzudeuten, daß in dem Vorgang der Natur keine Willkür und kein Zufall herrscht – was auch wieder Worte für menschliches Handeln sind […].Richtiger sagen wir, daß in jedem späteren Augenblick das Ganze der Natur durch das, was es im vorigen Augenblick war, vollkommen bestimmt ist. Wir sagen dafür auch, daß die Natur eine Einheit ist, die trotz aller Wandlungen immer dieselbe Natur bleibt.» (S. 92)

In diesem Durchgang durch den historischen Materialismus und der Praxis der Naturforscher ist der Kern der Kritik an Mach und Lenin enthalten, denn in ihren Lehren zerfällt die Einheit der Welt – Mach radikalisiert die Praxis des Naturwissenschaftlers und überhaupt des Menschen in seiner Lebenswelt zu einem ungebremsten Subjektivismus, zur Auflösung alles Physischen im Psychischen; Lenin reagiert darauf im Wortsinne reaktionär mit der Behauptung der reflexhaften (widerspiegelnden) Abhängigkeit alles Geistigen vom Materiellen. Natürlich behaupten beide, die Einheit der Welt angemessen beschrieben zu haben, an die Eleganz und Vollständigkeit der Marx-Dietzgenschen-Synthese reichen sie nicht heran, sie beherrschen mit ihrem Kopf nicht die Welt, und daher gilt für sie, s.o., ihrem «Denken kann keine Wahrheit zukommen».

Pannekoek sieht Mach mit deutlich größerer Sympathie als Lenin: «Er zeigt, daß die Probleme, die aus der Praxis des Lebens hervorkommen, mit den Denkmethoden des Alltagslebens bewältigt werden, bis sie schließlich ihre einfachste theoretische Gestalt bekommen.» (S. 97) Naturwissenschaft ist eine Form der Praxis, die von allen anderen Formen der Lebensbewältigung nicht getrennt zu sehen ist und keinen privilegierten Bereich einer hoheren Erkenntnis beanspruchen kann. «Es gibt in der Natur kein unveränderliches Ding. Das Ding ist eine Abstraktion, der Name ein Symbol für einen Komplex von Elementen, von deren Veränderung wir absehen. Daß wir den ganzen Komplex durch *ein* Wort, durch *ein* Symbol bezeichnen, geschieht, weil wir ein Bedürfnis haben, alle zusammengehörigen Eindrücke auf einmal wachzurufen.» (S. 96) Die Natur wird ganz hineingenommen in unsere Praxis, diese ist Reflektion über mal stärkere, mal weniger starke Zusammenhänge von Empfindungen. Physik darf nicht von «Dingen», nicht von der «Materie» ausgehen, denn das sind schon abgeleitete Begriffe, unmittelbar ist nur die Erfahrung, ihr liegen die Empfindungen zugrunde. «Die Empfindungen sind auch keine ‹Symbole der Dinge›. Vielmehr ist das ‹Ding› ein Gedankensymbol für einen Empfindungskomplex von relativer Stabilität. Nicht die Dinge (Körper), sondern Farben, Töne, Drucke, Räume, Zeiten (was wir gewöhnlich Empfindungen nennen) sind eigentliche Elemente der Welt.» (Ebd.) Jetzt ist klar, wieso Mach so weit geht, alles Physische im Psychischen aufgehen zu lassen: «Während es keiner Schwierigkeit unterliegt, jedes physische Erlebnis aus Empfindungen, also psychischen Elementen aufzubauen, ist keine Möglichkeit abzusehen, wie man aus den in der heutigen Physik gebräuchlichen Elementen, Massen und Bewegungen, irgendein psychisches Erlebnis darstellen könnte ... Man bedenke, daß nichts Gegenstand der Erfahrung oder einer Wissenschaft sein kann, was nicht irgendwie Bewußtseinsinhalt werden *kann*.» (S. 101, Pannekoek zitiert hier aus Machs «Erkenntnis und Irrtum», 1905 erschienen).

Es fällt nicht schwer, in Machs Explikationen des Subjektivismus einen anti-fetischistischen, anti-hierarchischen Impetus zu entdecken. Dass sein Denken in dem Moment in das der sozialistischen Intelligenzija Russlands eintrat, als diese eine schwere Niederlage zu verarbeiten hatte, das Scheitern der russischen Revolution von 1905, ist nicht abwegig: Mit Mach konnte man alle Vorstellungen von ehernen Gesetzen der Geschichte, von der Notwendigkeit bestimmter gesellschaftlich-historischer Abläufe aushebeln. Darauf ließ sich eine neue Politik begründen, keine «fundamentale», von unumstößlichen Tatsachen des Klassenkampfes ausgehende, sondern eben eine «Realopolitik». Lenin erfasste diesen pragmatisch-opportunistischen Zug der russischen Machisten sofort und wollte eine revisionistische Strömung in seiner Partei gar nicht erst aufkommen lassen, der innerparteiliche Erfolg der deutschen Marx-Revisionisten war ihm Mahnung genug. Daher seine überaus heftige Polemik. Aber wie lassen sich diese absehbaren Folgen mit dem Kern der Philosophie verknüpfen? Die Radikalität des Subjektivismus ist gleichbedeutend mit der völligen historischen und sozialen

Entkleidung des Menschen:[252] In Machs Philosophie wird «die Tatsache der Entwicklung der Welt ganz außer acht gelassen. Wenn die Menschen, aus deren Erlebnissen die Welt konstituiert wurde, sterben, bleibt die Welt ruhig bestehen; ich weiß, daß, wenn meine Erlebnisse mit meinem Tod verschwinden werden, die Welt bleibt. Aus wissenschaftlich anerkannten Erfahrungen schließen wir, daß es in der Vorzeit eine Erde ohne Lebewesen gab. [...] Damit ist man von der intersubjektiven, allen Menschen gemeinsamen Welt zu einer objektiven, unabhängig vom Menschen bestehenden Welt fortgeschritten. Damit ändert sich das Weltbild durchaus. [...] Die Welt ist die Gesamtheit ihrer unendlich vielen Teile, die auf einander wirken; jeder Teil besteht nur aus der Totalität aller Wechselwirkungen mit der übrigen Welt; diese bilden die Erscheinungen, die das Objekt der Wissenschaft sind. In dieser Welt treten auch die Menschen auf; alles, was wir sind, ist Wechselwirkung mit der Außenwelt. Die Welt besteht jetzt aus mehr als Empfindungen; sie besteht aus allen Wechselwirkungen, unter denen die Empfindungen nur ein kleiner Teil sind – allerdings die einzigen uns unmittelbar gegebenen Elemente». (S. 103)

Begreift man die Welt als historische – und das ist möglich, wenn wir akzeptieren, dass wir sterblich sind (und damit unsere Vorstellung von der Welt vergänglich), die Welt selbst aber bestehen bleibt –, gewinnt man eine Vorstellung von Entwicklung, zeigt sich uns die Vermittlung unserer «Empfindungen» zu einer Gesellschaft. So wäre «eine Sprache unmöglich ohne eine menschliche Gesellschaft, für die sie das Organ der Vermittlung ist. [...] Von den anderen Menschen erlebe ich ihr Handeln (einschließlich Reden) als einer Art mit meinem Handeln, Teile eines einzigen Ganzen, und erkenne darin unsere Gleichartigkeit. [...] Diese Einwirkung auf die Welt bildet den wesentlichen Lebensinhalt, das Bedeutsamste seiner Erlebnisse, das sein Denken und Fühlen bestimmt. [...] So trägt alles in der Erlebniswelt des Menschen von vornherein einen gesellschaftlichen Charakter». (S.113)

252 Sie erweist sich, lebensweltlich betrachtet, als stille Arbeit des theoretisierenden Physikers: «Das Wesentliche bei Mach und Avenarius [...] ist, daß sie von der persönlichen Erfahrung ausgehen. Diese allein gibt ihnen absolute Sicherheit; dahin ziehen sie sich zur Prüfung alles Wissens zurück. Sobald die Mitmenschen ins Spiel kommen, fängt eine gewisse theoretische Unsicherheit an, und ihr Erleben muß mühsam auf das eigene zurückgeführt werden.» (S. 112)

Wie aber versucht nun Lenin, die fatalen Folgen der machistischen Philosophie auf diese zurückzuführen? Dazu ein Beispiel, das Pannekoek anführt und dann kritisiert. Er zitiert Lenin: «Ist die Realität gegeben, dann braucht man für diese objektive Realität einen philosophischen Begriff, und dieser Begriff ist schon vor sehr langer Zeit geschaffen worden; dieser Begriff ist eben die Materie. Die Materie ist eine philosophische Kategorie zur Bezeichnung der objektiven Realität, die dem Menschen in seinen Empfindungen gegeben ist, die von unseren Empfindungen kopiert, photographiert, abgebildet wird und unabhängig von ihm existiert.» (S. 130) Und kommentiert: «Schön; mit der Definition in den ersten Sätzen kann man einverstanden sein. Wenn aber dann dieser Begriff auf die aus Molekülen und Atomen bestehende physische Materie beschränkt wird, setzt man sich zu der Definition in Widerspruch. Auch die Elektrizität ist objektive Realität; ist sie deshalb physische Materie? Unsere Empfindungen zeigen uns das Licht; es ist eine Realität, aber keine Materie; und die Abstraktionen, die die Physik erfand, es zu deuten, einmal der Weltäther, später die Photonen, sind wohl auch kaum als physische Materie anzusprechen. Ist die Energie nicht ebensogut eine Realität wie die physische Materie, da sie es doch ist, die noch unmittelbarer als die materiellen Dinge unsere Empfindungen bewirkt?» (Ebd.) Nachdem er Lenin naturwissenschaftlich widerlegt hat, geht er, streng monistisch, zum sozialen Einspruch über: «Und schließlich, was ‹dem Menschen in seinen Empfindungen gegeben ist›, wenn er seine Mitmenschen reden hört, ist nicht nur Zunge und Lippe, nicht nur Energie der Luftvibration, sondern auch, und viel wesentlicher, der Gedanke des Redenden. Die Ideen der Menschen sind ebensogut eine objektive Realität, die uns durch die Empfindungen gegeben wird, wie die tastbare Natur; das Geistige gehört genau so zu der wirklichen Welt wie das Materielle im Sinne der physischen Materie. Wenn wir unsere ganze Erfahrungswelt zusammenfassend wiedergeben wollen als Wissenschaft, zur Richtlinie künftigen Handelns – kommen wir mit dem Begriff der physischen Materie nicht aus. Wir brauchen da noch andre Begriffe, wie die Energie, den Geist, das Bewußtsein.» (Ebd.)

Vor dem Bewusstsein zuckt Lenin aber zurück, zu groß ist für ihn die Gefahr, daraus etwas Freischwebendes, Ungebundenes, Selbstherrliches, gar in einem göttlichen Wesen fundiertes zu machen. Lenin: «Nicht die Vernunft ist ein Teil der Natur», wettert er gegen den Machismus, «eines ihrer höchsten Erzeugnisse, die Spiegelung ihrer Vorgänge, die Natur ist vielmehr [nach Mach, Anm. FK] ein Bestandteil der Vernunft, welche Vernunft dann selbstverständlich aus der gewöhnlichen, einfachen, allbekannten menschlichen Vernunft zu einer, wie Dietzgen sagt, maßlos vernünftigen, zu einer mystischen, göttlichen Vernunft erhoben wird. Die Kant-Machsche-Formel ‹der Mensch gibt der Natur die Gesetze› ist eine Formel des Fideismus.» (S. 123) Fideismus, religiöser Glaube, ist überhaupt das schlimmste Verdikt, das Lenin auszusprechen vermag. Er selbst aber hat hier eine Verdinglichung vollzogen, er hat die göttliche Vernunft gestürzt und sie durch die objektive Vernunft des Naturgesetzes ersetzt. Für «Lenin (besteht) die ‹Natur› nicht nur aus der Materie, sondern auch aus den Naturgesetzen, welche unabhängig von uns in der Welt als feste Gebote bestehen, denen die Dinge zu gehorchen haben.» (Ebd.) Pannekoek kontert lakonisch: «Das Gesetz bestimmt nicht, was die Natur tun wird, sondern was wir erwarten, daß sie tun wird.» (S. 124)

Lenins Reaktion auf Mach erweist sich als untauglich, eine auf Selbstbefreiung abzielende Praxis des Proletariats zu unterstützen. Dass er in Machs Philosophie religiösen Irrglauben und die Willkür eines entfesselten Subjekts entdeckte und wütend aufstampfte, verweist auf die Kampfsituation in Russland. Der Kampf des jungen russischen Proletariats richtete sich gegen den absolutistischen Zarismus, der seinen stärksten Verbündeten in der russischen Kirche fand. Für das (west-)europäische Proletariat erwies sich diese Stoßrichtung seiner Polemik als wertlos. Es musste gegen eine hochentwickelte Bourgeoisie kämpfen, die religiösen Irrglauben und Absolutismus gestürzt hatte. «Nichts» in Lenins Buch «von der gewaltigen Macht des Gegners, der Bourgeoisie, gegen die, durch ihre Verfügungsgewalt über alle Reichtümer der Welt, das Proletariat sich kaum wehren kann; nichts von der geistigen Macht dieser Bourgeoisie, die als bürgerliche Kultur die Geister der Arbeiter beherrscht und von der die Arbeiter sich im unablässigen Ringen kaum freimachen können; nichts von jenen neuen lebenskräftigen Ideologien des Nationalismus und Imperialismus, die auch damals schon die Arbeitermassen geistig und materiell zu umklammern drohten (und sie bald nachher in den Weltkrieg stürzten) …» (S. 146).

Aber was wäre dann der Sinn, den eine junge sozialistische Intelligenzija dem Buch hätte entnehmen können? Dass wissenschaftlich-gesellschaftsplanerische Arbeit auf unumstößlichen Grundlagen fußt, dass die Abweichung von dieser Linie in religiösem Irrglauben mündet, dass dieser Irrglauben der Emanzipation am entschiedensten entgegensteht. Kurz: «Diese materialistische Philosophie war gerade die richtige Lehre für die Masse der neuen russischen Intelligenz, die voll Begeisterung in Naturwissenschaft und Technik die Basis einer von ihnen geleiteten Produktion erkannte – mit den noch religiösen alten Bauern als einzigen Widerstand – und die als neue herrschende Klasse eines Riesenreichs die Zukunft vor sich offen sah.» (S. 145) Dem gleichen Gedanken folgte – präziser – Korsch in seiner Rezension: «Der ‹neue Materialismus› Lenins ist das große Instrument, das nunmehr von den kommunistischen Parteien in dem Bestreben gebraucht wird, einen wichtigen Anteil des Bürgertums von der traditionellen Religion und den idealistischen Philosophien, welche von den oberen und bisher herrschenden Schichten der bürgerlichen Klasse getragen wurden, zu trennen und sie für das System der staatskapitalistischen Planung der Industrie zu gewinnen, das für die Arbeiter nur eine weitere Form der Sklaverei und Ausbeutung bedeutet.» (S. 165)

Eine Philosophie für die Arbeiterklasse, aber nicht der Arbeiterklasse. Der Sinn des historischen Materialismus bestand – seine Außenseite, wenn man so will – darin, den Erkenntnisprozess von Fetischismen zu befreien, weder «Gott» noch «Naturgesetz» (als außerhalb der Erkenntnis liegende Entität)! Diese Arbeit hat auch eine Innenseite, der Erkenntnisprozess ist in sich hierarchie-frei und anti-autoritär, transparent intersubjektiv und bietet der kollektiven Praxis des Proletariats den einzig angemessenen Rahmen. Die Entdeckung der aktiven Rolle des Bewusstseins ist nicht pädagogisch zu verstehen, sondern selbsterziehend. In dieser offenen Form ist die Theoriearbeit gleichbedeutend mit der direkten Aktion in den Betrieben oder den Wohnquartieren. Damit ist gesetzt: Die Organisation des Proletariats ist nicht nur Mittel zum Zweck, nicht nur ein Kampfwerkzeug, sondern die antizipierte Form der freien Gesellschaft. Daher der harte Satz Pannekoeks: «Arbeiter, die sich selbst als Klasse befreien wollen, liegen außerhalb des Gesichtskreises der Kommunistischen Partei.»[253](S. 151) Es ist der zentrale Satz des Rätekommunismus.

253 Schamhaft (?) geht er darüber hinweg, dass er einst selbst zu den Begründern der kommunistischen Bewegung gehörte. Der Kommunismus

Aber an dieser Stelle ist dieser Satz zu einfach gewonnen. Philippe Bourrinet ist in seiner enzyklopädischen Darstellung des deutsch-holländischen Rätekommunismus umfassend auf «Lenin als Philosoph» eingegangen und konstatiert eine Reihe von Leerstellen und Ungereimtheiten:[254] So geht Pannekoek nicht auf die wichtige Rolle der Bolschewiki in der Antikriegsopposition ein und auf Lenins Bemühungen, Bourgeoisie-Ideologie konsequent aus den Reihen des Proletariats zu vertreiben – beide Haltungen machten Lenin zu einer zentralen Figur der europäischen Linken im Kampf gegen Revisionismus und Imperialismus, er war damals ein Verbündeter Pannekoeks!

Weil Pannekoek aber nach 1921 ein Außenseiter der proletarischen Bewegung war und mit ihm alle rätekommunistischen Zellen und Netzwerke, war Kritik am Bolschewismus und der Bolschewisierung nur von einem «absoluten» Standpunkt aus möglich, ja überhaupt denkbar. Durch diesen Standpunkt war vieles gewonnen – man bedenke dagegen die fruchtlosen Schwierigkeiten Trotzkis, das Wesen des Stalinismus zu erfassen, ohne seine eigene Parteigeschichte einer radikalen Revision zu unterwerfen –, allerdings auch der falsche Eindruck eines immer schon monolithischen Bolschewismus. Dadurch schleicht sich ein Geschichtsdeterminismus in Pannekoeks Argumentation ein, der das Wesen der bolschewistischen Partei und Lehre zu etwas Unantastbarem stilisiert: Es war schon immer so und deshalb kam es, wie es kommen musste.

Ist dieses fatalistische Moment vielleicht die Rückseite von Pannekoeks begeisterter Entdeckung der entscheidenden Rolle der geistigen Kräfte im Prozess der Emanzipation? Das klingt vermessen, zunächst ist es doch nur ein Selbstwiderspruch. Pannekoeks Betonung dieser Kräfte ist aber weit mehr als ein philosophischer Satz, sondern impliziert organisatorische Imperative und eine daraus abgeleitete Strategie: Die Organisation der Arbeiter und Arbeiterinnen muss dieser Rolle der geistigen Kräfte angemessen sein – nicht auf Führer und Vordenker angewiesen –, sonst nimmt sie den Standpunkt des bürgerlichen Materialismus ein. Hat sie diesen eingenommen, steht sie unweigerlich auf der Seite der Konterrevolution. Jeder autoritäre

des 20. Jahrhundert war in seiner Gründerjahren Kampfplatz zweier Linien, es war nicht Schicksal, dass die bolschewistische sich durchsetzen würde.

254 Vgl. Bourrinet 2017, S. 374–378.

Zug in der Arbeiterbewegung ist eine Verletzung der Prinzipien der Selbstorganisation und eine Verdinglichung des Klassenbewusstseins. «Eine solche radikale Auffassung des Klassenkampfs ließ nur die strategische Alternative des Alles oder Nichts zu und trug in sich die Ursache des praktischen Scheiterns an den mentalen und materiellen Widerständen in der sozio-ökonomischen Realität», kritisiert Hans Manfred Bock.[255] Nur – historisch gesehen wurde «die strategische Alternative des Alles oder Nichts» der Arbeiterbewegung regelrecht aufgenötigt, sie war nicht das Produkt linksradikaler Hirnweberei. Der Kriegsausbruch 1914, der Bruch mit den alten Mächten 1918, der Kampf gegen den Faschismus nach Jahren des liberalen Appeasements an diesen Feind: Das alles waren «Alles oder Nichts»-Situationen! Jede realpolitische Option führte zuverlässig dazu, dass die Arbeiter mit «Nichts» dastanden und schlimmer noch: dass die nächste dieser Situationen den Arbeiterinnen eine noch größere Last aufbürdete. Salopp gesagt: 1914 wäre es leichter gewesen, den Sozialismus zu erzwingen, als 1918; 1918 wäre der Faschismus eher zu besiegen gewesen als 1933.

255 Bock 1992, S. 123

12 Die Umkehrung des Schemas: Revolution und Konterrevolution

«Man kann sagen:
Erst die Gegenrevolution in Deutschland beweist die
volle geschichtliche Existenz der Revolution.»
Der Historiker Veit Valentin in seiner
«Geschichte der deutschen Revolution 1848–1849»,
zitiert von Karl Korsch, 1948[256]

«Die faschistischen Konterrevolutionen haben
die Oktoberrevolution revolutioniert.
Stalin hat nachweislich von einer jeden
dieser Konterrevolutionen profitiert.»
Heinz Langerhans, 1939[257]

Ende der 1930er-Jahre waren alle Elemente der rätekommunistischen Theorie kanonisiert: dass die Selbstbefreiung der Arbeiterinnen und Arbeiter sich in Räten ohne die Vermittlung einer Partei vollzieht; dass Gedanken nicht als Widerspiegelung von Wirklichkeit, sondern als Wirklichkeit selbst zu begreifen sind, nichts Abgeleitetes sind, sondern ein aktiver Teil derselben; dass der Kapitalismus monopolistisch geworden ist und seine katastrophische Tendenz zur Weltkrise ausgewachsen ist; dass deshalb alle Institutionen der kapitalistischen Gesellschaft und insbesondere die etablierte Arbeiterbewegung selbst als Teil dieser Krise zu verstehen sind. Diese Neubestimmungen kommunistische Theorie mussten Konsequenzen für den Begriff der Revolution zeitigen, der aus dem 19. Jahrhundert stammte und von Marxisten unkritisch übernommen wurde. Das war der Ausgangspunkt von Karl Korsch und Heinz Langerhans, von denen bereits im «Faschismus»-Kapitel die Rede war. Hinsichtlich ihrer politischen Sozialisation und Biographie blieben sie Außenseiter der kommunistischen Bewegung und waren genuin auch keine

256 Auftaktmotto von Korschs Essays «Marx' Stellung in der europäischen Revolution von 1848» (1948), in Korsch 1974, S. 372.
257 «Krieg und Faschismus» (Oktober 1939), in Langerhans 2004, S. 31.

Rätekommunisten. Dennoch stehen ihre Thesen im Mittelpunkt einer rätekommunistischen Revision des Revolutionsbegriffs.

Ohne Zweifel impliziert jedes Element der rätekommunistischen Theorie bereits eine andere Vorstellung von Revolution: nicht mehr auf den Staat resp. die Erringung der Staatsmacht ausgerichtet; nicht mehr einer allwissenden Avantgarde unterworfen; experimentell und nicht «notwendig»; auch nicht fixiert auf ein angeblich irgendwie bewahrenswertes – liberales, demokratisches – Erbe des Bürgertums. Warum also noch eine explizite Neubestimmung des Revolutionsbegriffs?

Im Grunde hat es schon der Historiker Veit Valentin gesagt, den Korsch in seiner wichtigen Studie «Marx' Stellung in der europäischen Revolution von 1848» zitiert: Das Erbe der Revolutionen des 19. Jahrhunderts – genau genommen: des Revolutionsbogens von 1789 bis zur Pariser Kommune von 1870 – zeichnet aus, dass zu jeder Revolution die Konterrevolution gehört. Letztere ist nicht einfacheine Gegenbewegung, sondern ein integraler Bestandteil der Revolution selbst! Im naiven Verständnis will die Konterrevolution die Uhr tatsächlich zurückdrehen, das Ancien Régime restaurieren, aber das ist unmöglich, denn die Konterrevolution tritt auf dem – ökonomischen, außenpolitischen, kulturellen, wissenschaftlichen, kurz: gesellschaftlichen – Gebiet an, das die Revolution bereitet hat. Sie ist gezwungen, sich auf das einzulassen, was die Revolution erstritten hat, und kann diesen Fortschritt nicht ignorieren. Schon der frühe Historiker der französischen Revolution, der Liberale François-Auguste Mignet, betrachtete deshalb Revolution und Konterrevolution als Einheit[258]. Sozialisten gingen nach den gescheiterten, blutig niedergeschlagenen Revolutionen von 1848 so weit, der Konterrevolution jene revolutionäre Tendenzen zu unterstellen, die sich entgegen der Absicht ihrer Protagonisten erst recht progressiv entfalten mussten: Die Konterrevolutionen konnten überhaupt nur deshalb siegreich sein, weil sie die Forderungen der 1848er-Revolutionäre in sich aufnahmen, natürlich um ihnen die Spitze zu brechen. Aber dadurch höhlten die Konterrevolutionäre den Kern des reaktionär-konservativen Geschichtsbildes und Gesellschaftsverständnisses erst recht aus. Daraus wurde ein – unter Sozialisten des 19. Jahrhunderts und auch unter den Marxisten des frühen 20. propagiertes – Revolutionsschema, an dessen Ende, ganz im Sinne des Dreischritts von These-Antithese-Syn-

258 Vgl. Mignet 1975.

these, die siegreiche Arbeiterbewegung stünde. Aber galt diese Dialektik noch im Zeitalter von Stalinismus und Faschismus, dessen Oberbegriffe Imperialismus und Monopolkapitalismus hießen? Leistete sie dem Totalitarismus nicht vielmehr Vorschub? Brauchte der neue Materialismus Pannekoeks oder die Rätetheorie der Deutsch-Holländischen Internationalisten den Rückgriff auf diese, nun, positiv-negative Dialektik überhaupt noch? Musste diese nicht als erzbürgerlich dechiffriert, als letztlich nie über Mignet oder Hegel hinausgelangt, als eigentliches geistiges Element der Konterrevolution verstanden werden?

«Revolutionen siegen konterrevolutionär, Konterrevolutionen revolutionär»,[259] mit diesem Satz hatte Heinz Langerhans 1934 das alte sozialistische Schema auf den Kopf gestellt. Danach wäre nicht die «Konterrevolution» ein integraler Bestandteil der «Revolution», sondern umgekehrt. 16 Jahre später hielt Karl Korsch in Zürich einen Vortrag über «Die heutige Lage des Marxismus und der Arbeiterbewegung». Dazu skizzierte er ein Diskussionspapier und stellt an dessen Anfang zwei Thesen, die auf sein Publikum wie zwei Pauken – nein, besser: Faustschläge gewirkt haben müssen: «Es hat keinen Sinn mehr, die Frage zu stellen, wieweit die Lehre von Marx und Engels heute noch theoretisch gültig und praktisch anwendbar ist.» Und: «Alle Versuche, die marxistische Lehre als Ganzes und in ihrer ursprünglichen Funktion als Theorie der sozialen Revolution der Arbeiterklasse wiederherzustellen, sind heute reaktionäre Utopien.»[260]

Äußert sich Langerhans über die Weltlage, in der die Dialektik von Revolution und Konterrevolution sich als verkehrt erwiesen hat, so spricht Korsch über die Theorie selbst, die von dieser Dialektik gelebt hat und mit dieser verfällt. Beide Zitate stehen in einem Zusammenhang. Korsch wie Langerhans bestimmen den Zusammenhang von Revolution und Konterrevolution nicht mehr positiv, sondern untersuchen, inwieweit die Konterrevolution bereits in der Revolution – in den Revolutionen der Vergangenheit – selbst angelegt war und dass dieses Kontinuum gesprengt werden muss, um die Selbstbefreiung der Arbeiterklassen entfalten zu können.

259 «Die nächste Weltkrise, der Zweite Weltkrieg und die Weltrevolution» in Langerhans 2004, S. 21.

260 Korsch 1974, S. 385. Die Thesen werden nach dieser Ausgabe zitiert, im Folgenden: «Thesen».

Zunächst einige biographische Notizen. Karl Korsch (1886–1961) war seiner Herkunft nach Kleinbürger, der einen sozialen Aufstieg erlebt. Sein Vater war Amtsgerichtssekretär, später Prokurist; Karl wird es zum Professor für Jura an der Universität Jena bringen. Er wird nie ein klassischer Parteisoldat, sondern bleibt ein Intellektueller, immer im verzweifelten Ringen, einen Zugang zur (neuen?!) proletarischen Praxis zu finden. Korsch tritt in einem strengen Sinne erst 1918 in die Politik ein, ist in Berlin in der Sozialisierungskommission für den Kohlenbergbau tätig und kommt über den Umweg der USPD 1920 zur KPD. In diesen wenigen Jahren eignet er sich die Marx'schen Schriften an, avanciert schon wenig später zum Philosophen des Kommunismus, dessen Schrift «Marxismus und Philosophie» (1923) die maßgebliche Abrechnung mit dem Marxismus der Sozialdemokratie darstellt. Von 1924, dem Beginn seiner Demontage und Isolierung, bis 1928 ist er der Statthalter eines, wenn man so will: Ultraleninismus in Deutschland. Er ist Reichstagsabgeordneter der KPD und 1923 kurzzeitig Justizminister der von der Sozialdemokratie verratenen Arbeiterregierung in Thüringen. Als einer der Initiatoren des Instituts für Sozialforschung erarbeitet er bis 1933 ein umfassendes Programm der Rekonstruktion des Marxschen Werks als kritische Theorie. Die Isolierung von Korsch setzt mit der beginnenden Niederlage der linken Opposition in der kommunistischen Partei Russlands ein und ist 1928 abgeschlossen. Er ist aus den Annalen der Partei getilgt. Korsch kennt die Kasuistik, Fall-bezogenes Denken. Ihn zeichnet die Fähigkeit aus, heterogenes Material zu kombinieren und erst in der Kombination zu einer zwingenden Logik der Sache zu kommen – er entdeckt Lücken, Brüche, symptomatische Stellen, über die der Autor, dessen Schrift er untersucht, selbst hinweggegangen ist.[261]

261 «Auch außerhalb der ökonomischen Sphäre, im politischen Überbau und in der Ideologie der bürgerlichen Gesellschaft interessiert sich die marxistische Theorie hauptsächlich für die innerhalb des kapitalistischen Systems bemerkbaren Risse und Spalten, die dunklen, brüchigen und labilen Stellen, die zu gleich für das revolutionäre Proletariat die praktischen Einbruchstellen in das Gefüge dieser Gesellschaft kenntlich machen», so Korsch in einem von der amerikanischen Zeitschrift «Modern Quarterly» 1934 veranstalteten Symposium «Why I am (am not) a Marxist». Hier nach der in der Gesamtausgabe Bd. 5, «Krise des Marxismus», abgedruckten Fassung von 1935 (Korsch 1996, S.691). Die Stelle ist bemerkenswert. Korsch verweigert sich einer herrischen Geschichtslogik: «Marxismus» ist ihm explizit nicht die Möglichkeit, von einem

Um 1928 setzt seine Annäherung an rätekommunistische und anarcho-syndikalistische Gruppen ein, zur gleichen Zeit avanciert er zum marxistischen Lehrer Bertolt Brechts. Seine Vortragstätigkeit und seine Vorlesungen vor einem kleinen Zirkel sind in Berlin legendär. Nach kurzer Zeit in der Illegalität flieht er 1933 und verstärkt die Kontakte zu den Rätekommunisten. Er wird zu einem Mentor von Paul Mattick, dessen erste theoretischen Schriften er gründlich mit diesem diskutiert. Korsch, der im US-Exil nie wieder akademisch Fuß fassen wird und den auch das Frankfurter Institut ausgrenzt (wenngleich finanziell weiter unterstützt), wird für den Mattick-Zirkel das, was Pannekoek für die holländischen Genossen war: ein ungemein produktiver, hilfsbereiter Theoretiker, verantwortlich für zahlreiche Grundsatztexte in den hektographierten Zirkularen, der aber nicht als Spiritus rector auftritt.

Korsch rutschte nach 1950 mehr und mehr in die Isolation, eine dauerhafte Rückkehr nach Deutschland war aussichtslos. 1956 wurde seine Krankheit, Zersetzung der Hirnzellen, manifest, zwei Jahre später folgte die Hospitalisierung. 1961 starb er vergessen, Jahre bevor er von der Neuen Linken zu einem ihrer Vordenker erkoren wurde. Die «Züricher Thesen» sind, wenn auch nicht intendiert, sein Vermächtnis.

Heinz Langerhans (1904–1976) stammte aus dem liberalen Bürgertum Köpenicks, damals noch eine eigenständige Stadt. Er lernte Korsch 1924 als Jungfunktionär der KPD kennen, Langerhans war da bereits persönlicher Assistent der Parteiführerin Ruth Fischer. Korsch folgte er in den Jahren der Weimarer Republik durch die Zirkel und linkskommunistischen Kleingruppen, aus taktischen Gründen wurde er nach 1928 SPD-Mitglied. 1933 gab er in Berlin illegale Zeitungen heraus, die eine andere Widerstandslinie propagierten: Die proletarischen Widerstandsgruppen dürften sich nicht nach den Maßgaben ihrer (parteikommunistischen, von Moskau abhängigen) Führer im Exil verheizen lassen und müssten mit einer langen Dauer des Faschismus rechnen, der Aufbau einer antifaschistisch-proletarischen Front könnte nur von unten und gegen die alten Organisationen gelingen. Langerhans wurde denunziert, im Gestapo-Gefängnis Columbiahaus gefoltert und saß vom Dezember

Feldherrenhügel aus souverän die Schlacht zu überblicken, sondern er bleibt bei der kleinstmöglichen, gerade deshalb effektiven und konsequent antiautoritären Taktik – der Subversion.

1933 bis April 1939 zuerst im Knast, dann im KZ. Seine Thesen von 1934 schrieb er auf Zigarettenpapier und ließ sie aus dem Knast schmuggeln. Korsch sandte sie an Paul Mattick, der sie auf Englisch in seiner «International Council Correspondence» veröffentlichte. Die kühnen, in einem knappen, lakonischen, «brechtischen» Stil verfassten Thesen waren ein Versprechen: Die Hoffnung im Mattick-Zirkel war groß, dass ein Langerhans, der die Haft überlebt haben würde, eine zentrale Größe der kollektiven Anstrengungen zur Rekonstruktion revolutionärer Theorie werden könnte. Langerhans, der es 1941 nach einer dramatischen Odyssee durch das besetzte Europa und mit der Hilfe von Korsch doch noch in die USA schaffte, löste dieses Versprechen auch ein: Zwischen 1939 und 1943 verfasste er vor allem für die Mattick-Gruppe eine Reihe von sehr dichten und provokanten Thesen und Exposés, deren Implikationen in Diskussionen und Revisionen aber nie zur Formulierung gereiften. Dafür reichte weder seine Kraft, noch war zu diesem Zeitpunkt das Netzwerk an rätekommunistischen Theoretikerinnen und Theoretikern in den USA stark genug, um ihn zu fördern und zu fordern. Nach 1946 schlug Langerhans die stets prekäre Laufbahn eines universitären Soziologen ein und nahm Lehraufträge an verschiedenen Universitäten wahr, zuletzt war er Professor für Politologie an der Universität Gießen. Die Freundschaft zu Korsch und Mattick blieb. Unter der Hand blieb er, der nach seiner Rückkehr nach Deutschland 1956 wieder in die SPD eintrat, ihrer Sache treu. Die Studentenrevolte von 1968 begrüßte er und stellte in seinen letzten Seminaren sein Wissen über den Korsch-Kreis und die linkskommunistische Kritik der Konterrevolution und des Bolschewismus zur Diskussion.

Korsch und mehr noch Langerhans treten zu einem Zeitpunkt zur rätekommunistischen Bewegung hinzu, als diese nur noch ein Netzwerk von kleinen Gruppen ist. In den 1940er-Jahren lassen sich die wenigen internationalen Verbindungen dann gar nicht mehr aufrechterhalten. Dementsprechend «defaitistisch» sind ihre Beiträge, sie sind nicht geschrieben, um eine proletarische Praxis zu radikalisieren, sondern konstatieren kategorisch das Ende aller damals diskutierten Formen proletarischer Praxis. Ihre Texte sind deshalb zentral für die rätekommunistische Theoriearbeit, weil erst durch sie die Kritik an den Zwangsformen der kapitalistischen Reproduktion, zu denen auch Bolschewismus und der kanonisierte Marxismus gehören, abgeschlossen ist.

Korsch hatte in einem 1939 erschienenen Essay das Wesen der Konterrevolution bündig bestimmt:

«Es handelt sich um eine Gegenaktion der vereinigten Kapitalistenklasse gegen alles, was heute vom ersten großen Aufstand des Proletariats im kriegszerrissenen Europa, der seinen Höhepunkt in der russischen Revolution vom Oktober 1917 hatte, geblieben ist.

Wie es der gesteigerten Bewußtheit des konterrevolutionären Geistes im Gegensatz zu den nur konservativen und reaktionären Tendenzen entspricht, ist das gemeinsame Ziel solcher Aushängeschilder der heutigen europäischen Politik wie Hitler und Mussolini, Daladier und Chamberlain nicht nur die zeitweilige Brechung des Widerstandes der Arbeiter gegen die wachsende Unterdrückung und Pauperisierung. Ihr wirkliches Ziel besteht darin, im nationalen und internationalen Maßstab Bedingungen zu schaffen, durch die jede künftige Bewegung der Arbeiterschaft ‹ernstlich und für eine lange Zeit› unmöglich gemacht wird.

Für dieses Ziel opfern sie nicht nur – wie sie es immer getan haben – die Freiheit und Wohlfahrt ihrer Völker, sondern sogar einen Teil der Privilegien, die ihre Klasse bisher besaß. Sie sind sogar gewillt; einige ihrer traditionellen materiellen und ideellen Vorrechte, die persönliche Würde eingeschlossen, aufzugeben, und sie bemühen sich, als Juniorpartner an den Gewinnen teilzunehmen, die sie von der den Arbeitern durch die neuen konterrevolutionären Formen weitestgehender politischer, sozialer und kultureller Versklavung aufgezwungenen gesteigerten Ausbeutung erwarten.»[262]

Es sind dies die «allgemeinen Aspekte der heutigen europäischen Konterrevolution», zu der sich eine notwendige Besonderheit gesellt: «In einem historischen Prozeß, der vorläufig und im Hinblick auf weitere Untersuchungen als eine schrittweise Degeneration beschrieben werden mag, hat der russische Staat in seiner inneren Funktionsweise seine früheren revolutionären und proletarischen Züge immer mehr aufgegeben. Durch die Folgerichtigkeit und die umfassende Natur seiner antidemokratischen und totalitaren Entwicklung hat er die sogenannten faschistischen Züge der offen konterrevolutionären Staaten Europas und Asiens oft vorweggenommen.»[263]

262 «Staat und Konterrevolution», in Korsch 1974, S. 327f.
263 Ebd., S. 329.

Auffällig ist die Zuspitzung des Begriffs der Konterrevolution, die Korsch in einer Abfolge von drei Schritten vornimmt: 1. Die Konterrevolution ist die Reaktion auf die Revolutionsversuche des Proletariats zwischen 1917 und 1919. 2. Sie ist die Anstrengung, überhaupt jede autonome Klassenaktion des Proletariats, deren Konsequenz, das zeigten der Bourgeoisie der russische Oktober und die deutsche Novemberrevolution, immer die Revolution gewesen wäre, zu unterdrücken. Als solche schlägt sie auf die Bourgeoisie selbst zurück. Sie opfert der Konterrevolution ihre politischen Errungenschaften und sozialen Privilegien, um als Klasse zu überleben. 3. Die Pointe: Ihr Urbild findet sie in der russischen Revolution: «Das wirklich Bemerkenswerte, das es nie vorher in der Geschichte gab, besteht darin, daß gerade jene neuen, für antibürgerlich gehaltenen Züge des russischen Staates, die als Mittel der Verteidigung des proletarischen Gehalts der russischen Gesellschaft gedacht waren [...] als Instrument nicht nur der Umkehrung des Sozialismus in Rußland, sondern auch einer neuen, bewußt gegenrevolutionären Umformung des gesamten traditionellen Rahmens der europäischen kapitalistischen Gesellschaft gedient haben sollten: ‹Ist es auch Wahnsinn, hat es doch Methode.›»[264]

Paul Mattick hatte das Wesen der (russisch-bolschewistischen) Konterrevolution 1947 in seiner Polemik gegen Trotzki so bestimmt: Die Konterrevolution «im Rußland von 1917 [war] jenes in der Revolution selbst Angelegte, d.h. in der Möglichkeit, die die Revolution den Bolschewiki bot, eine zentralgelenkte gesellschaftliche Ordnung zur Fortsetzung der kapitalistischen Scheidung der Arbeiter von den Produktionsmitteln und Wiederherstellung Rußlands als einer imperialistischen Konkurrenzmacht zu schaffen».[265] Die «für antibürgerlich gehaltenen Züge des russischen Staates», «die zentralgelenkte gesellschaftliche Ordnung», waren der Nukleus jener neuartigen Konterrevolution, die sich nicht mit dem aus dem 19. Jahrhundert überlieferten Raster verstehen ließ. Denn, so Langerhans: «Es siegte nicht einfach die bürgerliche Konterrevolution gegen die Arbeiterrevolution, sondern die nationale Beschränkung der revolutionären Kämpfe, ihre übergreifend nationale Entstehungsgeschichte und Aufgabe behaftete von vornherein auch die ‹russische›

264 Ebd., S. 336. Korsch zitiert mit dem letzten Satz aus Shakespeares «Hamlet»: «Though this be madness, yet there is method in't.»

265 Mattick 1947, S. 14.

Revolution mit dem Elemente der Konterrevolution.»[266] Die Probleme der russischen Revolution, dass sich in ihr der neue Staat mehr und mehr als Gewaltherrschaft über die Arbeiter und Bauern erhob, waren nicht einfach ungelöste Fragen der Strategie und Taktik der Bolschewiki, sie mussten grundsätzlicher verstanden werden.

Langerhans beantwortete sie im Herbst 1939, kurz nach Ausbruch jenes Krieges, der zu diesem Zeitpunkt noch nicht wieder Weltkrieg hieß, indem er den genuin kapitalistischen Charakter des (ersten) Weltkrieges bestimmt – er enthüllte ein neues Stadium des Kapitalismus: «Im Weltkriege kulminiert ein vehementer Aufschwung im Entwicklungsprozess der materiellen Produktivkräfte, der auf wenige Jahre, höchstens zwei, drei Jahrzehnte, zusammengedrängt ist: Chemisierung der Produktion (Hegemonie der Chemischen Industrie), Industrialisierung der Landwirtschaft, Motorisierung des Verkehrs (Autobahnen), Flugwesen, Rundfunk, Tonfilm, Fernsehen.»[267] Seine Betrachtungsweise des Krieges ist nüchtern, geradezu antipolitisch, aber notwendig, um die Implikationen für die «Politik» der Arbeiterbewegung zu verstehen: «In seiner Eigenschaft als Weltkrise ist der Weltkrieg eine spezifische Strukturkrise. Die neuen Produktivkräfte sind mit dem liberalen System des Konkurrenzkapitalismus nicht vereinbar, sie lassen sich auch vom Monopolkapital, sofern die Ausbildung seiner Formen partiell bleibt und den Rahmen des liberalen Gesamtsystems aufrecht erhält, nicht bewältigen.»[268]

Die Arbeiterklasse war aber in dieses «liberale Gesamtsystem» 1914 längst integriert, Langerhans spricht im Hinblick auf die gesamte europäische Sozialdemokratie von der «tatsächliche(n) Verknüpfung von Arbeiterbewegung mit sozialreformerischen und politischen revolutionären Aufgaben, also (der) tatsächliche(n) Verknüpfung von bürgerlicher und proletarischer Revolution»[269]. Das führte zu Beginn des Krieges zum Zerfall ihrer Aktionsformen. Der Zusammenhalt dieser Aktionsformen war der Internationalismus – mochten die Arbeiterinnen und Arbeiter Europas aus noch so verschiedenen Traditionen entstammen, noch so verschiedene Sprachen sprechen

266 Langerhans 2004 («Die nächste Weltkrise …»), S. 21.
267 Langerhans 2004 («Krieg und Faschismus»), S. 25f.
268 Ebd.
269 Langerhans 2004 («Die nächste Weltkrise …»), S. 20.

und auf eine ganz verschiedene Geschichte der Klassenkämpfe zurückblicken, ihre Einheit fanden sie im Kampf gegen die immer gleichen Ausbeuter und die immer gleichen Mechanismen der Mehrwertabpressung. Diese Einheit konnte nur eine internationale sein. Wo aber die Arbeiterbewegungen sich in ein jeweils nationales Gerüst aus spezifischen politischen Forderungen und sozialreformerischen Perspektiven hatten einbinden lassen, war diese Einheit, allen Lippenbekenntnissen auf europäischen Friedenskongressen zum Trotz, aufgekündigt. Damit aber fiel die Arbeiterbewegung hinter die Dynamik des Kapitalismus, der seine Krisen nicht länger national und liberal, sondern imperialistisch und monopolistisch bewältigt, zurück: «Die Arbeiterklasse hat – wie sich zeigte – mit dem Tempo der Materialschlachten nicht Schritt gehalten. Die zerstörerische Arbeit des Weltkrieges hatte Bedingungen geschaffen, mit denen die vorhandenen Energien der Arbeiterbewegung nicht fertig geworden sind. Die Arbeiter ‹schraken vor der Ungeheuerlichkeit ihrer eignen Zwecke zurück›. Für den Augenblick unhinderbar folgte der jahrelange Aktionszerfall. Von der KomIntern blieb nur ein verstümmeltes, zerbröckelndes Fossil.»[270] Der Aktionszerfall ist kein linearer Prozess. Die Arbeiterbewegung löst sich nicht einfach auf, noch entsteht sie einfach neu, er zeitigt Konsequenzen, die über die unmittelbare Auflösung der Bewegung hinausgehen: «Es war die geschichtliche Voraussetzung des Faschismus, dass die weltrevolutionäre Aktion der Arbeiter zuvor in eine Serie nationaler Revolutionen und Konterrevolutionen zerfiel. Damit änderte sich zugleich der Charakter der Oktoberrevolution. Aus dem geheimen Urbild des Faschismus, dem intimen Gegner, wird im nationalen, russischen, monopolistischen Resultat die Musterrevolution der ganzen Serie. Mit Übergang zur ‹Neuen ökonomischen Politik› war der Übergang von der Utopie der sofortigen organischen Organisation der Arbeitswelt zur politischen Ökonomie, d.h. zu Kapital und Lohnarbeit, Herrschaft und Ausbeutung endgültig vollzogen. Mit dem Stalin-Hitler-Pakt ist der folgerichtige Schlusspunkt gezogen [...].»[271]

Wo ansetzen? An der «tatsächlichen Verknüpfung von bürgerlicher und proletarischer Revolution». Diese musste aufgelöst werden. Und sie war, geht man nach den Studien der holländischen Genossen zum Charakter der neuen Klassenkämp-

270 Langerhans 2004 («Die nächste Weltkrise ...»), S. 21f.
271 Langerhans 2004 («Krieg und Faschismus»), S. 27.

fe, praktisch längst in Auflösung begriffen. Die theoretische Reflektion setzt bekanntlich stets hinterher ein und gewinnt ihre Bedeutung allein im Hinblick auf zukünftige Kämpfe: Für sie sollten die künftigen revolutionären Kader geschult werden. Mit seinem Züricher Vortrag und seinen «Zehn Thesen über Marxismus heute» leistete Karl Korsch seinen Beitrag dazu.

Die Thesen sind in einer Veranstaltungspause entstanden.[272] Einer der kanonischen Texte der Neuen Linken ist also ein beiläufiges Produkt, um eine Diskussion anzuschieben. Karl Korsch weilte am 4. September 1950 in Zürich auf Einladung antifaschistischer Exilanten und ehemaliger Genossen aus seinem Kreis, um über «Die heutige Lage des Marxismus und der Arbeiterbewegung» zu referieren.[273] In der Diskussionspause, während die Gruppe das Lokal wechseln musste, um weiter diskutieren zu können, stenographiert Korsch seine Thesen. Sie werden später transkribiert und hektographiert unter Freunden verteilt. Die erste Veröffentlichung, auf Französisch, erfolgt auf Initiative des französischen Marx-Forschers Maximilien Rubel 1959, Korsch war da schon hospitalisiert. Die erste Veröffentlichung in Deutschland initiierte 1965 der Korsch-Schüler Erich Gerlach.

Diese Konstellation an jenem Züricher Abend muss man sich vor Augen halten: Die Thesen dienen dazu, eine Diskussion zu strukturieren. Zu den Mitteln können zählen: provokante Sätze, die etwas auslösen sollen, «Tagesordnungspunkte» oder «Überschriften», zu denen man ein Meinungsbild einholt, Gedankensplitter, die eine Position markieren, auf die man die Reaktion der anderen erwartet, ein erstes Resümee. All das findet sich in den Züricher Thesen, sie bieten verschiedene Haltungen an. Zu sagen: «Alle Versuche, die marxistische Lehre als Ganzes und in ihrer ursprünglichen Funktion als Theorie der sozialen Revolution der Arbeiterklasse wiederherzustellen, sind heute reaktionäre Utopien» (These 2), kann man demnach als Aufforderung an die letzten noch verbliebenen antistalinistischen und antiliberalen marxistischen Kreise verstehen, mit Selbstgewissheiten, wie der umstandslosen Übertragung historisch bestimmter Schemata auf die Gegenwart, zu brechen und damit

272 Zu den Umständen des Vortrags siehe Buckmiller 2018.

273 Der Vortrag resp. die Notizen, die ihm zugrunde liegen, sind unveröffentlicht und nicht identisch mit den Thesen.

– hoffentlich – den Ausbruch aus der politischen und gesellschaftlichen Isolierung einzuleiten.

Trotzdem sind die Thesen keine Sophistik. Sie spiegeln die Lernprozesse Korschs und die Brüche einer antistalinistischen Marx-Lektüre während des Exils und des Niedergangs der kommunistischen Bewegung wider. Die Marxsche Skizzierung des bürgerlichen Revolutionszyklus', der notwendig eine Phase der Restauration durchläuft, kann offensichtlich nicht mehr Leitlinie für die Erfahrungen der Linken mit der Entwicklung der russischen Revolution sein. 1946 schreibt Korsch gegen die Stalin-Biographie Trotzkis und der in ihr nochmals dargelegten Restaurationstheorie:

«Die wirkliche Frage ist, warum nach der Vernichtung der letzten Kräfte eines möglichen proletarischen Widerstandes [in der Sowjetunion] und damit der Zerstörung des unsicheren Gleichgewichtes der sich bekämpfenden Klassen, auf dem ihre eigene Macht bis dahin begründet war, die thermidorianische Bürokratie noch in der Lage war, ihre herrschende Stellung in – wie es Trotzki nannte – einem ‹direkten Kampf für Macht und Einkommen› zu behaupten.»[274]

Das mag rhetorisch klingen, aber Korsch will auf folgendes hinaus: Die These der Restauration behauptet ein Gleichgewicht von antagonistischen Klassen, über die ein Staat – oder eben eine Bürokratie – thront und für einen Klassenkompromiss sorgt, weil jede der antagonistischen Klassen nicht stark genug ist, der anderen ihren Willen aufzuzwingen: Napoleon III. tritt gegenüber den Arbeiterklassen als Volkstribun und Wahrer ihrer Interessen auf und garantiert zugleich der Bourgeoisie, bei völliger Entmündigung ihrer politischen Öffentlichkeit, das Privateigentum und die Akkumulation. Trotzki macht diese spezifische Marxsche Einsicht zum Schema und wendet es auf die politische Entwicklung der Sowjetunion an. 1927/28, der Zeitraum, in dem Stalin endgültig triumphiert, ist aber nicht gleichzusetzen mit der Krönung Stalins zum neuen Napoleon, denn zu diesem Zeitpunkt ist die antagonistische Klasse der Arbeiterinnen und Arbeiter nicht nur geschwächt, sondern gänzlich niedergeworfen. Was mit Stalin zum Durchbruch gelangt, ist ein neuer Typus totalitärer Herrschaft, der sich die Arbeiterklasse unterworfen hat und gleichzeitig als Ausdruck ihres Willens auftritt. Der Stalin'sche Totalitarismus ordnet nicht (nur)

274 «Restauration oder Totalisierung«(1946), in Korsch 1974, S. 368.

das Machtverhältnis zwischen den Klassen neu – unter impliziter Anerkennung ihrer verborgenen gesellschaftlichen Kraft –, sondern greift in die Struktur der Klasse selbst ein. Die revolutionären Kader sind dementsprechend Gesellschaftsformer, «Ingenieure der Seele», die die Masse Mensch zu Stahl härten. Das lässt sich an einem prominenten Beispiel illustrieren: Der Tschekist Erich Mielke schildert in biographischen Äußerungen seine Enttäuschung, als er 1931 nach Moskau kommt – diese Armut, diese Anarchie auf den Straßen, Jugendbanden, Bettler! Aber dann im Gegenzug seine Begeisterung für die Kaderschule, die Partei, den Orden, der diese amorphe Menschenmasse schon noch formen wird. Das war für ihn Sozialismus. Und es ist gleichzeitig die totalitäre Konstellation par exellence: die zwangsnivellierte Gesellschaft, die sich der Hierarchie der Kontrollpyramide zu unterwerfen hat.

Die «thermidorianische Bürokratie» war nach 1927 deshalb noch in der Lage, ihre herrschende Stellung zu behaupten, weil sie gar keine mehr war, sondern einen neuen Machtblock verkörpert! Die Konterrevolution hat sich totalisiert, keinen geschichtlichen Prozess stillgestellt – wie in den Jahren einer Restauration –, sondern ihn vielmehr beschleunigt. Dabei hat sie die revolutionäre Theorie der Arbeiterbewegung selbst angegriffen. So heißt es bei Korsch in These 8: «An diesem Punkt hat die Leninsche oder bolschewistische Weiterentwicklung des Marxismus eingesetzt, und es ist diese neue Form, in der der Marxismus auf Rußland und auf Asien übertragen worden ist. Gleichzeitig damit vollzog sich die Entwicklung des marxistischen Sozialismus von einer revolutionären Theorie zu einer Ideologie, die in den Dienst einer großen Reihe von verschiedenen Zielsetzungen gestellt werden kann und gestellt wurde.»

Vor diesem Hintergrund ist eine buchstabengläubige Rekonstruktion des Werks von Marx und Engels, die auf eine letztlich naiv behauptete Einheit hinausläuft, im Wortsinne reaktionär: eine hilflose, rückwärtsgewandte Fiktion. Vor der Herstellung der Einheit der Theorie liegt die Analyse neu entstehender Keime proletarischen Widerstandes und die Unterstützung ihrer Militanz, das war der Impetus der rätekommunistischen Gruppen der 1930er-Jahre. Das geschieht ohne Rückgriff auf eine objektivistische Theorie, die für jede Lage den Masterplan zu kennen behauptet und sich dabei immer handlungsunfähiger macht. Eine Einsicht geboren aus den verzweifelten Versuchen, nach dem Reichstagsbrand 1933 eine neue Strategie des antifaschistischen proletarischen Widerstandes zu bestimmen.

Dass Korsch, wie in These 5 geschehen, Blanqui, Proudhon und Bakunin rehabilitiert, muss für jeden Marxisten, für jede Kommunistin als blanke Provokation erscheinen. Aber was für Marx gilt, müsste auch für sie gelten: Es geht nicht um eine Rekonstruktion ihres theoretischen oder schriftstellerischen Werkes, sondern um den sozialen Gehalt der Klassenbewegungen, die sie theoretisch reflektierten und die – umgekehrt – sie zu ihren Vordenkern erkoren.

Korsch kritisiert am Marxismus das «bedingungslose Festhalten an den politischen Formen der bürgerlichen Revolution» (These 6.2.) und folgert daraus für die Parteifrage fatale Konsequenzen: «Die Überbetonung des Staates als des entscheidenden Instruments der sozialen Revolution; die mystische Identifizierung der Entwicklung der kapitalistischen Ökonomie mit der sozialen Revolution der Arbeiterklasse; die spätere zweideutige Weiterentwicklung dieser ersten Form der Marxschen Revolutionstheorie durch die künstliche Aufpfropfung einer teils gegen Blanqui, teils gegen Bakunin entwickelten Zwei-Phasen-Theorie der kommunistischen Revolution, die die wirkliche Emanzipation der Arbeiterklasse aus der gegenwärtigen Bewegung eskamotiert und in eine unbestimmte Zukunft verlegt.» (These 7.1–7.3.) In dieser Perspektive wäre die Arbeiterbewegung tatsächlich nur die Erbin der bürgerlichen Revolution, die antritt, ihre Versprechen auf Freiheit, Gleichheit, Brüderlichkeit endlich einzulösen, und Marx hätte mit dem «Kapital», wie Antonio Labriola, einer der Repräsentanten des Materialismus der II. Internationale, behauptete, das letzte Werk der bürgerlichen Ökonomie geschrieben.

Dieser nicht vollzogene Bruch mit der bürgerlichen Revolutionsmythologie und den revolutionären Politikformen der frühen Bourgeoisie setzt sich fort in der Akzeptanz ökonomischer Verkehrsformen, die von der grundsätzlichen Rationalität des Produktionsprozesses ausgehen, der bloß noch sozial – sozialistisch – gesteuert werden müsste. Korsch schließt seine Thesen deshalb nicht mit einer politischen Note, sondern mit einer, wenn man so will, anti-ökonomischen. Oberflächlich erscheint das als fast willkürlich, als weiterer Diskussionspunkt, tatsächlich ist er aber aufs engste mit der politischen Kritik, der Kritik der Politik verflochten: «Die Bestimmung der Arbeiter über die Produktion ihres eigenen Lebens wird nicht hervorgehen aus ihrem Einrücken in die verlassenen Positionen der sich selbst aufhebenden sogenannten freien Konkurrenz der monopolistischen Eigentümer der Produktionsmittel auf den internationalen Märkten und auf dem Weltmarkt. Sie kann nur noch hervorgehen aus dem planmäßigen Eingreifen aller heute ausgeschlossenen Klassen in die heute tendenziell schon allenthalben monopolistisch und planmäßig regulierte Produktion.» (These 10)

Sechs Jahre später, am 16. Dezember 1956, seine Krankheit war da schon offen ausgebrochen und er war nun nicht mehr zu konzentrierter Arbeit in der Lage, schreibt er an seine alte Freundin Ruth Fischer noch folgende Zeilen: «Wie immer, habe ich gute Vorsätze zur Aktivierung meiner theoretischen und politischen Tendenzen, hänge aber zugleich noch an dem anderen Traum: der theoretischen Wiederherstellung der heute nach dem Abschluß der Marx-Engels-Lenin-Stalin Episode scheinbar mit vernichteten ‹Ideen von Marx›.»[275] Zum Ende seines Lebenswerkes ein Widerspruch? Vielleicht. Aber was er 1956 noch mitbekommen hat, war tatsächlich die Auflösung jenes unheilvollen Blocks, in dem Marx, Engels, Lenin und Stalin gleichrangig zu den großen Theoretikern der Arbeiterklasse verschmolzen waren. Das gilt nun nicht mehr. Die Dekomposition des Marxismus war 1956 regelrecht mit den Händen zu greifen. Aus diesem Zerfall heraus ließe sich vielleicht eine erneute Rekonstruktion des Marxschen Werks in Angriff nehmen. Sie hätte das schalgewordene Revolutionsschema, die der Marxismus vom Jakobinismus übernommen hatte, radikal zu kritisieren. Elemente dieses jakobinischen Musters sind: Die Idee des Revolutionskrieges; die zwar radikaldemokratische, aber bloß politische Kritik an der Bourgeoisie; das Phasenmodell von Revolution-Konterrevolution-Restauration-als-Klassenkompromiss, das, wie der Fall der Sowjetunion zeigt, keine Gültigkeit mehr hat; zusammenfassend: die Geringschätzung authentischer proletarischer Kämpfe. Die Kritik betrifft die Konstitution des Marxismus selbst. Er verliert das Privileg, die avancierteste Theorie proletarischer Emanzipation zu sein. Das gibt den Blick frei auf die Fetischisierungen, die auch eine Kritik der Fetische erleidet: Ist die Revolution so ein Fetisch?

275 Korsch 2001, S. 1598.

13 Der Triumph des Status quo: Ende und Wiederkehr der Spontaneität

«Wir können also erkennen, auf welche Art von Schwierigkeiten die kommende Revolution der Arbeiterklasse treffen wird. Sie wird nicht nur gegen die Bourgeoisie, sondern auch gegen deren Feinde kämpfen müssen.»
Anton Pannekoek, 1940[276]

«Jede ernsthafte Arbeit aber […] kann nur noch den Charakter tragen, der die gesamte Arbeiterbewegung in die Zukunft hinein kennzeichnet: sie muss international und illegal sein.»
Karl Schröder, 1946[277]

«Die mächtigsten Kontrollen über Menschen sind tatsächlich schwach, verglichen mit den immensen Widersprüchen, die die heutige Welt spalten.»
Paul Mattick, 1949[278]

Die Situation 1945 war trostlos, es war kein zweites «1918» zu erwarten. Europa war ein besetzter, zweigeteilter, weitgehend verwüsteter Kontinent. In Deutschland wiederholte sich die europäische Situation en miniature, die Blockkonfrontation zeichnete sich hier am schärfsten ab. Damit fiel Deutschland als Focus einer wiedererstarkten Arbeiterbewegung aus. Die deutsche Arbeiterklasse war gleich mehrfach besiegt: vom Nationalsozialismus, aber auch von den Gesellschaftsmodellen, die die Siegermächte durchgesetzt hatten. Deren zunehmende Feindschaft implizierte einen möglichen Atomkrieg. Die Vernichtung der gesamten Menschheit drohte.

Die Zweiteilung der Welt reichte bis in die verästeltsten Strukturen und Milieus der marxistischen Intellektuellen hinein:

276 Pannekoek 2008, S. 598.
277 Schröder 1946.
278 Mattick 1975, S. 62.

In den USA sorgte der schwungvoll einsetzende Antikommunismus nicht zuletzt für die Auflösung des links-trotzkistischen Milieus. Ehemals superkritische Intellektuelle wie Dwight Macdonald, ein freigeistiger Parteigänger Trotzkis, oder der Korsch-Schüler Heinz (in den USA: Henry) Paechter akzeptierten die moralische und politische Überlegenheit des Westens und tauschten ihren Antistalinismus in Antikommunismus ein. In Europa gab es in den sich neu konstituierenden alten Arbeiterparteien bald schon keinen Spielraum mehr für dissidenten Marxismus, und die eigenen Netzwerke waren zu ausgedünnt und löchrig, um tragfähige organisatorische, diskursive Strukturen hervorzubringen.[279]

Angesichts der zerrütteten Situation in Deutschland schrieb der rätekommunistische Widerstandskämpfer Karl Schröder 1946 in einem Brief an Arkadij Gurland, dass – zumal in Berlin, wo Schröder lebte und arbeitete – nur ganz allgemeine Aufgaben in Angriff zu nehmen wären: «Unabhängig von zwei Dingen – erstens einer starken Erschlaffung der Bevölkerung im allgemeinen, veranlaßt durch Hunger und sonstige Sorgen, und zweitens vielfacher Rückschläge, Zerrissenheit, Enttäuschtseins der einstigen Parteikreise aller sozialistischen Richtungen

279 Bourrinet berichtet von der gescheiterten Brüsseler Konferenz europäischer links- und rätekommunistischer und auch anarchistischer Gruppen und Einzelpersonen vom 25. und 26. Mai 1947 in Brüssel. Voraussetzung der Teilnahme war radikaler Defaitismus: keine strategische Unterstützung der UdSSR, keine frühere Beteiligung an der Resistance oder den Partisanengruppen, meint: vollständige Trennung von allen Formen bürgerlicher oder staatlicher Politik. Trotz vermeintlich klarer Kriterien, auf welcher Grundlage man die Chancen einer Zusammenarbeit ausloten wollte, erwiesen sich die Unterschiede als zu groß, um überhaupt ernsthaft diskutieren zu können. So hieß es in einem Einladungstext: «Als wesentlich betrachten wir die Zurückweisung jeder Form des Parlamentarismus und die Vorstellung, daß sich die Massen selbst in ihren Aktionen organisieren sollen und damit ihre eigenen Kämpfe selbst anführen. Im Mittelpunkt der Diskussion steht auch die Frage der Massenbewegung, insoweit die Probleme der neuen kommunistischen (oder kommunitären) Wirtschaft, die Bildung von Parteien oder Gruppen, der Diktatur des Proletariats usw. nur als Konsequenzen dieses vorhergehenden Punkts behandelt werden können. Denn der Kommunismus ist keine Frage der Partei, sondern der Schaffung einer autonomen Massenbewegung.» (zitiert nach Bourrinet 1994, S. 37). D'accord. Was aber diese Vorstellung – «daß sich die Massen selbst in ihren Aktionen organisieren sollen» – genau bedeutete, ob sie z.B. einen positiven Bezug auf die Oktoberrevolution (oder die spanische von 1936) einschloss, war nicht klar und es wurde darüber in Brüssel und auch später keine Klarheit erzielt.

– kann kein Zweifel daran sein, daß man sich den dringenden Aufgaben des Tages nicht entziehen kann, eben um zu helfen in irgendeiner Form, und sei es in der kläglichsten, wobei es weniger auf Dogmatik, auf irgendwelche theoretischen Ansichten, sondern auf Gesinnung, Haltung und moralische Willensrichtung ankommt.»[280]

Gurland hatte direkt nach Kriegsende seine Fühler nach Berlin ausgestreckt, um alte Freundschaften zu aktivieren und die Chancen für eine neue sozialistische Politik zu sondieren, an der der New Yorker Exilant wieder partizipieren wollte. Schröder, den Gurland aus linkssozialistischen Kreisen in Berlin kannte, stand auf seiner Liste. Als beharrlicher Organisator rätekommunistischer Zirkel und Autor klassenkämpferischer Romane war Schröder eine Autorität. Er hatte vier Jahre KZ-Haft überlebt, von der er sich gesundheitlich nie wieder ganz erholen sollte.[281] «Mir ist übel mitgespielt worden, und ich habe nahe am Rande gestanden. Menschen, die derartige Entbehrungen und Erschütterungen durchgemacht haben, können nicht mehr ganz mit normalem Maß gemessen werden. Wenn aber die Zeit gekommen ist, daß diese Dinge ausgesprochen und objektiviert werden können, dann geben sie auf der anderen Seite ein starkes Gefühl der Freiheit und moralischen Haltung.» Der Brief Schröders muss auf Gurland so schockierend gewirkt haben, dass er auf dem Briefbogen notierte: «nicht zum Herumzeigen». Was hatte Schröder berichtet? Dass die Befreiung 1945 keine war, dass die totalitär-terroristische Drohung gegen alle selbständigen Organisierungsversuche der Arbeiter blieb (wenn auch unter anderen Vorzeichen), dass die Gegenwehr marginal, zerstreut, konfus war.

«… was sich hier abspielt und leider im Rahmen der recht alten Parteiapparate, die wir selbst nicht mehr in dieser Form zu sehen erwartet hatten, ist im Kern auf den enormen materiell- und ideell-korruptiven Druck Rußlands zurückzuführen und als Auseinandersetzung über Ost- und West-Orientierung anzusehen. Hierdurch wird alles verfälscht, alles verwirrt, alles auf eine schiefe Ebene gebracht. Es beginnt mit geradezu gen Himmel schreienden Geschichtsverfälschungen und steigert sich in

280 Schröder 1946.

281 1947 veröffentlichte er seinen letzten – und stärksten – literarischen Text «Die letzte Station» (wieder in: Schröder 1995), in der er kaum verschlüsselt von seinem Leidensweg durch die Emslandlager berichtet.

literarischen und kulturellen Dingen bis zum Zurückschrauben Deutschlands auf ein Niveau, wie wir es auch auf dem industriellen Gebiet sehen: Deutschland als Reparaturwerkstatt mit [?] einem Arbeiterstamm [?], aus dem die qualitativ stärksten Elemente entfernt sind oder entfernt werden. Wir sind bereits angelangt bei einem vollständigen Bespitzelungssystem, bei der gegenseitigen Verhetzung der Arbeiter mit einem Wust nationaler Phrasen, die an die Schlageter-Zeit erinnern könnten.»[282] Wohltuend noch immer die Klarheit: Die Spaltung der Welt und Deutschland im Besonderen in Ost und West ist keine Neuordnung der Klassenfrage – sozialistisches Lager gegen kapitalistisches, ein Paradigma, dem selbst moskaukritische Sozialisten Jahrzehnte folgen sollten –, sondern lenkt von der tatsächlichen Klassenkonfrontation in Ost wie West ab. Und dann folgt der Satz, der sich – ob explizit oder implizit[283] – gegen jede Illusion einer (parlamentarisch)-demokratischen sozialistischen Arbeit richtet: «Jede ernsthafte Arbeit aber – die eine gründliche Inventuraufnahme, Kenntnis und Fühlungnahme mit der ausländischen Bewegung zur Voraussetzung hat – kann nur noch den Charakter tragen, der die gesamte Arbeiterbewegung in die Zukunft hinein kennzeichnet: sie muss international und illegal sein.»[284]

Schröder, der am 6. April 1950 starb, sollte recht behalten: Das Pendant zum westlichen Antikommunismus war die Verfolgung aller unabhängigen sozialistischen Kräfte im Osten. Krasses Symbol der sowjetischen Repressionen gegen die freien sozialistischen Gruppen, die mit etlichen Verhaftungen und Verschleppungen einherging, war am 11. November 1950 die Entführung des Rätekommunisten und Widerstandskämpfers Alfred Weiland aus West-Berlin in die Ost-Berliner Untersuchungshaftanstalt Hohenschönhausen.[285] Weiland war kein Unbekannter. Mehr noch als der kranke und geschwächte

---

282 Schröder 1946.

283 Der Brief Gurlands an Schröder ist nicht überliefert. Es lässt sich nicht feststellen, inwieweit Schröder direkt auf Fragen Gurlands reagiert.

284 Ebd.

285 Über Weiland informiert die vorzügliche Biographie von Michael Kubina: «Von Utopie, Widerstand und Kaltem Krieg. Das unzeitgemäße Leben des Berliner Rätekommunisten Alfred Weiland (1906–1978)» (Münster u.a. 2001). Über weite Strecken ist das Buch auch eine exzellente Darstellung der deutschen rätekommunistischen Bewegung der 1920er- und 1930er-Jahre.

Schröder war er der Motor rätekommunistischer Organisationsversuche im Berlin der Nachkriegszeit und gab illegal die Zeitschrift «Neues Beginnen» heraus. In seinen Gruppen konnte er 150 bis 300 Mitstreiter organisieren.[286] Weiland wurde gefoltert und zu 15 Jahren Zuchthaus verurteilt, von denen er acht Jahre absitzen musste, ehe er – ebenfalls mit ruinierter Gesundheit – nach West-Berlin abgeschoben wurde. Er galt den Stalinisten als einer der gefährlichsten antisowjetischen Hetzer. Der Terror war real, die Rätekommunisten konnten auf keinerlei breite Solidarität aus den – ohnehin deutlich gelichteten – Reihen der Arbeiterbewegung bauen. Ihre organisatorischen Zusammenhänge atomisierten sich.

Es war abzusehen. «Auch wenn der letzte Tote dieses Krieges eingegraben sein wird, wird das totalitäre System noch nicht zerschlagen sein. In allen Teilen der Welt bis zur letzten Südseeinsel wird man die totalitäre Methode erlernt haben und anwenden», hatte Heinz Langerhans bereits im Herbst 1941 prophezeit, und er hatte seine Genossen gewarnt: «… die vertrauten Aktionsformen finden weder Ansatzpunkte noch ein Betätigungsfeld».[287] Die Ansatzpunkte der alten Arbeiterbewegung waren in dem schreienden Widerspruch zwischen dem Anspruch des Systems, das sich – prinzipiell oder wenigstens der Tendenz nach – der bürgerlichen Freiheit verschrieben hatte, und dessen Realität, das durch die Ausgrenzung der Arbeiterinnen und Arbeiter aus dem kulturellen und politischen Leben gekennzeichnet war, zu finden. Dieser Widerspruch bestand im totalitären System nicht mehr – es hatte die Arbeiterbewegung integriert. Langerhans formuliete keinen moralischen oder politischen Begriff vom «totalitären System», als Materialist lehnte er das ab. Die Herausbildung des Totalitarismus (im und durch den Zweiten Weltkrieg) leitete er aus der totalen Mobilmachung ab, die wiederum ihr Muster in der durchdringenden Industrialisierung aller Arbeits- und Lebensbereiche hatte: «Der Begriff der totalen Mobilmachung war in Industrieländern aufgekommen, als die industrielle Organisation und Technik in immer

286 Vgl. Kubina 2001, S. 204.

287 Langerhans 1941/42. Gemeint waren Streiks, militarisierte Aufstandsversuche, Massenaufklärung durch eigene Presse, symbolische Kampagnen gegen exemplarische politische Entscheidungen. Mattick griff diese fundamentale Einsicht 1949 auf: «Der Zusammenbruch der faschistischen Nationen nach dem Zweiten Weltkrieg änderte nichts am Totalitarismus.» (Mattick 1975, S. 56).

mehr Lebensgebiete eindrang, ein Vorgang, der nicht nur besonders auffällig für das Kriegswesen war, sondern in ihm seine erste Zusammenfassung erfuhr. Mit Motorisierung und Fliegerei fing es an. Es folgten dann Funkwesen, Raketen, Loslösung von Rohstoffbasen durch chemische Produktion. Die Auflösung von Front, Etappe und Hinterland verwischte schließlich die Grenze zwischen Zivil und Militär, zwischen Krieg und Frieden. Der Begriff war in den Ursprungsländern mit der immer vollständigeren Industrialisierung verbunden.»[288] Die immer vollständigere Industrialisierung zeigt die Integration an: Das totalitäre System definiert sich über die Zentralität der Arbeit, über seine Produktivität, die Anspannung aller ökonomischen Kräfte fürs Vaterland, kurz: das totalitäre System verhimmelt den Arbeiter.

Der Erfolg der Arbeiterbewegung schien auf ihre organisatorische Stärke zurückzuführen, also musste man deren Schwung nutzen. Jedenfalls war das der offizielle Blick auf die Arbeiterbewegung: machtvolle Parteien, die bei den jeweiligen nationalen Wahlen von Erfolg zu Erfolg eilten und disziplinierte Gewerkschaften, die bei Streiks die Arbeitermassen wie schlagkräftige Armeen dirigierten. Natürlich war dieser Blick ein genuin kapitalistischer, der von der Organisation des Produktionsprozesses, der hochgradigen Arbeitsteilung, der gerade erst erfundenen Betriebswirtschaftslehre ausging und in der organisierten Arbeiterbewegung sein negatives Pendant entdeckte. Die Arbeiterbewegung war die Antwort auf die Frage, wie die Massen aktiv zu organisieren wären. Die reale war eine andere, äußerte sich in Massenstreiks und Räten, gründete auf spontanen, untergründig vernetzten und sich vordergründig jeder Kontrolle entziehenden direkten Aktionen. Auch gegen sie galt es, die orga-

288 Langerhans 1964, S. 14. Langerhans schrieb dies anlässlich einer Analyse des chinesisch-indischen Grenzkriegs von 1962. Zu diesem Zeitpunkt war er Lichtjahre von allen räte- und linkskommunistischen Diskursen entfernt, aber die Passage zeigt, wie nachhaltig die rätekommunistische Erfahrung für sein Denken blieb. Zur bitteren Ironie der Geschichte gehört, dass sich Langerhans in New York ab 1944 für einige Zeit der antikommunistischen Diffamierungskampagne von Ruth Fischer und ihrem «Network»-Bulletin anschloss. Antistalinismus war für ihn die logische Fortsetzung des Antifaschismus. Keine Widerrede. Der «Network»-Kreis kollaborierte aber aktiv mit dem FBI gegen angeblich verdeckte kommunistische Umtriebe, man machte sich zu Handlagern einer anderen imperialistischen Macht, der totalitäre Superkapitalismus der USA kam Langerhans gar nicht in den Sinn. Die Zerknirschung darüber folgte dann einige Jahre später.

nisatorische Macht von Partei und Gewerkschaft einzusetzen. Und die handelten allein schon aus Selbsterhaltungsinteresse: Denn die reale Bewegung drohte zuvorderst die verknöcherten, bürokratisch angepassten Apparate zu verschlingen.

Um dieser Integrationsleistung auf die Schliche zu kommen, um den Schnitt, den jede neue Arbeiterbewegung gegenüber den alten Organisationen, den staatlichen Institutionen und der militärisch-bürokratischen «Sozialpartnerschaft» wagen muss, tiefer anzusetzen, wählte Paul Mattick eine abstrakte Setzung: Er analysierte das Begriffspaar «Spontaneität und Organisation». Historisch war das naheliegend, zu Beginn des Jahrhunderts an der Schwelle vom Massenstreik zur bürokratisch-militärischen Integration standen sich Spontaneität und Organisation gegenüber. Matticks gleichnamiger Essay erschien 1949 in der Londoner Zeitschrift «Left», später erschienen Übersetzungen ins Französische und Dänische, die deutsche folgte 1975.[289]

Obwohl der Text nur wenige Seiten umfasst (in der deutschen Ausgabe sind es 25), ist er ein zentrales Dokument. Mattick bestimmt Spontaneität und Organisation als zwei Grundbegriffe der Arbeiterbewegung, zwei Pole, die ihre Geschichte strukturieren helfen. Zwischen beiden Polen existiert eine dialektische Spannung, für sich genommen tendieren sie zur Verdinglichung, werden zu einem Fetisch. Mit den Polen verbinden sich zwei Namen: Lenin steht für den der Organisation – in die permanente Illegalität gezwungen waren für ihn Organisationsfragen maßgeblich. Die richtige Organisationsform ging auf die überlegene Einsicht von Berufsrevolutionären zurück. Rosa Luxemburg repräsentiert die Seite der Spontaneität – des ungezügelten Massenstreiks, der Selbstorganisation in Räten. Mattick weist nach, dass diese Vorstellung komplexe Voraussetzungen hat: «Aus Luxemburgs Sicht sollten Organisationen lediglich die den Massenaktionen innewohnenden kreativen Kräfte befreien helfen und sich den unabhängigen proletarischen Versuchen, eine neue Gesellschaft zu organisieren, anpassen. Diese Ansicht setzt nicht ein klares revolutionäres Bewußtsein voraus, sondern vielmehr eine hochentwickelte Arbeiterklasse, die fähig ist, aus eigener Anstrengung Mittel und Wege zu entdecken, den Produktionsapparat und die eigenen Fähigkeiten zur Begründung

289 «Spontaneität und Organisation. Vier Versuche über praktische und theoretische Probleme der Arbeiterbewegung», Frankfurt/M. 1975, S. 40–64. Alle folgenden Seitenzahlen beziehen sich auf diese Ausgabe.

einer sozialistischen Gesellschaft einzusetzen.» (S. 41) Erst eine durch den Produktionsprozess, den dadurch sich bestimmenden proletarischen Lebenszusammenhang und nicht von außen durch eine Partei organisierte Arbeiter*innenklasse kann die kreativen Kräfte speichern, die sich im Moment der ungeplanten Revolte schlagartig entfalten. Die Apologeten der Spontaneität blendeten diese Voraussetzungen freilich aus und kaschierten mit der Anrufung der Spontaneität ihre eigene Schwäche – Mattick nennt sie nicht beim Namen, aber es ist nicht abwegig, hier eine Selbstkritik des Rätekommunismus zu vermuten: «Da sie nicht wußten, wie die Gesellschaft zu ändern sei, hofften sie, daß der Gang der Geschichte ihr Problem lösen würde. Diese Hoffnung beruhte zweifellos auf der Erkenntnis aktueller Trends, z.B. der Weiterentwicklung der Technologie, der fortschreitenden Konzentration und Zentralisation des Kapitals, der Verschärfung sozialer Konflikte usw. Es handelte sich hier jedoch um nicht mehr als eine Hoffnung, die den Mangel an organisatorischer Macht und die Unfähigkeit, effektiv zu handeln, kompensieren sollte.» (S. 42)

Spontaneität wurde zum Dogma, das über eigener Hilflosigkeit thronte: «Um gesellschaftliche Veränderungen zu bewerkstelligen, müssen Aktionen organisiert werden; organisierte Aktionen aber nehmen immer auch Züge dessen an, wogegen sie sich richten. Es scheint, als könne man nur das Falsche oder, aus Angst vor dem Falschen, gar nichts tun. Das politische Bewußtsein des Radikalen ist ein unglückliches Bewußtsein; sich seines Utopismus bewußt, erfährt es nichts als Fehlschläge.» (S. 43f.) Denn: «Nur diejenigen Organisationen, die das Bestehende nicht grundsätzlich in Frage stellten, erlangten einiges Gewicht. Bei Organisationen, die zu Anfang eine revolutionäre Ideologie vertraten, trieb ihr Wachstum stets die Differenz zwischen Theorie und Praxis hervor. Den Kapitalismus bekämpfend, aber in ihm organisiert, arbeiten sie zwangsläufig ihren Gegnern in die Hände.» (Ebd.)

Der Kapitalismus stellt sich in dieser Analyse als geschlossenes System dar, Mattick verwendet dafür den Ausdruck «Status quo», «eine geschichtliche Phase, in der die Arbeiter, in komplexe gesellschaftliche Abhängigkeiten verwoben, von den Produktionsmitteln getrennt sind und von einer herrschenden Klasse kontrolliert werden». (S. 45) In diesem Ausdruck verschränken sich Statik und Dynamik:»Solange das Verhältnis von Kapital und Lohnarbeit das gesellschaftliche Leben prägt, werden wir die Gesellschaft im wesentlichen ‹unverändert› vorfinden, gleichgültig, wie verändert sie sonst erscheinen mag.» (Ebd.)

Das hat Folgen für die Arbeiterbewegung, die beides ist: antikapitalistisch und kapitalistisch zugleich. «Je stärker der proletarische Druck wurde, desto größer wurde der Zwang für das Kapital, die Produktivität der Arbeit durch technologische und organisatorische Maßnahmen zu steigern und sich national und international auszudehnen.» (S. 46) Die antikapitalistische Initiative wird zu einem produktiven Moment der kapitalistischen Unruh[290]: «Langfristig bewirkte die doppelte Forcierung der Kapitalexpansion durch die Arbeiterklasse und die kapitalistische Konkurrenz eine Interessenidentität von Arbeiterorganisationen und Kapitaleigentümern.» (Ebd.)[291] «Sozialismus» und «Liberalismus» stützen sich gegenseitig, die Arbeiterbewegung geht an ihrem organisatorischen Erfolg zugrunde, und die klassische Bourgeoisie verzichtet, um ihre Geschäfte weiter betreiben zu können, auf politische Autonomie. Damit geht sie als eigenständiger gesellschaftlicher Faktor ebenfalls unter. Die Folge ist Totalitarismus, pragmatisch zu verstehen als ökonomische Macht ergänzt durch politisch-organisatorische Mittel. «Das Medium seiner Verwirklichung sind Krisen, Kriege und Revolutionen. Er beschränkt sich nicht auf spezielle Klassen oder besondere Nationen, sondern umfaßt die gesamte Weltbevölkerung.»[292] (S. 53) Auch die Revolutionen hätten ihre Unschuld verloren, wie der Bolschewismus vorgeführt hat. Mattick demonstriert diese totalitäre Tendenz an der Zunah-

290 Im Sinne des Schwingsystems mechanischer Uhren!

291 Diese Interessenidentität führt schließlich zur imperialistischen Integration der Arbeiterbewegung: «Die internationale Expansion des Kapitals kombiniert monopolistische und nationalistische Interessen; wenige Nationen oder Machtblöcke monopolisieren die Weltwirtschaft. Die unmittelbare Kontrolle über Produktion und Markt wird von den stärksten Nationen weltweit ausgeübt. Unter diesen Umständen unterstützt die Arbeiterbewegung die Kapitalexpansion nicht mehr indirekt durch den Kampf um eigene Gruppeninteressen; sie muß eine ‹nationale› Bewegung werden und an der Reorganisation der Weltwirtschaft im Einklang mit den sich verändernden Machtverhältnissen teilnehmen.» (S. 49) Das ist der Umschlag der Klassengesellschaft in die Volksgemeinschaft.

292 Siehe dazu Matticks so lakonische wie vernichtende Feststellung: «Bolschewismus, Faschismus und Nazismus sind keine unabhängigen nationalen Phänomene, sondern nationale Reaktionen auf veränderte Formen des Weltwettbewerbs...» (S. 53). Er tut ihnen nicht den «Gefallen», sie zu eigenständigen Gesellschaftsformationen zu adeln.

me von Verstaatlichungsmaßnahmen. Diese sind nichts weiter als ein Mittel zur Stützung und Ausdehnung der Kapitalherrschaft: «Den Kapitalismus verteidigen heißt, die Konzentration und Zentralisation ökonomischer und politischer Macht, die sich z.B. als ‹Verstaatlichung› der Schlüsselindustrien tarnt, fortsetzen und intensivieren. Die Verstaatlichung zieht gesellschaftliche Wandlungen nach sich, die den Einfluß und die Herrschaft des Kapitals und des Staates sichern und ausweiten; die Arbeiterbewegung wird in einem sich entfaltenden Netz totalitärer Organisationen gefangen, die niemandem außer den herrschenden Gruppen dienen.» (S. 48f.)

Daraus leiten sich präzise die Merkmale des Totalitarismus ab, Politisierung der Ökonomie; Ökonomisierung der Politik: «Die Weiterentwicklung des Kapitalismus implizierte die Kapitalisierung des Staates. Was der Staat an Unabhängigkeit verlor, gewann er an Macht; was die Kapitalisten an den Staat verloren, gewannen sie an zunehmender gesellschaftlicher Kontrolle.» (S. 54) Aus Sicht der alten Arbeiterbewegung wird deshalb der Staat zum bevorzugten Kampfterrain, zum Hebel der Emanzipation. Der Kampf um die Staatsmacht war ihr nun identisch mit dem Kampf um wirkliche gesellschaftliche Kontrolle. «Die Verschmelzung von Staat und Kapital bedeutete gleichzeitig die Verschmelzung beider mit der organisierten Arbeiterbewegung.» (Ebd.)

Ihr Kapitel war damit abgeschlossen. Jeder Versuch der Neubelebung einer Arbeiterbewegung, die sich unkritisch in den von Lenin und Luxemburg markiertem Spannungsfeld bewegt, musste zwangsläufig in diese totalitäre Tendenz münden. Das historische Erbe wurde endgültig zum Ballast. Mattícks Essay ist dennoch nicht als Schwanengesang zu verstehen, er stammt von jemandem, der noch nie viel von der alten Arbeiterbewegung hielt, als KAPD-Kader auch nie (direkt) an ihr teilhatte und in den USA an unorthodoxen Kampfformen – denen der Arbeitslosenbewegung – partizipierte. Man sollte den Tenor des Textes offensiv verstehen: Jetzt können wir endlich über den Kapitalismus reden, jetzt enthüllen sich die Bruchstellen des Systems, jetzt ist der fatale Weg, den die Arbeiterbewegung eingeschlagen hatte, an sein Ende gekommen.

Mattick stellt sich die Frage nach dem Verhältnis von Spontaneität und Organisation neu – im Hinblick auf den Kapitalismus: «Die bewußt eingesetzten ‹Ordnungs›-Prinzipien der

Monopole, die ausschließlich ihre eigenen besonderen Interessen betreffen, steigern die Irrationalität des gesamten Systems. […] Das gesellschaftliche Ergebnis verschiedener individualistisch bestimmter Entscheidungen kann die gesellschaftliche Stabilität beeinträchtigen und die Intentionen, die hinter den Entscheidungen standen, zunichte machen.» (Ebd.) Der Organisation der Monopole steht die Spontaneität der Krisen gegenüber. «Der Widerspruch zwischen der Klassenstruktur und den Produktivkräften schließt sowohl die Bescheidung mit dem gegebenen Produktionsniveau als auch seine Erweiterung zu wirklichem Überfluß aus.» (S. 61) Die Verstaatlichung der Gesellschaft einerseits, die Atomisierung der Arbeiterklasse andererseits haben die soziale Verlaufsform der Krisen, die Muster ihrer politisch-kulturellen Betreuung nachhaltig gestört. Ein neues Muster zeichnet sich ab: «An dem einen Pol finden wir alle organisierten Kräfte konzentriert, an dem anderen Pol eine amorphe Menschenmasse, die unfähig ist, sich zu einem Kampf für ihre Interessen zusammenzuschließen. Insofern sie überhaupt organisiert sind, werden die Massen durch ihre Kontrolleure organisiert; insofern sie sich artikulieren können, gebrauchen sie die Sprache ihrer Herren. In allen Organisationen begegnen die vereinzelten Menschen demselben Feind: dem totalitären Staat.» (S. 62)

Damit schafft der totalitäre Kapitalismus selbst die Frontbegradigung, die Vereinheitlichung aller Emanzipationsbestrebungen und Klassenkämpfe. Die Hoffnung: Zwar sind die Menschen vereinzelt, aber sie erkennen zunehmend den allen gleichen Feind. Gleichzeitig fallen Gewerkschaften und Arbeiterparteien als Kontrollinstanzen der zukünftig Renitenten aus, denn auch in ihnen begegnen wir «demselben Feind: dem totalitären Staat». Die Zunahme von Autoritarismus und Repression spiegelt die zunehmende Unsicherheit des Systems wider. «Obwohl alle Widersprüche nunmehr einer Organisation gegenüberstehen, war die kapitalistische Gesellschaft nie zuvor so schlecht organisiert wie heute – da sie total organisiert ist.» (Ebd.) Die Krise des Systems lässt sich nicht organisieren, denn die Organisation ist bereits die Krise: Die Entfaltung der Produktivkräfte mündet in ihrer notwendigen Hemmung, denn niemals kann und darf jene so weit getrieben werden, dass die Produktivkräfte das System kapitalistischer Ausbeutung sprengen: Es gibt keinen ‹naturwüchsigen› Übergang zum Sozialismus. Gleichzeitig ist ihre Entfaltung Voraussetzung und wesentlicher Inhalt neuer Formen von Mehrwertabpressung, mithin ein absolutes Erfordernis des Verwertungsprozesses. In diesem grundlegenden Widerspruch ist die Krise der kapitalistischen Produktionsweise bereits gesetzt. Mattick kann deshalb sagen: «Die Organisierung des Status quo kann seine Auflösung nicht verhindern.» (S. 63)

Die Momente des Bruchs mit dem System sind allein noch im Produktionsprozess zu suchen: «Der von anonymen Kräften und direkten Entscheidungen abhängige Arbeitsprozeß enthält in organisatorischer und technologischer Hinsicht hinreichend Ansatzpunkte, um zentralistische Manipulationen zu erschweren, ja zu verhindern.» (S. 63) Hinter diesem Schlüsselsatz steckt ein Untersuchungsauftrag, der nur mit einer kollektiven Anstrengung zu erfüllen gewesen wäre. Die wenigen Rätekommunisten waren dazu nach 1945 nicht mehr in der Lage.

Dass der Essay von 1949 nicht resignativ gestimmt ist, zeigt nicht nur Matticks Beharren auf die Krisenhaftigkeit des totalitären Kapitalismus – je totalitärer der Kapitalismus desto tiefgreifender die Krise –, sondern dass er auch an dem Begriff der Spontaneität festhält. Es ist nicht viel, was dieser bieten kann, aber immer noch mehr als das komplette Arsenal der klassischen sozialistischen Strategie: Die Spontaneität «schärft die Kritikfähigkeit und führt dazu, sich von hoffnungslosen Vorhaben und aussichtslosen Organisationen zu lösen. Sie geht den Symptomen gesellschaftlicher Auflösung nach und sucht die Grenzen der Klassenunterdrückung zu ermitteln. Sie ist, kurz gesagt, das Merkmal revolutionärer Einstellung. Gesellschaftliche Gruppen, Kräfte und Organisationen, die am Neuen interessiert sind, betonen die Spontaneitat, solche, die sich dem Alten verbunden fühlen, werden auf der Notwendigkeit von Organisation beharren.» (S. 44)

«Spontaneität und Organisation» war eine Bilanz der ersten Jahrhunderthälfte aus rätekommunistischer Sicht. Ihr Resultat war defaitistisch: Es existiert keine Tradition, an der sich praktisch anknupfen ließe. Die Anknüpfungspunkte finden sich allein in der theoretischen Arbeit. Mit ihr öffnet sich aber der Horizont einer kapitalistischen Entwicklung, die sich von ihrer eigenen Krise nicht emanzipieren kann und damit die Bedingungen autonomer proletarischer Aktionen erneut hervorbringt. Die Perspektive auf diese Praxis bleibt erhalten. Aus dieser heraus formuliert Mattick vier Mindestanforderungen an eine künftige Arbeiterbewegung: Sie müsse «den Nachdruck auf Selbstbestimmung, Einheit, Freiheit und Solidarität legen» (S. 64), in Anbetracht seiner Analyse keine Kleinigkeit. Die Organisationsform dieser Minimalbedingungen bleiben die Arbeiterräte.

14 «Arbeiterräte»: Rückblick auf eine Epoche

«Nur in bürgerlichen Revolutionsbewegungen gehen die Leute auf die Straße.»
Anton Pannekoek, 1938[293]

«Wir arbeiten da an einer Sache, die langsamer wächst, langsamer steigt, als wir persönlich fallen, absterben.»
Joseph Dietzgenin einem Brief an Marx, 1867[294]

Bis wenige Wochen vor dem Überfall der Wehrmacht auf die Niederlande beteiligte sich Pannekoek an der internationalen Debatte der Rätekommunisten. Sein letzter Artikel, den er für *Living Marxism / International Council Correspondence* einreichte und der dort im Herbst 1940 erschien, stellt sich die Frage, «weshalb frühere Revolutionsbewegungen scheiterten».[295] Pannekoek analysierte, wie sich die Revolutionsenergien in den Jahren nach 1917 verbrauchten. Die Arbeiterbewegung befand sich in einem Dilemma. Im Westen, wo der Sozialismus angesichts des hohen Standes der Produktivkraftentwicklung und der monopolistischen Vergesellschaftung eine direkte Konsequenz aus der Katastrophe des Krieges gewesen wäre, war sie noch zu verstrickt in bürgerliche (demokratische) Organisations- und Politik-Vorstellungen. Im Osten, wo die Arbeiter tatsächlich unerbittlich gegen alle Kriegstreiber und Mächte des alten Regimes handelten, war die Klasse insgesamt zu schwach und durch den auf die Revolution folgenden Bürger- und Interventionskrieg noch zusätzlich geschwächt, um dem riesigen Russland seinen Stempel aufdrücken zu können. Dort mussten sich die Arbeiter mühsam von sozialdemokratischen Illusionen befreien (was nur eine Minderheit unternahm), hätten auf Anti-Parlamentarismus und Aufbau eigener Betriebsorganisationen setzen müssen; hier – in Russland – musste die Klasse, um den

293 Ders., «Allgemeines zur Organisationsfrage» (1938), in Pannekoek 2008, S. 578.

294 Zitiert von Paul Mattick in «Anton Pannekoek und die Weltrevolution» (Jahrbuch Arbeiterbewegung 6, 1979, S. 228).

295 In Pannekoek 2008, S. 589–598.

jungen Staat zu stützen und den Bürgerkrieg zu gewinnen, mit aller Rücksichtslosigkeit in den Staatsaufbau integriert werden. Die Konsequenzen, die die Revolutionäre daraus zogen, widersprachen sich dramatisch: «Die Kommunisten im Westen predigten Unabhängigkeit, Entfaltung der Eigeninitiative, Selbstvertrauen und lehnten Abhängigkeit von und Gehorsam gegenüber Führern ab. Moskau hingegen predigte in immer stärkeren Worten, daß der Gehorsam gegenüber den Führern die Haupttugend des wahren Kommunisten sei.»[296] Das Resultat war niederschmetternd: «Die Anfänge einer proletarischen Revolution im Westen sind von der machtvollen bürgerlichen Revolution im Osten vernichtet worden.»[297]

Pannekoek wusste 1940 längst, dass der Krieg in einem Flächenbrand enden würde, an dessen Ende die Neuaufteilung der Welt stünde. Er prophezeite, dass die Bolschewisten als Sieger aus dem Krieg hervorgingen und große Teile der globalen Arbeiterbewegung abermals an sich fesseln würden. Seine Aussichten auf den Krieg waren düster: «Die Arbeiterklasse geht mit der Bürde der kapitalistischen Tradition der Parteiführerschaft und der gespenstischen Tradition einer Revolution russischer Art in diesen Krieg.»[298] Substantieller Widerstand war vorläufig nicht zu erwarten. Ebenfalls 1940 schrieb er: «Die Arbeiter haben für ihre Befreiung nicht nur gegen die Bourgeoisie, sondern auch gegen die Feinde der Bourgeoisie zu kämpfen.»[299] In dieser Konsequenz erwies sich der Rätekommunismus als realistische Theorie proletarischer Radikalität.

Sechs Jahre später meldete er sich in der internationalen Debatte zurück – aber kann man da noch von einer Debatte sprechen? Die rätekommunistischen Netzwerke hatten sich aufgelöst, Pannekoek publizierte an noch entlegeneren Orten, etwa für Genossen in Melbourne, mit einer Intervention, die unmittelbar an die letzten Texte vor dem Krieg anschließt: «Das Versagen der Arbeiterklasse» heißt der Text. Pannekoek war zu dem Schluss gekommen: «Die Überlieferung ruhmreicher Kämpfe hält die Arbeiter in der geistigen Abhängigkeit veralteter Vorstellungen.»[300]

---

296 A.a.O., S. 594.
297 Ebd., S. 596.
298 Ebd., S. 598.
299 «Die Arbeiterklasse und die Revolution», in Pannekoek 2008, S. 584.
300 Pannekoek 2008, S. 620.

Der Blick auf die Arbeiterbewegung und überhaupt auf die Klasse musste mitleidloser werden, das schloss die Theorie des Marxismus mit ein, Es galt, alle ideologischen, hagiographischen Züge aus ihr zu verbannen: «Die Wissenschaft von Marx, der Teil seines Werkes, der wirklich Bestand hat, bleibt die Grundlage aller unserer Meinungen und Gedanken», schrieb er am 11. Juni 1946 an Paul Mattick. «Aber, um es grob zu sagen: Das Wort Marxismus sollte aus unserer Propaganda verschwinden. Alles, was wir erzählen, beruht auf dem, was wir sehen und was jeder Arbeiter sehen kann.» Mehr denn je galt: «Free communism is brought by the fighting workers to the intellectuals.»[301] Und nicht umgekehrt. Dieser Satz war noch in anderer Hinsicht radikal: Pannekoek hatte ja gleichzeitig das «Versagen der Arbeiterklasse» konstatiert, vom «free communism» war sie Lichtjahre entfernt. Aber wenn nach 1945 überhaupt noch die Möglichkeit bestand, ein freies, befreites kommunistisches Milieu zu schaffen, dann allein durch die Klassenkämpfe der Arbeiter, so unwahrscheinlich ihre Entfaltung war (und ist).

Deshalb findet sich keine Spur von Idealisierung beim späten Pannekoek. Er wusste, dass er in einer Welt lebt, in der der Staat eine viel größere Rolle in der Ökonomie spielt, durch Interventionismus oder direkte Verstaatlichung, Rüstungspolitik, Förderung von Kartellierung, Investitionen in allgemeine Produktivkräfte (Infrastruktur): Dies war kein Übergang zum Sozialismus der Arbeiter, sondern ein Totalitarismus, der einer Arbeiterbewegung, der man eingebläut hatte, auf das politische und zivilgesellschaftliche Terrain zu wechseln, mehr und mehr die Luft zum Atmen raubte. «Überall nehmen die Regierungen einen totalitären Charakter an, suchen die Produktion zu leiten, verbinden sich mit den Parteien und Gewerkschaftsleitungen und den Kapitalisten zu einer einheitlichen Macht über die Arbeiterklasse. Staatssozialismus in verschiedenen Gradationen setzt sich durch [...]», schrieb er am 25. Dezember 1946 an den kroatischen Linkskommunisten Ante Ciliga. Dann der Übergang: «Gegen diese Gesamtmacht werden die Arbeiter den Kampf aufnehmen müssen – wir sehen wilde Streiks und Betriebsokkupationen als Mittel auftreten – und ihre Ziele können keine andere sein als Meister der Betriebe, Meister der Produktion, der Gesellschaft zu werden, mit ihren Streikkomitees und Räten als

301 Gefunden auf aaap.be/Pages/Pannekoek-letters.html. [Übersetzung stammt vom Verfasser.]

Organisationsform.»[302] Die Arbeit selbst, die unmittelbaren Produktionsverhältnisse allein sind es, in denen die Arbeiter noch die Freiheit ihres Handelns entdecken können.

Pannekoek wurde am 25. Februar 1942 von den Nazis aus seinem Amt, der Leitung des «Sterrekundig Instituut van de Universiteit van Amsterdam», entlassen. Zu diesem Zeitpunkt hatte er mit der Niederschrift seines Epochenrückblicks «De arbeidersraden», «Arbeiterräte», schon begonnen. Pannekoek hatte es aus dem Kopf schreiben müssen, er konnte, naheliegend, nicht auf Quellen und Bücher in Bibliotheken zurückgreifen. Hätte er überhaupt ein mit Fußnoten gesättigtes, ideengeschichtlich reich ausstaffiertes Buch schreiben wollen? Wohl kaum. 1948 empfahl er Alfred Weiland, seinem rätekommunistischen Genossen in Berlin, die Schrift zur Übersetzung, weil sie «als allgemeine Propagandaliteratur für alle Arbeiter abgefasst und bestimmt wurde, die sich für ihren eigenen Kampf interessieren».[303] Propaganda heißt nicht Populismus, bedeutet keine Anbiederung, heißt aber Klarheit in der Sprache, Linearität in der Gedankenführung. In «Arbeiterräte» findet sich kein legitimatorischer Zug, der die Praxis einer Partei oder angebliche historische Entwicklung einer Revolution philosophisch überhöht. «Für Pannekoek war der Sozialismus nicht eine Wissenschaft, sondern die tatsächliche Bewegung der Arbeiterklasse.

302 Ebd.

303 Die Editionsgeschichte ist verwickelt: Das Buch schloss er 1942 ab, es umfasste vier Kapitel: «Die Aufgabe», «Der Kampf», «Die Idee», «Der Feind». Die erste niederländische Ausgabe (1946) enthielt ein weiteres Kapitel, «Nachschrift. Der Krieg». Parallel schrieb Pannekoek an einer deutschen Übertragung. Maßgeblich für alle späteren Ausgaben ist die australische, die 1948 als Beilage des «Southern Advocate For Workers' Councils» und 1950 in Buchform erschien. Sie enthält noch ein weiteres Kapitel, «The Peace», und ein neues drittes Kapitel, «The Foe», der Feind. Weiland und Pannekoek arbeiteten mit dieser englischen Fassung. Die Übersetzung kam nicht zustande, weil sie mutmaßlich von östlichen Geheimdiensten sabotiert wurde und Weiland am 11. November 1950 im Auftrag der sowjetischen Staatssicherheit entführt wurde. «Arbeiterräte» erlebte nach 1968 in der internationalen Linken eine Renaissance und wurde ins Französische, Italienische, Dänische und Spanische übersetzt, ebenso erschienen neue Ausgaben in den USA, den Niederlanden und Argentinien. Für eine deutschsprachige Ausgabe reichte es nicht... Erst sechzig Jahre nach Weilands vergeblichem Engagement wurde das Vorhaben einer deutschen Übersetzung umgesetzt
Zitiert nach dem Vorwort des Herausgebers zur deutschen «Arbeiterräte»-Ausgabe, Pannekoek 2008, S. 17.

Es gibt keine Theorie, die zum Sozialismus führt, sondern nur eine Theorie, die erklärt, warum die Arbeiterbewegung zu einem bestimmten Zeitpunkt einen bestimmten Weg einschlägt, um zu versuchen, sich ihre unmittelbaren praktischen Bedürfnisse zu sichern.»[304] Das war alles. Über weite Strecken enthält das Buch eine Darstellung der Entwicklung des Kapitalismus seit dem 19. Jahrhundert und in seinen nationalen Besonderheiten. Die Darstellung von Faschismus und Nationalsozialismus nimmt eine wichtige Stellung ein. Die Integrationsleistung des Kapitals, die national jeweils spezifische Herausbildung von Monopolen und ihre Verflechtung mit den Staatsapparaten werden analysiert. So unterschiedlich die nationalen Entwicklungen verlaufen, die Antwort, die das Proletariats darauf geben kann, ist global und unteilbar. Die Selbstbefreiung kann nicht in nationalen Kategorien gedacht und vollzogen werden. Diesem chronologischen Durchgang durch die Etappen der Kapitalherrschaft entspricht ein systematischer durch die verschiedenen Kampfformen der Arbeiterklasse, die gezwungen sind, immer grundsätzlicheren Widerstand zu leisten, der über gewerkschaftliche und politische Kämpfe hinausweisen muss und schließlich vom Widerstand in die Offensive übergeht: zur Besetzung von Betrieben und zur Vernetzung dieser Besetzungsbewegung. Das sind die Räte in Aktion, nicht mehr, nicht weniger.

Wer von Pannekoeks Schrift eine Rätetheorie erwartet, wird enttäuscht – und muss enttäuscht werden. «Wenn Sie ein begleitendes und einführendes Vorwort dazu schreiben», teilte er im Mai 1949 Weiland mit, «soll darin hervorgehoben werden, dass hier keine Rezepte für das praktisch-politische Handeln gegeben werden, sondern allgemeine Prinzipien der gesellschaftlichen Entwicklung und des Arbeiterkampfes; keine Lösungen für erkannte Probleme, sondern die Grundlagen, von denen heraus erst die Probleme selbst erkannt und aufgestellt werden können.»[305] Mittel der Propaganda ist nicht das Bereitstellen «garantiert einfacher» Rezepte, nach denen sich die Zukunft modeln ließe, sondern das Aufzeigen von Sackgassen der Emanzipation. Entweder die Arbeiterinnen und Arbeiter entdecken das Prinzip der Selbstbefreiung in ihrem Handeln selbst und könnten dann zum Beispiel mit Pannekoeks Schrift sich

304 Paul Mattick, «Anton Pannekoek und die Weltrevolution», a.a.O., S. 247.

305 Pannekoek 2008, S. 12.

ihre weiteren Schritte erklären – oder eben nicht. Man kann die Leute nicht zum Sozialismus überreden, gar überlisten. Zu glauben, dies zu können, ist die große Selbstverkennung der Intellektuellen, deren Ausbildung und Fortkommen wesentlich auf Argumentation und Rhetorik beruht und nicht auf der Realität des Klassenkampfes. «Die Selbstbestimmung der Arbeiter über ihre Kampfaktion ist keine aus der Theorie, aus Gründen der Tauglichkeit aufgegriffene Forderung, sondern die Feststellung eines Tatbestandes, der aus der Praxis entspringt.»[306] Das ist die einzige abstrakte Setzung, die sich Pannekoek erlaubt. Ist die Selbstbestimmung erkannt – begriffen –, leiten sich aus ihr die weiteren Schritte ab.

Stellvertretend für alle konventionellen Formen der Arbeiterbewegung soll am Beispiel der Gewerkschaften gezeigt werden, wie sich diese Form der Organisierung als untauglich erweist, die Selbstbestimmung zu fördern. Pannekoek gesteht ein: «Es war die Aufgabe und die Funktion der Gewerkschaftsbewegung, die Arbeiter durch ihren Zusammenschluß und vereinten Kampf aus Hilflosigkeit und Elend emporzuheben und ihnen einen anerkannten Platz in der kapitalistischen Gesellschaft zu sichern. Sie mußte die Arbeiter gegen die stets zunehmende Ausbeutung durch das Kapital verteidigen.»[307] Aber die Sicherung des «anerkannten Platzes», ein Beitrag zum materiellen Überleben der als Bewegung noch schwachen Klasse, geht über in die Integration der Klasse in den Organisations- und Monopolisierungsprozess des Kapitals. Gewerkschaften beziehen ihre Stärke gegenüber dem Kapital aus der Produktionsmacht, die sie repräsentieren («Alle Räder stehen still ...»). Aber diese Stärke realisiert sich erst, wenn die Gewerkschaft ihrem Verhandlungspartner signalisiert, dass sie die Produktionsmacht der Arbeiter unter Kontrolle hat. Nur dann, wenn sie für Ruhe in den eigenen Reihen sorgen kann und allzu aufmüpfige Proleten abserviert, wird sie als Verhandlungsmacht ernst genommen. Dadurch verkehrt sich das Potential der Produktionsmacht in Kontrolle über die Produzenten – und die Gewerkschaften verstaatlichen sich de facto: «Die Gewerkschaften sind nun riesenhafte Organisationen mit einem anerkannten Platz in der Gesellschaft; ihre Stellung wird oft durch das Gesetz geregelt und ihren Tarifabkommen wird gesetzlich bindende Kraft für

306 «Arbeiterräte», in Pannekoek 2008, S. 86.
307 A.a.O., S. 83.

die gesamte Industriebranche gegeben. Ihre Führer streben danach, einen Teil der die industriellen Bedingungen beherrschenden Machtorgane zu bilden. Sie sind der Apparat, vermittels dessen das Monopolkapital seine Bedingungen der gesamten Arbeiterklasse auferlegt. Das nun allgewaltige Kapital wird es in der Regel eher vorziehen, seine Herrschaft durch demokratische Formen zu verschleiern, statt sie in der nackten Brutalität der Diktatur zu zeigen. Die Arbeitsbedingungen, wie sie das Kapital als passend für die Arbeiter ansieht, werden viel leichter in der Form der mit den Gewerkschaften geschlossenen Abmachungen angenommen und befolgt als in der Form anmaßend auferlegter Diktate. Erstens, weil damit den Arbeitern die Illusion belassen wird, daß sie Herren ihrer eigenen Interessen sind. Zweitens, weil die starke Bande der Anhänglichkeit, die sich zwischen Gewerkschaften und Arbeitern aus der Tradition früherer Kämpfe ergeben haben, als eigene Schöpfung der Arbeiter, ihrer Opfer, ihres Kampfes und ihrer Begeisterung nachwirken und nun den Herren zugute kommen. So sind die Gewerkschaften unter den modernen Bedingungen immer mehr zu Organen der Herrschaft des Monopolkapitals über die Arbeiterklasse geworden.»[308]

Eine Entfaltung der Eigeninitiative der Arbeiterinnen und Arbeiter ist nur gegen ihre eigenen Organisationen möglich – im wilden Streik (der sich nicht an die rechtlich resp. politisch vorgegebenen Schritte der gesteuerten Eskalation hält), in der daran anschließenden Betriebsbesetzung, im Zurückschlagen der Angriffe der Staatsmacht. Diese negative, destruktive Seite impliziert eine positive, ordnende, die Entstehung eigener Organisationsformen. Das ist die Geburt der Räte: «Delegierte aller Belegschaften treten zur ununterbrochenen Erörterung der Sachlage als Streikkomitees zusammen. Solche Streikkomitees sind etwas ganz anderes als die Vorstände der Gewerkschaften; sie tragen bereits Charakterzüge der Arbeiterräte. Sie gehen aus dem Kampf hervor, um ihm eine einheitliche Ausrichtung zu geben. Aber sie sind nicht Führer im alten Sinne, sie besitzen keine direkte Macht. Die Delegierten, oft jedesmal andere Personen, kommen mit der Aufgabe, Meinung und Willen der Belegschaften zum Ausdruck zu bringen, die sie entsandten. Denn diese Belegschaften stehen für die Aktion ein, in der ihr Wille sich manifestierte. Doch sind die Delegierten nicht einfa-

308 Ebd.

che Boten der Gruppen, von denen sie beauftragt wurden; sie nahmen hervorragenden Anteil an der Aktion und der Diskussion, als Träger des Tatwillens der Gruppen verkörpern sie die vorherrschenden Überzeugungen. In den Komiteeversammlungen werden die Anschauungen ausgetauscht und den jeweiligen Umständen entsprechend der Prüfung unterworfen; Ergebnisse und Beschlüsse werden von den Delegierten in die Betriebsversammlungen zurückgetragen. Durch diese Zwischenverbindung nimmt die Betriebsbelegschaft selbst an den Beratungen und Entscheidungen teil. So sind Einheit und Geschlossenheit in der Aktion großer Massen gesichert.»[309]

Aus dem Kampfprinzip erwächst das Ordnungsprinzip einer neuen Gesellschaft. Kampf und neue Ordnung gehen ineinander über, der Klassenkampf suspendiert die bürgerlich-moralische Mittel-Ziel-Diskussion. «Diese Organisation der Produktion braucht nicht als ein zuvor aufgestelltes Ziel von den Arbeitern nach einer siegreichen Revolution eingeführt zu werden. Sie ergibt sich als der natürliche Ausgang des Klassenkampfes; sie ist die Revolution selber. Das Prinzip der Selbstbestimmung der Arbeiter tritt nicht nur in der Formulierung des Endziels, sondern auch in der Praxis des Klassenkampfes auf.»[310] So wie die Arbeiter kämpfen, so können sie auch die Produktion organisieren, schöpfend allein aus dem eigenen Wissen, im Bewusstsein um die eigenen Bedürfnisse, aus ihrer intimen Kenntnis des grundlegenden Mechanismus gesellschaftlicher Produktion, wissen sie auch am besten, was die Gesellschaft zur Sicherung ihrer Existenz wirklich bedarf. «Die Räte sind keine Politiker, keine Regierung. Sie sind Boten, die die Meinungen, die Absichten und das Wollen der Arbeitergruppen vermitteln und überbringen: Doch nicht wie unbeteiligte Botenjungen, die Briefe oder Mitteilungen, von denen sie selbst nichts wissen, austragen. Sie nahmen an den Beratungen in den Belegschaften teil, als energische Vertreter der Ansichten, die die allgemeine Zustimmung fanden. Als Delegierte der Gruppen sind sie nun nicht nur fähig, diese in der Räteversammlung zu verteidigen, sie sind auch unabhängig genug, anderen Gründen zugänglich zu sein und ihrer Gruppe über die noch allgemeineren Mehrheitsauffassungen zu berichten.

309 A.a.O., S.86.
310 «Die Herrschaft des Arbeiters beginnt erst» (1948), in Pannekoek 2008, S.651.

So sind sie die Organe der gesellschaftlichen Verbindung und Diskussion.»[311]

In Pannekoeks Modell sind Eigeninitiative der Räte und ihre Bindung an die Beschlüsse der Betriebsversammlungen kein Gegensatz. Damit orientiert er sich an Produktionsprozessen, die ihre fortlaufende Optimierung zum Bestandteil der Produktion selbst gemacht haben. In der digitalisierten Arbeitswelt wird dies Agilität genannt: Nicht restlos durchkonzipierte Prototypen werden dem Publikum präsentiert, sondern offene Modelle, mit denen die Öffentlichkeit arbeitet und deren positive wie negative Eigenschaften – Ausgereiftes wie Unausgereiftes – permanent den Entwicklern rückgemeldet werden, die all dies in die weitere Gestaltung des Modells – bis zu einem relativen Optimum – einfließen lassen. Natürlich ist das ein Verfahren der hochflexiblen und egalitär verschleierten Enteignung von (Arbeiter-)Wissen zur kapitalgetriebenen Produktoptimierung. Man kann Pannekoeks «Arbeiterräte» auch als Plädoyer dafür lesen, sich dieses Wissen zurückzuholen und es nicht länger zur Optimierung der Verwertungsmaschinerie einzusetzen, sondern zur Bereicherung der eigenen Existenz. Es bedarf dabei keiner Verdopplung der Räte in einer überbetrieblichen Instanz – im Staat. Denn: «Einer zentralen Bürokratie aus Beamten und Experten ist es nicht möglich, jeden Bedarf zu ermitteln, die gesamte Arbeit anzuordnen und sämtliche Prozesse im Einzelnen zu überwachen; alle vorgeschlagenen Systeme führen zur Willkür bei der Verteilung durch eine herrschende Minderheit. Andererseits ermöglicht es die Selbstbestimmung den freien und gleichen Produzenten, die Produktion und Verteilung mühelos zu regulieren, weil sich die entsprechenden Regeln und Beziehungen mit den wirtschaftlichen Gegebenheiten durchsetzen. Die Schwierigkeiten entstehen, wenn sich eine Staatsmacht zwischen Produktion und Verbrauch stellt.»[312]

Zusammenfassend gesagt: Das Wesen der Räte – von ihnen lässt sich nur im Plural sprechen – besteht gerade in ihrer Unabgeschlossenheit. Es sind Organe der Selbstbefreiung der Arbeiterinnen und Arbeiter, und für Selbstbefreiung kann es kein Rezept geben, keine Garantieformel. Räte sind politischer Ausdruck von sozialen Kämpfen. In ihren Kämpfen schaf-

311 «Arbeiterräte», a.a.O., S. 68.

312 «Die Krise in der sozialistischen Theorie» (1947), in Pannekoek 2008, S. 629.

fen sich die Arbeiterinnen und Arbeiter ihre Organe, in denen und mit denen sie ihre Kämpfe koordinieren. Es sind zunächst Aktionsausschüsse. Massenstreiks und Aktionsausschüsse sind Ausdrücke der über die Produktion vermittelten Verbundenheit der Produzent*innen. Die Macht der Arbeiterinnen und Arbeiter bedarf deshalb nicht «der Straße», um sich auszudrücken. Die Verbindung der Arbeiter, ihre primäre Organisationsform, ist gegeben: im Produktionsprozess. Was die Arbeiter in den Massenstreiks erfahren und lernen, dort an anderen Verkehrsformen ausprobieren können, greift über den Kampf hinaus – jetzt eröffnen sich die Möglichkeiten der gesellschaftlichen Gestaltung, das Bild einer Republik der Arbeiter zeichnet sich ab. Aus den Aktionsausschüssen werden die Räte – homogen und dezentral, plural und anti-bürgerlich. Ihre «Verwirklichung ist nicht Sache der theoretischen Diskussion über die beste praktische Ausführung; sie ist Sache des praktischen Kampfes gegen den Herrschaftsapparat des Kapitalismus. Die Losung der Arbeiterräte bedeutet heutzutage nicht brüderliches Zusammentreten zu genossenschaftlicher Arbeit; sie bedeutet Klassenkampf – die Brüderlichkeit findet in diesem Kampf ihren Platz –, sie bedeutet revolutionäre Aktion der Massen gegen die Staatsgewalt.»[313]

Pannekoeks Konzeption, so herausragend sie in den katastrophalen 1930er- und 1940er-Jahren ist – gemessen an allen moskautreuen kommunistischen und westlich-sozialdemokratischen Vorstellungen –, weist einen schwerwiegenden Mangel auf. Damit sind nicht die beiden Einwände gemeint, die vielleicht als erste auf der Zunge liegen: Dass er kein Wort über die Wandlungen der Arbeiterklasse verliert, ihre Neuzusammensetzung(en), die sich schon in den 1920er-Jahren, im Zuge des sogenannten Fordismus abzeichneten, dass er Facharbeiter, Massenarbeiter und proletarisierte Intellektuelle, Prekäre, Industriearbeiterinnen und Arbeiter in der Zirkulation auf ein und derselben Ebene behandelt – geht es ihm um die Klasse, so differenziert er nicht. Und das bedeutet, zweiter Einwand, dass er auch auf internationaler Ebene nicht differenziert. Zwar erzählt er in «Arbeiterräte» die Geschichte des britischen, französischen, deutschen, russischen, amerikanischen und – für die damals durchweg eurozentrisch bornierten Marxisten bemerkenswert genug – japanischen Kapitalismus, aber

313 «Über Arbeiterräte» (1952), in Pannekoek 2008, S. 684.

jeder Blick auf die «Peripherie», die beginnende Dekolonisierung und die Unabhängigkeitskriege entgeht ihm.

Diese Einwände treffen Pannekoeks Konzeption nicht grundsätzlich: 1. Wenn die Arbeiterklasse kämpft, dann spielen in diesem Kampf die Unterschiede innerhalb der Klasse perspektivisch gesehen keine Rolle mehr. Vielmehr werden sie als Mystifikationen des Kapitals, als Elemente der Beherrschung der Klasse bekämpft. Die Privilegierung eines Teils der Klasse als besonders handlungsfähig lehnt Pannekoek ab und hat damit, wie jeder Blick in die Geschichte der Arbeitskämpfe, der nicht durch die Perspektive einer zu salvierenden Organisation verengt ist, offenbart, recht: Die Kampfbereitschaft von Arbeiterinnen und die Fähigkeit, die öffentliche Ordnung des Kapitals zu stören, hängen nicht – oder wenigstens: nicht nur – von ihrer technologischen Stellung im Produktionsprozess ab. Dass Pannekoek derartige Privilegierungen ablehnt, ist keine Frage der Haltung, sondern im Kern der Selbstbefreiung verankert, entweder die Klasse handelt als Ganzes – wobei sich «das Ganze» erst im Kampf herausbildet –, oder sie zerfällt in Rackets, in kapitalkonforme Gangs. 2. Dieses radikale Verständnis lässt sich auf die globale Situation übertragen, die Dekolonisierung widerlegt nicht das Klassenkampf-Schema noch erweitert sie es (um den Kampf der «unterdrückten Völker»), sondern sie fördert zutage, dass das junge Proletariat in den neu entstandenen Nationen mittelfristig vor den gleichen Aufgaben stehen wird wie das europäische, russische, japanische, australische und nordamerikanische.

Was wirklich gegen Pannekoek spricht, ist dies: Es fehlt die Perspektive der Abschaffung. Der Abschaffung von falscher Arbeit, von überflüssiger Produktion, der Abschaffung der Betriebsform, die die Arbeiter zu Betriebspatrioten verdummt, der Abschaffung des Unternehmens als Durchsetzungsform kapitalistischer Rationalität. Es fehlt die Aussicht auf die radikale Verkürzung der Arbeitszeit. Pannekoek scheint sich die Räteherrschaft als Vernetzung selbstverwalteter Betriebe vorzustellen. Dass es immer noch Betriebe sind, dass sie ihre Arbeit aus der Zeit des Kapitalismus fortführen, nur eben unter nicht-kapitalistischen Vorzeichen, scheint ihm gesetzt, wie diese Äußerung nahelegt: «Auf dem eigentlichen Gebiet der Produktion muß jedes Unternehmen nicht nur seinen eigenen umfassenden Tätigkeitsbereich sorgfältig organisieren; es muß auch den Zusammenhang mit anderen Unternehmen zustande bringen und zwar horizontal mit Produktionsstätten ähnlicher Art, vertikal mit denen, die es mit Material versorgen oder seine Erzeugnisse benötigen. In der gegenseitigen Abhängigkeit und Verknüpfung der Unternehmen, in ihrer Zusammenfügung zu Produktionsbranchen werden immer mehr umfassende Bereiche durch beratende und beschließende Räte behandelt, bis hinauf zur zentralen Organisierung der gesamten Produktion.»[314] Die Form des Unternehmens an sich wird hier gar nicht bezweifelt.

In seinen für eine Neubegründung des Kommunismus so wichtigen «Züricher Thesen» von 1950 hatte Karl Korsch, was die Rätelösung auf Produktionsebene angeht, fast identische Gedanken, setzt aber doch einen entscheidend anderen Akzent als Pannekoek (soweit überliefert, kannte Korsch «Workers' Councils» nicht): «Die Bestimmung der Arbeiter über die Produktion ihres eigenen Lebens wird nicht hervorgehen aus ihrem Einrücken in die verlassenen Positionen der sich selbst aufhebenden so genannten freien Konkurrenz der monopolistischen Eigentümer der Produktionsmittel auf den internationalen Märkten und auf dem Weltmarkt. Sie kann nur noch hervorgehen aus dem planmäßigen Eingreifen aller heute ausgeschlossenen Klassen in die heute tendenziell schon allenthalben monopolistisch und planmäßig regulierte Produktion.»[315] Da ist zunächst der Gedanke, den auch Pannekoek teilt, dass Monopolisierung, Vertrustung, Verstaatlichung, Staatskapitalismus, Staatssozialismus keinen gleitenden Übergang zum freien Sozialismus bedeuten. Aber Korsch spricht von der «Produktion ihres eigenen Lebens», nicht abgehoben von den «Zellen des Gesellschaftsorganismus«: Die Produktion ihres eigenen Lebens umfasst doch weit mehr als Fabrikarbeit! Er spricht weiter vom «planmäßigen Eingreifen aller heute ausgeschlossenen Klassen», hat nicht so sehr die Perspektive sich vernetzender selbstverwalteter Betriebe vor Augen, sondern den Gesamtarbeiter. Korsch denkt gesellschaftlicher, weiß, dass die Aufgaben, die das Proletariat zu lösen hätte, immer umfangreicher, menschheitsumfassender werden. Die Rätelösung ist nur jenseits der Schranken des Betriebs zu verwirklichen.

Nach 1955 zog sich Pannekoek aus den öffentlichen Debatten zurück, sein letzter veröffentlichter Originalaufsatz lautet

314 «Arbeiterräte», in Pannekoek 2008, S. 72.
315 Korsch 1974, S. 387.

schlicht «Atompolitik», und er beginnt mit dem erschütternden Satz: «Die Menschheit ist damit beschäftigt, sich selbst zu vernichten. In diesem kurzen Satz ist die atomare Bedrohung treffend formuliert.»[316] Er ahnte, dass die Entwicklung der Produktivkräfte, die in ihrer kapitalistisch höchsten Vollendung in ungebremst der Vernichtung dienende Destruktivkräfte umschlagen, eine Revision seines Marxismus erfordern würde. Der Untergang der Menschheit als wahrscheinliches Szenario überstieg den Schrecken der siegreichen Konterrevolution – und ist doch nicht ohne sie, die Konterrevolution, zu denken. Er war wohl schon zu alt, um diese Neuausrichtung in Angriff zu nehmen. Mit Pannekoeks Verstummen endet die lebendige Kontinuität rätekommunistischen Denkens. Wirklich?

316 Pannekoek 2008, S. 694.

15 Gegen die Kopfgeburten der Arbeiterbewegung: Erinnerung an den Rätekommunismus

«Nichts zeigt den revolutionären Charakter von Marx' Theorien deutlicher als die Schwierigkeit, sie in nichtrevolutionären Zeiten zu verteidigen.»
Paul Mattick, 1939[317]

Wo waren die Räte im Pariser Mai 1968, im italienischen heißen Herbst 1969, in den wilden Septemberstreiks in Westdeutschland 1969?

Zahlreiche Veteranen und Theoretiker der Rätebewegung erlebten die wilden Jahre nach 1968, aus denen diese drei Streikereignisse unterschiedlicher Bedeutung entnommen sind, und waren sogar noch aktiv: von Willi Huhn über Paul Mattick, die holländische «Daad en Gedachte»-Gruppe um Cajo Brendel bis zu Henri Simon und Serge Bricaner in Frankreich.

Die Ereignisse von «1968» lösten auch eine Welle wissenschaftlicher Arbeiten zum Rätekommunismus aus, zahlreiche Reprints und Raubdrucke erschienen. Aber dieser kurzlebigen theoretischen Rezeption steht keine praktische gegenüber. Dies im doppelten Sinn: Weder entstanden dauerhaft arbeitende, den Kanon der Theorie durch zeitgemäße Analysen bereichernde Gruppen von Rätekommunisten, noch, und das ist das Entscheidende, nahmen die Klassenkämpfe zwischen 1968 und 1985 – Jahr der endgültigen Niederlage der streikenden Bergarbeiter in Nordengland – explizit rätekommunistische Züge an.

Wir können für diesen Zyklus der Klassenkämpfe eine untergründige Organisierung annehmen, ein Geheimwissen der Arbeiterinnen und Arbeiter über Streiktaktiken und Sabotage, das – allerdings nur für Außenstehende – spontan in direkte Aktionen umschlägt. Aber schon die Rolle von Streikkomitees, Embryonalform der Räte, scheint nicht zentral gewesen zu sein.

317 Ders.«Karl Kautsky: Von Marx zu Hitler», in Mattick 1939, S. 54.

Im Gegenteil, der Arbeiter*innenwiderstand war diffus und von Blaumachen und Krankfeiern, Sabotage der Bänder, Diebstahl, Manipulation der Zeiterfassungssysteme oder der nachlässigen Verarbeitung der Produkte geprägt. Der Arbeitsethos verblasste, das Jobbertum nahm zu, die proletarische Unruhe verlagerte sich in die Lebenswelt: Mieter*innenstreiks, massenhaftes Schwarzfahren und Diebstahl in Supermärkten. Wer vom SDS (Sozialistischer Deutscher Studentenbund) abgestellt wurde, um unter Lehrlingen zu agitieren, merkte rasch, dass das unter jungen Proleten durchaus vorhandene Interesse an der Revolte der Studenten sich an zwei Gerüchten festmachte: problemloser Zugang zu Drogen und zügelloser Sex. Dass, noch ein Mosaikstein, im Zuge der lebensweltlichen Revolte in Deutschland Franz Jung zum Kultautor aufstieg, passt ins Bild: Sein expressionistischer Rätekommunismus vermischt sich mit seiner Rolle als Draufgänger, Spieler, Gauner, Trickser und schließlich Einzelgänger. Darauf kam es seinen Fans doch an!

Keine Frage, der Rätekommunismus setzte diese proletarische Subjektivität voraus, aber thematisierte sie nie explizit, weil er immer schon darüber hinaus war: Das Untergründige würde sich, da waren sich die Rätekommunisten sicher, gesellschaftsordnend zeigen – als Rat, der die Form des Streikkomitees übersteigt und die Produktion eigenverantwortlich wieder in Angriff nimmt. Dass die proletarische Subjektivität «nur» auf die Abkehr von unerträglicher und überflüssiger Arbeit beharrte – das fiel aus dem theoretischen Raster des Rätekommunismus. «Die Verknüpfung von Klassenkampf, Produktivkraftentwicklung und Revolution, wie sie in der rätekommunistischen Variante marxistischer Orthodoxie vorliegt, kann sich am historischen Verlauf der Klassenbewegungen und Klassenkämpfe in den westeuropäischen Metropolen nicht bewähren»[318], schreibt Martin Rheinlaender 1993 in einem der damals raren Texte über wiederaufgelegte rätekommunistische Schriften. Das stimmt. Und doch ist da etwas, was an dieser Aussage stört. Der Autor, das macht seine Besprechung deutlich, kommt aus der deutschen operaistischen Tradition, die wie der Rätekommunismus die Subjektivität des Proletariats in den Mittelpunkt rückt, aber anders als der Rätekommunismus die Kritik der Arbeit (nicht nur der Lohnarbeit im engeren Sinn), anstatt ihrer Befreiung durch die Räte, für zentral erklärt. Die

318 Rheinlaender 1993, S. 4.

operaistische «Verknüpfung von Klassenkampf, Produktivkraftentwicklung und Revolution» hat sich genauso wenig bewährt wie die rätekommunistische: Die Wette, dass das Proletariat permanent rebelliert, seine ganze Existenz als Sabotage begreift und das Kapital eigentlich nur noch reagieren kann, lebt von der nahen Revolutionserwartung. Schon 1993 wäre ein Festhalten an dieser Erwartung vor allem Ausdruck schierer Verzweiflung. Man sollte vorsichtig sein, andere dissidente Strömungen abzukanzeln, wenn man vor den Trümmern der eigenen Theorie steht.

Der blinde Fleck seiner Kritiker entlässt den Rätekommunismus nicht aus der Verantwortung: Was genau hat sich an dieser Verknüpfung nicht bewährt? Der enge Zusammenhang von Krise und Revolution. Diese Antwort ist banal und betrifft alle radikalen Strömungen nach (und vor) «1968». Der Pariser Mai war keine Generalprobe, wie es damals in linken französischen Kreisen hieß, in den westdeutschen Septemberstreiks kristallisierte sich keine neue Partei heraus, der amerikanische Graswurzelwiderstand und der Blue-Collar-Blues verdichteten sich nie zu einer Bewegung, die so sichtbar, so evident wie die Massenstreiks zwischen 1880 und 1914 gewesen wäre. Die Weltwirtschaftskrise ab 1973 brachte keine Radikalisierung und Vereinheitlichung der weltweiten Arbeiterbewegungen hervor. Im Gegenteil. Sie ist als Auftakt einer langen Konterrevolution zu verstehen, die man bald neoliberal, bald Globalisierung, bald Deregulierung, bald Finanzialisierung genannt hat. Die üppig wuchernden Begriffe, um das zu fassen, was der Linken wie dem weltweiten Proletariat seit 1973 widerfahren ist und was sich bis heute, über alle Einschnitte hinweg erhalten hat – Aufstieg des globalen Islamismus seit 1980; Fall der Berliner Mauer 1989; Sinkflug des amerikanischen Imperiums seit dem Golfkrieg 2003; sogenannte Finanz- und Eurokrise seit 2008; Kernschmelze der arabischen Welt nach 2011; Ausrufung einer globalen Pandemie und (natürlich immer nur: vorläufiger) Triumph neuer Kapitalsubjekte (Big Data, Big Pharma etc.) –, sind Indizien dafür, wie schwer sich die Linke tut, diese planetarische Niederlage zu verarbeiten. Bis heute. Immerhin, die Rätekommunisten wussten um den großen Gewaltapparat, der alles in seinen Mechanismus hineinzuziehen droht, was sich auf ihn einlässt. «Vielleicht ist der Sozialismus eine Illusion und die Gesellschaft dazu verurteilt, Klassengesellschaft zu bleiben», dieser ketzerische Satz stammt von Paul Mattick. Er notierte ihn vor «1968».[319]

Man muss die rätekommunistischen Texte gegen den Strich lesen, gegen ihren häufig schematischen Charakter, ihr mangelndes Gespür für das Gesellschaftliche. Die These, die wir in jedem Kapitel durchgehalten haben, lautet: Der rätekommunistische Diskurs beschreibt, und zwar von Anfang an, die Herausbildung totalitärer Formen der Kapitalherrschaft – die proletarische Antwort muss ebenso total ausfallen, wenn sie eine angemessene sein soll. Das ist kein Appell. Appelle bleiben hohl. Rätekommunismus ist auch das Bewusstsein, möglicherweise sehr lange auf diese Antwort warten zu müssen, die Rätekommunistin kann sie nicht geben, sie kann nur dafür arbeiten. «Der Revolutionär wird isoliert und sieht sich zeitweise besiegt. Er muß warten, bis sich die Situation ändert, bis die subjektive Bereitschaft, am Krieg teilzunehmen, von der objektiven Unmöglichkeit, diese subjektive Bereitschaft umzusetzen, zerrüttet ist. Ein Revolutionär muß von Zeit zu Zeit ‹außerhalb der Welt› stehen. Zu glauben, daß eine revolutionäre Praxis, die ihren unabhängigen Ausdruck in unabhängigen Aktionen der Arbeiter findet, zu jeder Zeit möglich ist, heißt nichts anderes, als demokratischen Illusionen zum Opfer zu fallen.»[320]

Schauen wir noch mal in die Schriften Pannekoeks zur zweiten Massenstreikdebatte nach 1910: Er bestimmt die Kriegsgefahr als totale. Moderne Kriege, das weiß Pannekoek bereits vor Ausbruch des Ersten Weltkriegs, verschleißen nicht nur Menschen in großen Schlachten, sondern sie zielen auf die Zerstörung von Lebensräumen – von Produktionsstätten, Infrastruktur, Urbanität. So sehr sie die gesamte Gesellschaft bedrohen, so sehr sind sie zugleich eine gesamtgesellschaftliche Anspannung. Wenn sich dieser totale Krieg aus dem Imperia-

319 Mattick 1971, S. 341. In dem langen Interview, das er 1976 mit Michael Buckmiller geführt hat, sagt er: «Es gibt heute in Amerika Arbeiter, deren Gehalt das von *middle-class*-Leuten ist […]. Sie fühlen sich wohl in diesen Dingen und sie identifizieren sich damit. […] diese Identifizierungen mit den Zuständen, so wie sie sind, existieren schon sehr, sehr lange. Wenn die Chancen des Kapitalismus weiter so bleiben wie bisher, dann wird auch das so bleiben und dann wird sich kein Klassenkampf und keine Arbeiterbewegung in Amerika entwickeln können.» (Mattick-Buckmiller 2013, S. 95) Mattick verwahrte sich aber, etwa in seiner Kritik an Herbert Marcuses «Der eindimensionale Mensch», gegen jede kulturkritische Deutung dieses Pessimismuses, vgl. Mattick 1969.

320 Mattick 1939, a.a.O.

lismus als damals prägendste Erscheinungsform des ewig sich erneuernden Kapitalismus entwickelt, wenn der bürgerlich-demokratische Zustand eines Landes keinen Unterschied in der Aufrüstungs- und Expansionspolitik dieser Nation macht, dann kann proletarische Gegenwehr an keiner dieser Formen partizipieren, ohne dabei integriert, vereinnahmt, stillgestellt zu werden. Daher stammt der Rätegedanke. Dass er seine Bestätigung in den Massenstreiks und der «unmöglichen» russischen Revolution von 1905 fand, ist keine Nebensache, sondern materielle Grundlage dieses Gedankens. Aber er beruhigt sich nicht damit. Die Entwicklung des Totalitarismus muss durch alle Etappen des Kapitalismus hindurch analysiert werden. Die Pointe an der Bolschewismus- und Staatskapitalismus-Kritik ist nicht so sehr die Dechiffrierung der schließlich siegreichen russischen Revolution als nachholende bürgerliche, sondern die der Herausbildung eines neuen Blocks von Kapitalmacht gegen die Arbeiter, der in sich Elemente noch der radikalen Arbeiterbewegung aufnimmt und sie gegen die Arbeiterinnen und Arbeitern wendet. Faschismus, Stalinismus und New Deal sind Varianten des totalitären Machtblocks und pervertieren die Erfahrungen des «roten Oktobers». Das Modell der Avantgardepartei bolschewistischen Typs ist diskreditiert, weil es nach 1933 aufgehoben – in der dreifachen Bedeutung des Wortes – wurde.

An dieser Radikalität der Analyse müsste sich auch die Kritik des Rätekommunismus messen, um über ihn hinauszugelangen. Es geht nicht darum, eine Bewegung, deren zentrale theoretischen Texte zwischen 1925 und 1950 geschrieben wurden, für die Gegenwart zu reanimieren, sondern darum, die Kritik am Rätekommunismus, die darauf hinausläuft, ihn als ein transitorisches Phänomen auf dem Weg zu einem zeitgemäßen Kommunismus zu verstehen,[321] auf die Höhe dieser Texte zu bringen.

Gehen wir kursorisch die wichtigsten Kritikpunkte durch, sie lauten:

Der Rätekommunismus war im Kern eine Facharbeiterrevolte, vielmehr: theoretischer Ausdruck einer solchen, anstatt einer Kritik der Arbeit, leistet er ihre Apologie; er ersetzt ökonomische Kategorien durch politische, gar bürokratische, anstelle

321 Vorgeführt wird dies in der Polemik der britischen Endotes-Gruppe «Bringt eure Toten raus» (2014/2008), der Text hat einführenden Charakter.

der Liquidierung der Wertproduktion, der Ware-Geld-Kopplung und damit auch des Fabriksystems, setzt er das Ideal der besseren Verwaltung durch Räte, dabei verstrickt sich der Rätekommunismus in die Widersprüche einer ultrademokratischen Haltung, «Rätismus» lautet der Kampfbegriff; schließlich: der Rätekommunismus ist eurozentristisch und auf die Industriearbeiterschaft, wohlgemerkt die männliche, fixiert.

Noch mal Martin Rheinlaender, dessen kurzer Text eine intime Kenntnis des Materials verrät und der deshalb exemplarisch für eine linke Kritik am Rätekommunismus steht: «Gegen den Staatssozialismus-Staatskapitalismus stellen sie», gemeint sind die «Grundprinzipen der kommunistischen Produktion und Verteilung», «ein ausgedachtes System von Produktion und Reproduktion, das auf der Ebene der reinen Ökonomie beweisen soll, daß eine rätedemokratische Planung ohne Wertgesetz möglich ist. Gleichzeitig ist dieses System aber derart losgelöst von den lebendigen Klassenverhältnissen und inneren Zusammensetzungsprozessen der Arbeiterklasse, daß in diesem System nichts lebendig ist außer der gedanklichen Konstruktion von Verwaltungs- und Planungsorganen.» Schon diese Voraussetzung, an die sich die Kritik anschließt, stimmt nicht. Die «Grundprinzipien» kritisieren bolschewistische und sozialdemokratische Sozialisierungstheoretiker, die eine solche «Ebene der reinen Ökonomie» behaupten. Sie begeben sich auf dieses Terrain, gerade weil sie zeigen wollen, dass die Recheneinheit der Gesellschaft nicht «reine Ökonomie» ist, sondern immer mit Fragen der politischen – gesellschaftlichen – Selbstverwaltung verknüpft ist. Jetzt zum Kern der Kritik von Rheinlaender: «Darin drückt sich letztlich der Facharbeiterstandpunkt der historischen ‹Avantgarden› der Arbeiterbewegung aus, für den der Kommunismus eine Organisationsfrage der Ökonomie ist und der deshalb die eigene Kompetenz in Organisations- und Verwaltungsfragen gegen den Kapitalismus der Manager herauskehren muß. Weit davon entfernt, eine kommunistische Kritik der Arbeit zu entfalten, ist die rätekommunistische Konzeption – die ja als Alternative zum Bolschewismus formuliert wurde – nur ein weiterer Streit um die ökonomisch-technische Effektivität von Planungssystemen. Ähnlich wie die reformistische Politik, aber keineswegs auf einer ähnlich soliden materiellen Basis, ist die rätekommunistische Konzeption der kommunistischen ‹Produktionsweise› nichts anderes als die Einführung der politischen Demokratie in den Arbeitsprozeß, der selber nicht hinterfragt wird.»[322] Der tatsächliche Standpunkt der «Grundprinzipien» wird auf der Grundlage einer hier (und auch anderswo…) völlig unbestimmt bleibenden «kommunistischen Kritik der Arbeit» ignoriert: Sie sind eine Kritik an den «Kopfgeburten der Arbeiterbewegung» (Christel Neusüß), an der Effektivitätsbehauptung damals diskutierter oder angeblich bereits realisierter Planungssysteme. Deren Effektivität ist immer eine der Ausbeutung; Kommunismus ist keine Frage der besseren Organisation, sondern an dieser Stelle eine der radikalen Erkenntnis, nämlich des Prinzips der Ökonomie der Zeit. Dieses Prinzip muss nicht «organisiert», es muss zur Geltung gebracht werden, das ist die Revolution, die Rätemacht, die in der Schrift vorausgesetzt wird. Jan Appel war bewusst, dass er sich, als er die «Grundprinzipien» skizzierte, die langweiligste Seite gesellschaftlicher Verkehrsformen vornahm: Buchhaltung. Damit stieß er auf eine Kernstruktur kapitalistischer Verwaltung – und die wird attackiert. Rheinlaender hat recht, wenn er den «Grundprinzipien» konstatiert, dass sie den Arbeitsprozeß selber nicht hinterfragen. Es ist allerdings an keiner Stelle der Anspruch dieser Schrift.

Ein Zitat aus einem ganz anderen Zusammenhang erhellt den libertär-romantischen Standpunkt – und indirekt den rätekommunistischen. «Jacques Derrida zum Beispiel», schreibt Terry Eagleton in seinem jüngst erschienenen Buch «Opfer», «vertritt die seltsame Ansicht, dass der Akt des Gebens durch Gegenseitigkeit ruiniert wird. Der Fall spiegelt seine übliche libertäre Abneigung gegen Maß, Regulierung, Identität, Äquivalenz und Berechenbarkeit wider – sicherlich wenig glamouröse Phänomene, aber für jede Form der gesellschaftlichen Existenz lebenswichtig. Wer sie verwirft, zeigt sich als Privilegierter.»[323] Derrida kann man hier für die Rolle des Vertreters der «kommunistischen Kritik der Arbeit» nehmen, denn in den «Grundprinzipien» ist ausschließlich die Rede von «Maß, Regulierung, Identität, Äquivalenz und Berechenbarkeit». Der letzte Satz im Zitat Eagletons sagt alles: Die «Grundprinzipien» wurden nicht von Privilegierten geschrieben und waren auch nicht für Romantiker gedacht.

322 Rheinlaender 1993, a.a.O. Rheinlaender bezieht sich auf eine stringente, empirisch aber fragwürdige operaistische Untersuchung, Bologna-Cacciari 1973.

323 Eagleton 2020, S. 99.

Der Formalismus-Verdacht steht gegen die Rätekommunisten weiter im Raum. Formalismus meint in diesem Zusammenhang: Die Form ersetzt die soziale Auseinandersetzung; ein bestimmtes Verfahren von Entscheidungen oder Organisierung soll die Reaktion, die Konterrevolution verhindern. Der Historiker Ewgeniy Kasakow hat diesen Verdacht in der Auseinandersetzung mit linken Kritikern des Bolschewismus scharf gemacht: «… besonderes wichtiges Element des linken ‹Mythos Kronstadt› ist die Vorstellung, dass bei der Gegenübersetzung von Räten und bolschewistischen Partei, die Räte automatisch für einen linkeren Kurs standen. So lassen sich alle Probleme der russischen Revolution auf die Formel reduzieren, dass Revolution ‹von unten› per se etwas Positives sei, was lediglich ‹von oben› verdorben wird. Dabei haben die Kronstädter*innen unter anderem explizit ‹Freien Handel mit Brot› gefordert.»[324] Helmut Wagner hat dazu in seinen «Thesen über den Bolschewismus» bereits Jahrzehnte zuvor geantwortet: «Indem die Bolschewiki die Räte vorwiegend als Aufstandsorgane betrachteten, statt als die Organe der Selbstverwaltung der proletarischen Klasse, zeigen sie um ein übriges, daß es sich für sie in den Räten nur um ein Werkzeug handelt, mit dessen Hilfe ihre Partei die Macht an sich zieht. Praktisch hat der Bolschewismus das […] auch im speziellen Fall der blutigen Niederschlagung der Kronstadtrebellion. Die bäuerlich-kapitalistischen Forderungen dieses Aufstandes wurden durch die NEP-Politik erfüllt, seine proletarisch-demokratischen aber in Strömen von Arbeiterblut erstickt.»[325] Die Rätekommunisten hatten kein Interesse an einem Kronstadt-Mythos, sondern daran, die proletarische Seite der frühen Massenwiderstände gegen den Bolschewismus stark zu machen.

Der letzte der oben erwähnten Kritikpunkte wiegt freilich am schwersten, weil er kein Vorwurf ist, sondern eine Tatsache beschreibt. Es ist der Eurozentrismus, genauer die Fixierung auf die männliche Industriearbeiterschaft. Das ist der historische Horizont des Rätekommunismus. Loren Goldner hat in seiner Darstellung der Geschichte von «Facing Reality», einer libertär-sozialistischen, post-trotzkistischen Gruppe aus den USA, die Bedingung formuliert, die jede zeitgemäße Aneignung der dissidenten Theorie der Arbeiterbewegung, ob rätekommunis-

324 Kasakow 2012.

325 Wagner/Schröder 1973/1991, S. 31.

tisch, linkskommunistisch oder meinetwegen posttrotzkistisch, erfüllen muss – auf der Frage zu bestehen, wie eine kommunistische Antwort auf diese Phänomene aussehen kann: entindustrialisierte Regionen, sogenannte Dienstleistungsjobs ohne Aufstiegsperspektive, Outsourcing selbst in industriellen Kernbereichen, Ende der Zusammenballung der Arbeiterklasse in den alten Industrieregionen und Zerstreuung der Bevölkerung in Vorstädte und Außenbezirke, unbewohnbare resp. unbezahlbare Innenstädte, Wiederkehr von Sweatshops, Kinderarbeit und Schuldsklaverei, die Zunahme von Gefängnisarbeit, Einwanderung und proletarischer Rassismus als Reaktion darauf, schließlich – siehe Trump – Protektionismus, also proletarischer Nationalismus.[326]

Es ist abzusehen, dass auch zukünftig, allen bunten (= klassenindifferenten) Paraden zum Trotz, die ein «Unteilbar» behaupten, die Streikenden auf sich alleine gestellt sein werden. Politik und Medien werden gegen sie stehen, die Gewerkschaften, ihrerseits Organe der Entmündigung, werden bis zur Selbstaufgabe auf Mäßigung drängen, Unterstützung von anderen Segmenten der Arbeiterklasse wird zunächst kaum zu erwarten sein. Gerade in so einer Situation müssen die Streikenden auf Zuspitzung setzen – und die Linke müsste sie darin bestärken –, denn diese Flucht nach vorne ist die einzige Chance, den eigenen Forderungen dermaßen Nachdruck zu verleihen, dass sie als prinzipiell nicht verhandelbar gesetzt sind. Sie widerstehen somit dem Druck des Neoliberalismus und könnten Vorbildcharakter für weitere Kampfaktionen haben. In diesem Prozess der Härtung entsteht Solidarität, sie ist immer prekär. Das ist eine der grundsätzlichen Lektionen, die man von Rosa Luxemburg oder Paul Mattick lernen kann. Revolution war für sie ein Prozess des Werdens, der von zunächst isolierten Vorstößen ausgeht.

Aber, um zum Anfang zurückzukommen: Zwingen die Erfahrungen von «1968» dazu, sich von Räten zu verabschieden? Ein Ausweichen auf die Modelle der Selbstorganisierung in Rojava oder Chiapas kann nicht die Antwort sein – es ist offensichtlich, dass diese nicht auf den Stand der Produktivkräfte der Industrieländer resp. Industrieregionen zu übertragen sind. Ebenfalls keine befriedigende Antwort ist ein flehendes «Beinahe». So urteilte die Situationistische Internationale über den

326 Goldner 2008, S. 101.

französischen Generalstreik 1968, dass die Arbeiterinnen und Arbeiter, in «vielen Augenblicken objektiv nur eine Stunde [davon] entfernt [gewesen wären], während den Mai-Ereignissen Räte aufzubauen».[327] Sie haben es aber nun mal nicht getan.

Wir haben versucht zu zeigen, dass die Räte *an sich* gar nicht im Mittelpunkt der rätekommunistischen Tradition stehen. Die ausgefeiltesten Rätekonzepte, wie sie 1919 vorgelegt wurden, stammen von Linkssozialisten, etwa von Ernst Däumig oder Karl Korsch, der damals noch kein Kommunist, geschweige denn ein Rätekommunist war.[328] Der Rätekommunismus wurde so genannt – oder gab sich selber den Titel –, weil die Räte *das* Symbol der Arbeiterselbstbefreiung waren, und der Kommunismus als Aktion der Klasse, nicht der Partei, war die Bewegung dieser Selbstbefreiung. Daher die Kopplung.

Ein durchaus realistisches Bild. Es wird aus den Erfahrungen der ersten russischen Revolution von 1905 gewonnen, die direkt an die Massenstreiks Zentral-, West- und Südeuropas gekoppelt werden. Warum realistisch? Weil in den Räten politische Selbststeuerung und Meisterung des Produktionsprozesses zusammenfallen. Mehr noch, sie erweisen sich als zwei Seiten einer Medaille, die Trennung von Politik und Ökonomie – konstitutives Kennzeichen bürgerlicher Gesellschaft – dagegen als das adäquate Verkehrsverhältnis einer Welt der Ausbeutung. Die Meisterung des Produktionsverhältnisses ist politisch, weil es sich um eine Angelegenheit der Steuerung der ganzen Gesellschaft handelt. Die Politik als Frage: «Wie wollen wir leben?» hat umgekehrt direkten Einfluss auf die Gestaltung des Produktionsprozesses.

Realistisch ist dieses Bild von der Befreiung, weil es von den Kämpfen der Ausgebeuteten ausgeht und die Elemente der Befreiung aus diesen und den ihnen zugrundeliegenden Produktionsbedingungen (Technologie und Infrastruktur) gewinnt. Der Kommunismus ist so weder (nur) ein Ziel, das es zu erreichen gilt, noch (nur) ein Instrument – Partei oder Bund –, um dieses Ziel zu erreichen. Der Kommunismus ist eine Bewegung, die von den tatsachlichen Prozessen im Kapitalismus ausgeht: Arbeitsteilung bedeutet nicht nur Zerstückelung unserer Kreativität, sondern stiftet eine ungeheure Kooperation, eine kollektive, anonyme allgemeine Intelligenz. Mehrwertauspressung ist

327 Zitiert nach Endnotes 2014, S. 32.
328 Siehe Korsch 1969

nicht nur Ausbeutung, sondern verwandelt die Ökonomie des Mangels in eine Ökonomie der Zeit. Daran knüpfen die Räte an, das ist das Movens der «Grundprinzipien der kommunistischen Produktion und Verteilung».

Die Räte scheinen eine widersprüchliche Konstruktion zu sein: Einerseits Verkörperung der Autonomie des Proletariats, andererseits nur ein Derivat des realen gesellschaftlichen Prozesses, mithin im höchsten Maße unselbständig. Aber die Spannung zwischen diesen Polen, die man auch mit «Freiheit» und «Notwendigkeit» betiteln könnte, birgt schon die Lösung. Denn weil die Räte direkt mit der Gestaltung des materiellen (Re-)Produktionsprozesses betraut sind, wird dieser durchsichtig. Daraus erwächst die Freiheit des Zugriffs – wir können den Spielraum zwischen zwei Abständen, etwa den zwischen gesamtgesellschaftlichen Bedürfnissen und der Autonomie der Arbeiterklasse, besser beschreiben. Jetzt erst kann gestritten werden, denn jeder Streit geht um die Sache und prallt nicht mehr an den diffusen, aber unüberwindlichen Grenzen der Klassengesellschaft ab. Im Rätesystem repräsentiert jeder jeden, die Fiktion der Autonomie des individuellen Gewissensaktes ist aufgehoben. Im Rat trete ich meine Interessen ab – an jemandem, der prinzipiell die gleichen Interessen hat. Die Notwendigkeit der Konkurrenz des Individuellen fällt weg. Aber vielleicht ist das schon zu pathetisch.

Der Rätekommunismus trägt im Namen das Symbol der Selbstbefreiung. Er nennt sich nicht Produktionskommunismus und auch nicht Arbeiterkommunismus, weil es nicht um die Verewigung der siegreichen Klasse geht, sondern um ihre Aufhebung (daher das Misstrauen gegen den Generalstreik-Mythos Sorels, im Mythos erstarrt die Geschichte und damit der Prozess des Werdens). Der Rätekommunismus bleibt nicht bei der Militanz unmittelbarer Arbeiterinteressen stehen, sondern schmilzt sie ins Gesellschaftliche ein. Der Kampf gegen die Arbeit mündet darin, dass Arbeit zum «ersten Lebensbedürfnis» (Marx) wird: Die Menschen sind bedürftige Wesen, aber dieser Mangel richtet sich im Kommunismus nicht länger gegen uns, wird nicht länger ausgenutzt, um einen Zwang zur Arbeit zu etablieren, sondern ist Ansporn, immer neue Formen der Lust und des Vergnügens zu schaffen.

Das alles sind Möglichkeiten, keine Garantien. Die Räte an sich konnten nicht verhindern, dass die Arbeiter*innen ihre neu gewonnene Macht nicht wieder an eine bürgerliche Regierung delegierten (Deutschland 1918/19). Sie waren nicht frei von Parteiinteressen (Russland 1917ff.), stellten auch nicht notwendig einen gesamtgesellschaftlichen Zusammenhang her und blieben innerhalb betrieblicher Strukturen isoliert (Italien 1919/20). Tatsächlich ist die Geschichte der Rätebewegungen eine der Enttäuschungen, gerade auf der Höhe ihrer zunächst größten Erfolge. Dieser Geschichte muss man sich stellen.

16 Bibliographie

Vorab: Die Bibliographie führt nur die Bücher und Aufsätze auf, die direkt in diese Arbeit eingeflossen sind. Eine ausführliche Leseliste, die zahlreiche weitere Texte zum Rätekommunismus und seinen historischen Kontext umfasst, findet sich unter www.theorie.org und www.schmetterling-verlag.de
Dort gibt es auch zusätzliches Textmaterial

Die zentrale Sammelstelle für rätekommunistische Texte der deutsch-holländischen Tradition ist das «Antonie Pannekoek Archives» (aaap.be). Es dokumentiert sehr viel Originalmaterial – nicht nur von Pannekoek – aus den Archiven und Nachlässen des Amsterdamer Internationalen Instituts für Sozialgeschichte. Man kann getrost sein gesamtes Wissen über Rätekommunismus über diese Seite beziehen, ohne viel zu verpassen!

Die Texte von Marx und Engels werden nach den Marx-Engels-Werken (MEW) zitiert, die seit 1956 in zahlreichen Auflagen im Berliner Dietz-Verlag erscheinen.

Originaltexte

Appel, Jan (1935): Die gesellschaftlich-durchschnittliche Arbeitszeit als Grundlage der kommunistischen Produktion und Verteilung. In: Rätekorrespondenz Nr. 10/11, Juli/August 1935, S. 1-17. PDF unter aaap.be/Pdf/Rätekorrespondenz/Rätekorrespondenz-1935-10-11.pdf

Appel, Jan (2011 ?): Die Erinnerungen von Jan Appel (1966). Zitiert nach der Online-Edition auf muckracker.wordpress.com/geschichte/jan-appel/

Bock, Hans Manfred (1969): Pannekoek und Gorter: Organisation und Taktik der proletarischen Revolution. Herausgegeben und eingeleitet von Hans Manfred Bock. Frankfurt/M. 1969. [Darin u.a. Herman Gorter, Offener Brief an den Genossen Lenin (1920).]

Bock, Hans Manfred (1975): Anton Pannekoek in der Vorkriegs-Sozialdemokratie: Bericht und Dokumentation. In: Jahrbuch Arbeiterbewegung, Bd. 3, Frankfurt/M. 1975, S. 103–167.

Bötcher, Hans (1922): Zur revolutionären Gewerkschaftsbewegung in Amerika, Deutschland und England. Eine vergleichende Betrachtung. Jena 1922.

Brendel, Cajo (2001): Anton Pannekoek: Denker der Revolution. Freiburg 2001.

Brendel, Cajo (2008): Die Revolution ist keine Parteisache. Ausgewählte Texte. Herausgegeben von Andreas Hollender u.a.. Münster 2008.

Brenner, Hildegard (1965): Karl Korsch – Lehrer Bertolt Brechts. Aus dem unveröffentlichten Nachlass. Alternative. Zeitschrift für Literatur und Diskussion, H. 41, herausgegeben von Hildegard Brenner. Berlin 1965. [Darin Texte von Korsch aus den 1940er-Jahren]

Buckmiller, Michael und Jörg Kammler (1973): Revolution und Konterrevolution. Eine Diskussion mit Heinz Langerhans. In: Jahrbuch Arbeiterbewegung Bd. 1, Frankfurt/M. S. 267–291.

Canne Meijer, Henk (1935): Das Werden einer neuen Arbeiterbewegung. In: Rätekorrespondenz Nr. 8–9, 2. Jg., April-Mai 1935, S. 1–28. Amsterdam 1935. Zitiert nach: aaap.be/Pdf/Rätekorrespondenz/Rätekorrespondenz-1935-08-09.pdf

Canne Meijer, Henk (1938/1948/1971): Die Arbeiterrätebewegung in Deutschland (1918–1933). In: Die soziale Revolution ist keine Parteisache, 1.Jg., Nr. 2, S. 56-82. Berlin 1971
Zitiert wird nach der Online-Edition auf: aaap.be/Pages/Transition-de-Die-ökonomischen-Grundlagen-1948.html
Der ursprüngliche Text wurde 1938 unter dem Titel «Klassebeweging» in vier Teilen in der Zeitschrift Radencommunisme veröffentlicht (aaap.be/Pages/Radencommunisme.html), 1948 erfolgte seine Überarbeitung unter dem Titel «De economische grondslagen van de radenmaatschappij», «Die ökonomischen Grundlagen der Rätegesellschaft». 1965 kam eine französische Übersetzung heraus, diese war Grundlage für die deutsche Ausgabe von 1971.

Chaulieu, Pierre (d.i. Cornelius Castoriadis) und Anton Pannekoek (2008): Korrespondenz 1953–1954. Vorwort und Kommentare von Henri Simon. In: Archiv für die Geschichte des Widerstandes und die Arbeit (AGWA), Bd. 18, Fernwald/Annerod 2008, S. 23–76. Zitiert wird nach der Online-Edition: http://kommunismus.narod.ru/knigi/pdf/Anton_Pannekoek_Cornelius_Castoriadis_-_Korrespondenz_1953-1954.pdf.

Dethmann, Adolf (1920): Der Rätegedanke als Staatstheorie und seine Keime in den Schriften von Karl Marx und Friedrich Engels. Unveröffentlichte Dissertation. Kiel 1920.

Die Aktion: Die Aktion – herausgegeben von Franz Pfemfert, Berlin 1911–1932, online unter http://aaap.be/Pages/Die-Aktion.html [Für unseren Komplex sind die Jahrgänge 9 (1919) bis 12 (1922) relevant.]

Gorter, Herman(n) (1903): Der Massenstreik der Eisenbahner in Holland. In: Die Neue Zeit. Wochenschrift der deutschen Sozialdemokratie, 21. Jg. 1902-1903, 1. Bd. (1903), H. 21, S. 652–656 (Online unter library.fes.de/nz/).

Grunenberg, Antonia (Hg.) (1970): Die Massenstreikdebatte. Beiträge von Parvus, Rosa Luxemburg, Karl Kautsky und Anton Pannekoek. Herausgegeben und eingeleitet von Antonia Grunenberg. Frankfurt/M. 1970.

Gruppe Internationaler Kommunisten (Holland) (1970): Grundprinzipien kommunistischer Produktion und Verteilung (1930). Einleitung von Paul Mattick. Berlin 1970. [GIK 1970]

Gruppe Internationale Kommunisten Hollands (1971): Grundprinzipien kommunistischer Produktion und Verteilung, Intelligenz im Klassenkampf und andere Schriften. Herausgegeben von Gottfried Mergner. Reinbek b. Hamburg 1971. [GIK 1971]

Gruppe Internationaler Kommunisten (2020): Grundprinzipien kommunistischer Produktion und Verteilung, 2. vollständig überarbeitete Auflage. Übersetzt und herausgegeben von Hermann Lueer. Hamburg 2020. [GIK 2020]

Huhn, Willy (2017): Auf der Suche nach Rosas Erbe. Der deutsche Marxist Willy Huhn (1909–1970). Herausgegeben und mit einer Biographie von Jochen Gester.

Jacoby, Henry (1951): Soziologie der Freiheit. Otto Rühles Auffassung vom Sozialismus. Eine Gedenkschrift, Ulm 1951. [Unter dem Pseudonym Sebastian Franck veröffentlicht.]

Jung, Franz (2000): Der Weg nach unten. Aufzeichnungen aus einer großen Zeit. Hamburg 2000.

Jung, Franz (1990): Die Eroberung der Maschinen. Herausgegeben von Manfred Jendryschik und mit einem Nachwort von Andreas Montag. Halle 1990.

Jung, Franz (1996): Briefe 1913–1963. Werke 9/1. Herausgegeben von Sieglinde und Fritz Mierau. Hamburg 1996.

Klockner, Clemens (Hg.) (1981): Protokoll des 1. ordentlichen Parteitages der kommunistischen Arbeiterpartei Deutschlands vom 1. bis 4. August 1920 in Berlin. Vorwort von Clemens Klockner. Darmstadt 1981.

Klockner, Clemens (Hg.) (1984): Protokoll des außerordentlichen Parteitages der Kommunistischen Arbeiter-Partei Deutschlands vom 15.–18. Februar 1921 im Volkshaus zu Gotha. Eingeleitet von Clemens Klockner. Darmstadt 1984.

Klockner, Clemens (Hg.) (1986): Protokoll des außerordentlichen Parteitages der Kommunistischen Arbeiter-Partei Deutschlands vom 11.–14. September 1921 in Berlin. Eingeleitet von Clemens Klockner. Darmstadt 1984.

Knüfken, Hermann (2008): Von Kiel bis Leningrad: Erinnerungen eines revolutionären Matrosen, 1917–1930. Herausgegeben von Andreas Hansen in Zusammenarbeit mit Dieter Nelles. Berlin 2008.

Kool. Frits (1970): Die Linke gegen die Parteiherrschaft, herausgegeben und eingeleitet von Frits Kool. Freiburg/Olten 1970.

Korsch Mattick Pannekoek (1973): Zusammenbruchstheorie des Kapitalismus oder revolutionäres Subjekt. Mit einem aktuellen Vorwort von Paul Mattick und einem Nachwort Jörg v. Asseyer. Berlin 1973.

Korsch, Karl (1969): Schriften zur Sozialisierung. Herausgegeben und eingeleitet von Erich Gerlach. Frankfurt/M. 1969.

Korsch, Karl (1974): Politische Texte. Herausgegeben und eingeleitet von Erich Gerlach und Jürgen Seifert. Köln 1974.

Korsch, Karl (1996): Krise des Marxismus. Schriften 1929–1935. Gesamtausgabe Bd. 5. Herausgegeben von Michael Buckmiller. Amsterdam 1996.

Korsch, Karl (2001): Briefe 1908–1958. Gesamtausgabe Bd. 8 u. 9. Herausgegeben von Michael Buckmiller und Michel Prat. Amsterdam–Hannover 2001.

Korsch, Karl (2017): Marxismus und Philosophie. Schriften zur Theorie der Arbeiterbewegung 1920–1923. Gesamtausgabe Bd. 3. Herausgegeben von Michael Buckmiller, Hannover 2017.

Langerhans, Heinz (1931): Rosa Luxemburg. In: Die Gesellschaft, 8. Jg. H. 1, herausgegeben von Rudolf Hilferding. 8. Jg., H. 1, Berlin 1931, S. 22–27.

Langerhans, Heinz (1940): Theses on War (Brief an einen Defaitisten), Otto-Rühle-Nachlass im IISG Amsterdam, Inventar-Nr. 106.

Langerhans, Heinz (1941/42): How To Overcome Totalitarianism. Langerhans-Nachlass im Archiv der Universität Gießen.

Langerhans, Heinz (1964): Die chinesische Originalität. In: Das Jahr Eins des Indischen Notstandes, Frankfurter Hefte, Jg. 19 (1964), S. 12–26.

Langerhans, Heinz (2004): Staatssubjekt Kapital. Texte zur Diskussion um Faschismus, Krieg und Krise. Mit einem Vorwort von Jan Gerber. Halle 2004.

Mattick, Paul (1939): Karl Kautsky: Von Marx zu Hitler, in: AGWA, Bd. 13, Fernwald/Annerod 1994, S. 47–62.

Mattick, Paul (1947): Bolschewismus und Stalinismus. Als «Einleitung» in: Willy Huhn: Trotzki, der gescheiterte Stalin. Berlin 1973.

Mattick, Paul (1969): Arbeitslosigkeit und Arbeitslosenbewegung in den USA 1929–1935. Herausgegeben von F. Hermanin und C. Pozzoli. Frankfurt/M. 1969. (ursprünglich 1936).

Mattick, Paul (1969): Kritik an Herbert Marcuse. Der eindimensionale Mensch in der Klassengesellschaft. Frankfurt/M. 1969.

Mattick, Paul (1971): Marx und Keynes. Die Grenzen des gemischten Wirtschaftssystems. Frankfurt/M. 1971.

Mattick, Paul (1973): Marxismus und die Unzulänglichkeiten der Arbeiterbewegung. Über den Zusammenhang von kapitalistischer Entwicklung und sozialer Revolution. In: Jahrbuch Arbeiterbewegung, Bd. 1, Frankfurt/M. 1973, S. 189–216.

Mattick, Paul (1974), Kritik der Neomarxisten und andere Aufsätze. Frankfurt/M. 1974.

Mattick, Paul (1975): Spontaneität und Organisation. Vier Versuche über praktische und theoretische Probleme der Arbeiterbewegung. Frankfurt/M. 1975.

Mattick, Paul (1976): Weltwirtschaftskrise und Arbeiterbewegung. Ein Vortrag mit Diskussion. Hannover 1976.

Mattick, Paul (1978a): Anton Pannekoek und die Weltrevolution. In: Jahrbuch Arbeiterbewegung, Bd. 6, Frankfurt/M. 1978.

Mattick, Paul (1978b): Anti-Bolshevik Communism. Monmouth 1978.

Mattick, Paul (1983): Marxism – Last Refuge of the Bourgeoisie? Aus dem Nachlass herausgegeben von Paul Mattick Jr. New York 1983.

Mattick, Paul (2013): Die Revolution war für mich ein großes Abenteuer. Paul Mattick im Gespräch mit Michael Buckmiller (1976). Herausgegeben, eingeleitet und kommentiert von Christoph Plutte und Marc Geoffrey. Mit literarischen Texten von Paul Mattick und einem Nachwort von Michael Buckmiller. Münster 2013.

Pannekoek, Anton (1908–1914): Zeitungskorrespondenz. Alle 336 Artikel als PDF unter aaap.be/Pages/Pannekoek-Inventory.html#Zeitungskorrespondenz

Pannekoek, Anton (1912): Massenaktion und Revolution. In: Die Neue Zeit. Wochenschrift der deutschen Sozialdemokratie. 30. Jg. 1911–1912, 2. Bd. (1912), Hefte 41 bis 43. (Online unter library.fes.de/nz/) Auch in – und hier zitiert nach – Grunenberg (1970), S. 264–294.

Pannekoek, Anton (1913): Marxistische Theorie und revolutionäre Taktik. In: Die Neue Zeit. Wochenschrift der deutschen Sozialdemokratie. 31. Jg. 1912–1913, 1. Bd. (1913), Heft 8, S. 272–281, und 10, S. 365–373. (Online unter library.fes.de/nz/) Auch in Kool (1970), S. 179–210, und Bock (1969), S. 49–69.

Pannekoek, Anton u.a. (1991): «Marxistischer Antileninismus», Freiburg 1991. [Im Kern die Neuauflage von Anton Pannekoeks 1970 erstmals in der BRD erschienenen Werk «Lenin als Philosoph», das um Texte zu Pannekoek von Korsch und Mattick in einen umfassenderen Zusammenhang gerückt wurde. Ergänzt ist diese Ausgabe u.a. um einen weiteren Text von Mattick, «Der Leninismus und die Arbeiterbewegung des Westens» von 1970 und den «Thesen über den Bolschewismus» von 1934.]

Pannekoek, Anton (2008): Arbeiterräte. Texte zur sozialen Revolution. Fernwald/Annerod 2008. [Umfasst neben der vollständigen Übersetzung von «Arbeiterräte», des rätekommunistischen Vermächtnisses Pannekoeks (1947), die Sammlung seiner Schriften von 1927 bis 1955, darunter ebenfalls «Lenin als Philosoph» (1938).]

Reeve, Charles (2019): Der wilde Sozialismus. Selbstorganisation und direkte Demokratie in den Kämpfen von 1789 bis heute, Hamburg 2019

Reichenbach, Bernhard (1928): Zur Geschichte der K(ommunistischen) A(rbeiter)-P(artei) D(eutschlands). In: Archiv für die Geschichte des Sozialismus und der Arbeiterbewegung, Jg. 13, Leipzig 1928 (Reprint Frankfurt 1979), S. 117–40.

Roland-Holst, Henriette (1906): Der politische Massenstreik in der russischen Revolution, In: Die Neue Zeit. Wochenschrift der deutschen Sozialdemokratie. 24. Jg 1905–1906, 2. Bd.(1906), Heft 33, S. 213–223. (Online unter library.fes.de/nz/)

Rühle, Otto (1941): Der faschistische Mensch. Freidenker, 70. Jg., Nr. 9/10, 11/12, 13/14, Milwaukee/Minneapolis/ New Ulm 1941.

Rühle, Otto (1971): Schriften. Perspektiven einer Revolution in hochindustrialisierten Ländern. Herausgegeben von Gottfried Mergner. Reinbek b. Hamburg 1971.
[Enthält u.a. «Brauner und Roter Faschismus» von 1939]

Schröder, Karl (1946): Brief an Arkadius Gurland. Gurland-Nachlass im Archivzentrum der Johann Wolfgang Goethe-Universität Frankfurt a.M., Signatur UBA Ffm, Na 5, 715.

Schröder, Karl (1995): Die letzte Station (1947). Herausgegeben von Fietje Ausländer. Bremen 1995.

Wagner, Helmut (1931): Organisation und Klasse. In: Bieligk, Fritz u.a.: Die Organisation im Klassenkampf. Die Probleme der politischen Organisation der Arbeiterklasse. Berlin 1931, S. 83–130.

Wagner, Helmut und Karl Schröder (1973): Thesen über den Bolschewismus (1933/34). Berlin 1973.
[Erweitert um den Text von Jean Barrot, d.i. Gilles Dauvé, «Der Renegat Kautsky und sein Schüler Lenin». Die Broschüre wurde ohne Autorenangabe veröffentlicht. Auch in Kool 1970 und Pannekoek 1991 – nach letzterer Ausgabe wird zitiert.]

Wagner, Helmut (o.J.): Die Grundlagen der bolschewistischen Machtpolitik. Zur Soziologie des Bolschewismus, (als H.R. Wagner). Schweizerisches Sozialarchiv Zürich.

Sekundärliteratur

Benicke, Jens (2019): Alle Macht dem Prinzip! Über Theorie und Perspektive des Rätekommunismus. In: Anna Leder u.a. (Hg.), Die Rätebewegung in Österreich. Von sozialer Notwehr zur konkreten Utopie. Wien, Berlin 2019, S. 80–94.

Bock, Hans Manfred (1976): Geschichte des ‹linken Radikalismus› in Deutschland. Ein Versuch. Frankfurt/M. 1976.

Bock, Hans Manfred (1992): Die Marx-Dietzgen-Synthese Anton Pannekoeks und seines Kreises. In: Marcel van der Linden (Hg.): Die Rezeption der Marxschen Theorie in den Niederlanden. Trier 1992, S. 106–124.

Bock, Hans Manfred (1993), Syndikalismus und Linkskommunismus von 1918 bis 1923. Ein Beitrag zur Sozial- und Ideengeschichte der frühen Weimarer Republik. Darmstadt 1993. [Die erste Auflage erschien 1968.]

Bourrinet, Philippe (1994): Holländischer Rätekommunismus: Von den «Groepen van Internationale Communisten» zum «Spartacusbond». In: AGWA, Bd. 13, Fernwald/Annerod 1994, S. 9–46.

Bourrinet, Philippe (2017): The Dutch and German Communist Left (1900–68). Leiden/Boston 2017. PDF unter libcom.org/files/Philippe Bourrinet – The Dutch and German Communist Left (1900_1968).pdf.

Bourrinet, Philippe (2017): Lexikon des deutschen Rätekommunismus 1920–1960. left-dis.nl/d/KAPD.AAU.Mitglieder.2017.pdf.

Bricianer, Serge (1978): Pannekoek and the Workers Councils. With an Introduction by John Gerber, St. Louis 1978.

Buckmiller, Michael (1981): Bibliographie der Schriften von Paul Mattick 1924–1981. In: Internationale wissenschaftliche Korrespondenz zur Geschichte der deutschen Arbeiterbewegung, Jg. 17, Berlin 1981, S. 197–224.

Buckmiller, Michael (2002): Korsch als früher Kritiker des Stalinismus. In: Berliner Debatte INITIAL, Jg. 13, 2002, S. 83–95.

Buckmiller, Michael (2018): Die geliehene Identität. Bemerkungen zum Abdruck der «Züricher Thesen» von Karl Korsch. Hannover 2018, Manuskript im Besitz des Verfassers, auch in: Im Labyrinth – Hefte für Autonomie, Heft 2, herausgegeben vom Verein für das Studium und die Förderung der Autonomie e.V., Bodenburg 2018.

Dingel, Frank (1989): Die Revolution 1918/19 in Deutschland. In: Revolution und Fotografie: Berlin 1918/19. Eine Ausstellung der Neuen Gesellschaft für Bildende Kunst. Berlin 1989, S. 26–64.

Gerber, John (1989): Anton Pannekoek and the Socialism of Workers' Self-Emancipation. Dordrecht 1989.

Hanloser, Gerhard: Marxistischer Antileninismus. Libertäres und Anti-Libertäres im Rätekommunismus. In: Philippe Kellermann (Hg.): Begegnungen feindlicher Brüder. Zum Verhältnis von Anarchismus und Marxismus in der Geschichte der sozialistischen Bewegung. Münster 2011, S. 107–126.

Hermann, Friedrich Georg (1981): Otto Rühle als politischer Theoretiker. Berlin 1981.

Kubina, Michael (2001): Von Utopie, Widerstand und kaltem Krieg. Das unzeitgemäße Leben des Berliner Rätekommunisten Alfred Weiland (1906–1978). Münster u.a. 2001.

Mergner, Gottfried (1973): Arbeiterbewegung und Intelligenz. Starnberg 1973. [Über Otto Rühle]

Mergner, Gottfried (1995): Frühe Kritik von links am sowjetrussischen Zentralismus. In: Wolfgang Belschner u.a. (Hg.): Wem gehört die Heimat? Beiträge der politischen Psychologie zu einem umstrittenen Phänomen. Opladen 1995, S. 209–219.

Müller, Hans-Harald (1977): Intellektueller Linksradikalismus in der Weimarer Republik: seine Entstehung, Geschichte und Literatur dargestellt am Beispiel der Berliner Gründergruppe der Kommunistischen Arbeiter-Partei Deutschlands. Kronberg/Ts. 1977.

Rheinlaender, Martin (1993): Sozialismus als Attrappe. Texte der Rätekommunisten über den Bolschewismus. In: Arbeiterkampf Nr. 352 vom 10. März 1993. Hamburg 1993, S. 33. Hier zitiert nach dem PDF: ca-ira.net/wp-content/uploads/2018/06/pannekoek.et_.al-antileninismus_rez-rheinlaender.pdf.

Roth, Gary (2015): Marxism in a Lost Century. A Biography of Paul Mattick. Leiden/Boston 2015. PDF unter libcom.org/files/Gary Roth – Marxism in a Lost Century – A Biography of Paul Mattick.pdf

Schurer, H(einz) (1963): Anton Pannekoek and the Origins of Leninism. In: The Slavonic and East European Review, Vol. 41, No. 97, 1963, S. 327–344.

Seifert, Eberhard (1983): Die Räte-Kommunistische Tradition von «Ökonomie der Zeit». In: PROKLA. Zeitschrift für Kritische Sozialwissenschaft, Nr. 51, Jg. 13, Berlin 1983, S. 118–48.

Siegfried, Detlef (2004): Das radikale Milieu. Kieler Novemberrevolution, Sozialwissenschaft und Linksradikalismus 1917–1922. Wiesbaden 2004.

Siegfried, Detlef (2018): Antiautoritär, altruistisch, antinational. Adolf Dethmanns kommunistischer Mensch. In: Albert Dikovich und Alexander Wierzock (Hg.): Von der Revolution zum Neuen Menschen. Das politische Imaginäre in Mitteleuropa 1918/19: Philosophie, Humanwissenschaften und Literatur. Stuttgart 2018, S. 83–100.

Van den Berg, Hubert (2001): Jan Appel – ein deutscher Rätekommunist im niederländischen Exil und Widerstand 1926–1948. In: Andreas Graf (Hg.): Anarchisten gegen Hitler. Anarchisten, Anarcho-Syndikalisten und Rätekommunisten in Widerstand und Exil, Berlin 2001, S. 252–265.

Van der Linden, Marcel (2004): On Council Communism. In: Historical Materialism, Vol. 12, No. 4, Leiden 2004, S. 27–50.

Wiessing, Mathijs C. (1980): Die holländische Schule des Marxismus – die Tribunisten: Erinnerungen und Dokumente. Hamburg 1980.

Weitere Literatur

Anweiler, Oskar (1958): Die Rätebewegung in Russland 1905–1921. Leiden 1958.

Anweiler, Oskar (1969): Der organisationsgeschichtliche Zusammenhang des Räteproblems. Ein Abriss. In: Probleme der Demokratie heute. Tagung der Deutschen Vereinigung für Politische Wissenschaft in Berlin, Herbst 1969. Wiesbaden 1971, S. 56–69.

Blanc, Erich (2019): Rosa Luxemburgs Allianz mit der SPD-Bürokratie. Eine Kritik ihrer Politik in Polen, 1893–1918. In: Arbeiter Bewegung Geschichte. Zeitschrift für Historische Studien, 18. Jg., Mai 2019, Berlin 2019, S. 27–42.

Bologna, Sergio und Massimo Cacciari (1973): Zusammensetzung der Arbeiterklasse und Organisationsfrage. Berlin 1973.

Boll, Friedhelm (1986): Streiks, Streikwellen, Organisationsprobleme. Zu neueren Trends in der Streikforschung, Archiv für Sozialgeschichte 26, Bonn 1986, S. 595–612. (Online unter library.fes.de/afs-online/inhalt/online.htm)

Bordiga, Amadeo (1954): Vulkan der Produktion oder Sumpf des Marktes? Erster Teil des Grundsatzreferates auf der Versammlung der Internationalistischen Kommunistischen Partei in Asti (Italien), Juni 1954. alter-maulwurf.de/category/riunioni-de/

Braun, Volker (2004): Das unbesetzte Gebiet. Frankfurt/M. 2004.

Césaire, Aimé (2017): Über den Kolonialismus. Ausgewählt, übersetzt und eingeleitet von Heribert Becker. Berlin 2017.

Eagleton, Terry (2020): Opfer. Selbsthingabe und Befreiung. Wien 2020.

Endnotes (2014): Bringt eure Toten raus (2008). O.O. 2014, (Online unter: kommunisierung.net/IMG/pdf/bringt-eure-toten-raus-read.pdf).

Goldner, Loren (2008): «Facing Reality». 45 Jahre später. In: AGWA Nr. 18, S. 77–108. Fernwald/ Annerod 2008.

Gießler, Hannes (2018): Verein freier Menschen? Idee und Realität kommunistischer Ökonomie. Springe 2018.

Grossmann, Henryk (1967): Das Akkumulations- und Zusammenbruchsgesetz des kapitalistischen Systems (1929). Frankfurt/M. 1967.

Grossmann, Henryk (1969): Marx, die klassische Nationalökonomie und das Problem der Dynamik. Mit einem Nachwort von Paul Mattick. Frankfurt/M. 1969.

Grüttner, Michael (1984): Arbeitswelt an der Wasserkante. Sozialgeschichte der Hamburger Hafenarbeiter 1886–1914. Göttingen 1984.

Heinrich, Michael (2004): Kritik der politischen Ökonomie. Eine Einführung. Stuttgart 2004.

Kasakow, Ewgeniy (2012): Mythos Kronstadt. Im Spiegel aktueller, russischer Veröffentlichungen. In: Găi Dào Nr. 17, S. 27–33, o.O. 2012. Hier zitiert nach: anarchismus.at/geschichte-des-anarchismus/die-russische-revolution/7207-ewgeniy-kasakow-mythos-kronstadt

Luxemburg, Rosa (1970ff.): Gesammelte Werke. Berlin 1970 ff.

Mignet, François Auguste (1975); Geschichte der Französischen Revolution von 1789 bis 1814. Neuübersetzung von Friedrich Köhler. Leipzig 1975. [Original von 1824]

Moore, Barrington (1982): Ungerechtigkeit. Die sozialen Ursachen von Unterordnung und Widerstand. Frankfurt/M. 1982.

Moring, Karl Ernst (1969): Reformismus und Radikalismus in der Sozialdemokratischen Partei Bremens von 1890 bis 1914. Hamburg 1969.

Nettl, Peter (1967): Rosa Luxemburg. Köln/Berlin 1967.

Neusüß, Christel (1985): Die Kopfgeburten der Arbeiterbewegung oder Die Genossin Luxemburg bringt alles durcheinander. Hamburg-Zürich 1985.

Nunes, Rodrigo (2011): The Lessons of 2011. London 2011. (Online unter: metamute.org/editorial/articles/lessons-2011-three-theses-organisation)

Piven, Frances Fox und Richard A. Cloward (1986): Aufstand der Armen. Frankfurt/M. 1986.

Riechers, Christian (2009): Die Niederlage in der Niederlage. Texte zu Arbeiterbewegung, Klassenkampf, Faschismus. Herausgegeben, eingeleitet und kommentiert von Felix Klopotek. Münster 2009.

Sandner, Günther (2014): Otto Neurath. Eine politische Biographie. Wien 2014.

Scharlau, Winfried (1962): Parvus und Trockij: 1904–1914. Ein Beitrag zur Theorie der permanenten Revolution. In: Jahrbücher für Geschichte Osteuropas, Neue Folge, Bd. 10, H. 3. Stuttgart 1962, S. 349–380.

Schivelbusch, Wolfgang (2005): Entfernte Verwandtschaft: Faschismus, Nationalsozialismus, New Deal 1933–1939. München und Wien 2005.

Schüddekopf, Otto-Ernst (1962): Karl Radek in Berlin. Ein Kapitel deutsch-russischer Beziehungen im Jahre 1919. In: Archiv für Sozialgeschichte 2, Bonn 1962, S. 87–166.
(Online unter library.fes.de/afs-online/inhalt/online.htm)

Sorel, Georges (1928): Über die Gewalt. Mit einem Vorwort von Gottfried Salomon und einem Nachwort von Edouard Berth, nach der 6. französischen Auflage ins Deutsche übertragen von Ludwig Oppenheimer. Innsbruck 1928 (Nachdrucke 1969, 1981. Im Original 1908 erschienen.).

Trotzky (1909): Russland in der Revolution. Dresden 1909.

Van der Linden, Marcel (Hg.) (2007): Was war die Sowjetunion? Kritische Texte zum real existierenden Sozialismus. Wien 2007.

Vatlin, Alexander (2019): Das Jahr 1920. Der zweite Kongress der Kommunistischen Internationale. Berlin 2019.

Walter, Franz (2011): «Republik, das ist nicht viel». Partei und Jugend in der Krise des Weimarer Sozialismus. Bielefeld 2011.

Weber, Hermann u.a. (Hg.) (2014): Deutschland, Russland, Komintern – Überblicke, Analysen, Diskussionen. Berlin/Boston 2014. E-Book frei zugänglich unter degruyter.com/view/title/125975

Wette, Wolfram (1987): Gustav Noske. Eine politische Biographie. Düsseldorf 1987.

Christian Riechers

Die Niederlage in der Niederlage

Texte zu Arbeiterbewegung, Klassenkampf, Faschismus

Herausgegeben, eingeleitet und kommentiert von Felix Klopotek

Dissidenten der Arbeiterbewegung Band 1
576 Seiten | 28.00 €
ISBN 978-3-89771-453-3

Im Mittelpunkt stehen die linkskommunistische Kritik am beginnenden Stalinismus und mehr noch der Zusammenhang von Arbeiterbewegung und Faschismus. Faschismus, womit zunächst der italienische gemeint ist, analysiert Riechers als Ergebnis eines verloren gegangenen – und verloren gegebenen (!) Klassenkampfes.
Der Marxismus, so Riechers, ist nicht die Lehre von der Revolution, sondern von der Konterrevolution. Revolutionen machen – das kann jeder! Aber die Niederlagen verkraften, sie verstehen, sich in ihnen zurechtzufinden – dazu bedarf es der Marx'schen Kritik.

Paul Mattick

Die Revolution war für mich ein großes Abenteuer

Paul Mattick im Gespräch mit Michael Buckmiller

Dissidenten der Arbeiterbewegung Band 4
180 Seiten | 16.00 €
ISBN 978-3-89771-520-2

Paul Mattick ist vielleicht der exemplarische Arbeiterintellektuelle: Seine furiose Abrechnung mit John Maynard Keynes, seine Kritik an Herbert Marcuse, die dieser übrigens als einzig taugliche Kritik von links akzeptierte, seine sprichwörtliche Marx-Orthodoxie, mit der er den tendenziellen Fall der Profitrate gegen allerlei ›Modernisierer‹ verteidigte, machten den Deutsch-Amerikaner in den 1960er und 1970er Jahre zum kommunistischen Gewissen und Stichwortgeber der antiautoritären Revolte.

Klaus Gietinger

Kapp-Putsch

1920 – Abwehrkämpfe – Rote-Ruhrarmee

19,80 EUR, 328 Seiten,
kartoniert, illustriert,
ISBN 3-89657-177-X

Der Versailler Vertrag verlangte eine Reduzierung des Deutschen Heeres auf 100.000 Mann und die Auflösung der Freikorps, mit denen die Reichsregierung die Arbeiteraufstände 1919 niedergeschlagen hatte. Doch die präfaschistischen Freikorps Ehrhardt und Loewenfeld weigerten sich und putschten. Die Reichsregierung floh, kurz vorher hatten Ebert und Noske einen Aufruf zum Generalstreik herausgegeben. Der größte Streik, den Deutschland je gesehen hat, folgte.

Zahlreiche Kommandeure der Reichswehr sympathisierten mit den Putschisten. Die Regierung landete in Stuttgart und wurde dort nur militärisch beschützt, weil sie leugnete den Aufruf zum Generalstreik unterzeichnet zu haben. Nach fünf Tagen mussten die Putschisten in Berlin aufgrund des Generalstreikes aufgeben.

Inzwischen war es aber vor allem in den Industriegebieten Mitteldeutschlands, Thüringens und im Ruhrgebiet zu bewaffneten Kämpfen von Arbeitern gegen die putschenden Freikorps und die Reichswehr gekommen. Die Putschisten wurden zurückgeschlagen. Im Pott bildete sich spontan eine Rote-Ruhrarmee aus der SPD-, USPD- und KPD-Basis mit bis zu 100.000 Mann. Teils waren sogar Bürgerliche und Syndikalisten beteiligt.

Doch die Parteiführungen verrieten ihre Basis. So fielen die Reichswehr und die Freikorps, die geputscht hatten, im Ruhrgebiet ein und massakrierten die Kämpfer, deren sie habhaft werden konnten. Gedenksteine für die Opfer wurden später von den Nazis beseitigt.
Es ist Zeit, an diesen Kampf zu erinnern.

schmetterling verlag